国学典藏

U0603062

文字上的中国

# 成语

《国学典藏》丛书编委会 ◎ 编著

中国铁道出版社有限公司

CHINA RAILWAY PUBLISHING HOUSE CO., LTD.

**图书在版编目（CIP）数据**

文字上的中国. 成语 /《国学典藏》丛书编委会编著. —北京：中国
铁道出版社， 2018.1（2021.9重印）
（国学典藏）
ISBN 978-7-113-23229-0

Ⅰ.①文… Ⅱ.①国… Ⅲ.①汉语－成语－通俗读物 Ⅳ.① H1-49

中国版本图书馆 CIP 数据核字(2017)第 133915 号

书　　名：**文字上的中国：成语**
作　　者：《国学典藏》丛书编委会

责任编辑：刘建玮　　　　　　　　　电　　话：（010）51873038
装帧设计：天下装帧设计　　　　　　电子邮箱：liujw0827@163.com
责任印刷：赵星辰

出版发行：中国铁道出版社有限公司　　（100054，北京市西城区右安门西街 8 号）
印　　刷：三河市燕春印务有限公司
版　　次：2018 年 1 月第 1 版　　2021 年 9 月第 4 次印刷
开　　本：710mm × 1000mm　　1/16　　印张：23.25　　字数：371 千字
书　　号：ISBN 978-7-113-23229-0
定　　价：59.00元

　　国学，产生于西学东渐、文化转型的历史时期，兴起于二十世纪初，鼎盛于之后的二十年代，八十年代又有"寻根"热，九十年代"国学"热再次掀起至今，无不是对传统文化在今日中国乃至世界多元文化中的一次次定位固基。

　　一般来说，国学指以释、道、儒三家学问为主干，以文学艺术、戏剧音乐、武术菜肴、民俗礼仪等为枝叶的传统中国文化体系。

　　国学以学科分，应分为哲学、史学、宗教学、文学、礼俗学、考据学、伦理学、版本学等，其中以儒家哲学为主流；以思想分，应分为先秦诸子、儒、道、释等，儒家贯穿并主导中国思想史，其他列从属地位；以《四库全书》分，应分为经、史、子、集四部，但以经部、子部为重，尤倾向于经部。

　　近代学者邓实定义国学说："国学者何？一国所自有之学也。有地而人生其上，因以成国焉。有其国者有其学。学也者，学其一国之学以为国用，而自治其一国者也。国学者，与有国以俱来，本乎地理，根之民性，而不可须臾离也。君子生是国，则通是学，知爱其国，无不知爱其学。"邓先生的国学概念很广泛，同时也强调了国学的经世致用性。

　　总的来说，国学是有别于西方学术，独具特点且自成体系的文化形态，是中国固有的文化传统、人文理念和认识方法。其博大精深之内涵，雄厚内敛之魂魄，足以令世人千百年传诵。可以说，国学经典是中华文化的根基，其中蕴含着前人洞察世事的精妙哲理。学习国学可以在潜移默化中学会为人处事的方法，增强个人的文化修养，使思想在"润物细无声"中得到浸润和升华。

　　为让广大读者能够真正与国学亲密接触，《国学典藏》丛书编委会去芜存菁，在卷帙浩繁的中华传统文化典籍中精心挑选出一系列国学经典。在尊重原著的基础上，通过释疑、修饰、考证、援引等，汇编成为《国学典藏》丛书，以飨读者。

　　您现在所看到的《文字上的中国：成语》便是丛书之一。

　　成语是中华文明中不可忽视的瑰宝，它以自身的言简意赅、内容丰富而成为了构建汉语言大厦中强有力的一根栋梁。成语是浓缩的文明，它在方寸之间就能传达出丰富的含义，可谓滴水藏海。但由于许多成语出现的年代距离今天的生活已经十分遥远，所以某些成语会令我们感到不知其所云，导致误用、错用成语的现象时有发生。

　　有鉴于此，本书编者在忠于原文的基础上，加以组织、整理，并运用准确、流畅的白话文进行解释、翻译，以轻快活泼的语言，讲述了一个个精彩的古代成语故事。更为巧妙的是，编者在每一篇成语故事之后又加上了文学名家引用该成语的实例，使本书的知识含量最大化，希望能加深读者对于成语的理解和掌握，真正达到活学活用的目的。同时，大量切合正文内容的文物、艺术图片，使本书的文化内涵有了更为丰富呈现。

　　衷心地希望本系列丛书能成为广大读者的良师益友，希望读者在品味国学博大精深的同时，能从中汲取源源不断的智慧甘泉。

文字上的中国

成语 目录

文字上的中国

成语 目录

文字上的中国

成语　目录

纣死，武王皇皇，若天下之未定。召太公而问曰："入殷奈何？"太公曰："臣闻之也：爱人者，兼其屋上之乌；不爱人者，及其胥余。何如？"

——《尚书大传》

商朝末年，纣王穷奢极欲，残暴无道，西方诸侯国的首领姬昌决心推翻商朝统治，并为此积极练兵备战，准备东进，可惜他没有实现愿望就逝世了。姬昌死后，他的儿子姬发继位称王，世称周武王。周武王在军师姜太公及弟弟周公旦、召公奭（shì）的辅佐下，联合诸侯，出兵讨伐纣王。双方在牧野交兵。这时的纣王已经失尽人心，军队纷纷倒戈，最终大败。商朝都城朝歌很快被周军攻克。纣王自焚，商朝灭亡。

纣王死后，武王心中并不安宁，因为他觉得天下并未安定下来。他召见姜太公，问道："我们进了殷都之后，对旧王朝的士众应该如何处置？"

姜太公答道："我听说过这样的话：'如果喜爱那个人，那么就连他屋上的乌鸦也会喜爱；如果不喜欢那个人，那么就连他家的墙壁篱笆也会厌恶。'大王以为如何？"

武王认为不能这样。这时召公上前说道："我听说过'有罪的，要杀；无罪的，让他们活。'所以我们应当把有罪的人杀死，不让他们留下残余力量。大王以为如何？"

武王认为这种方法也不可取。这时周公上前说道："我看应当让每个人都回到自己的家里，各自耕种自己的田地。君王不能偏爱自己的旧时朋友和亲属，而应用仁政感化普天下的人。"

武王听后非常高兴，心中豁然开朗，觉得天下可以从此安定了。后来，武王就照周公所说的那样去做，天下果然很快安定下来，民心归附，西周也更强大了。

◎ 经典例句

苗太太接茶杯时就觉得这个客人平易可亲，及至人家给孩子服服贴贴地穿衣服，孩子又是这样亲昵地听客人的话，唤起了她爱屋及乌的心情，对杨晓冬发生了好感。

——李英儒《野火春风斗古城》

ài wū jí wū

释义：喜爱屋子，同时喜爱上停留在屋子上的乌鸦。比喻爱某个人而连带地爱及和他有关的人或物。

1

# 安步当车

ān bù dāng chē

释义：慢慢地步行，就当是坐车。

颜斶辞去曰："夫玉生于山，制则破焉，非弗宝贵矣，然大璞不完。士生乎鄙野，推选则禄焉，非不得尊遂也，然而形神不全。斶愿得归，晚食以当肉，安步以当车，无罪以当贵，清静贞正以自虞。制言者王也，尽忠直言者斶也。言要道已备矣，愿得赐归，安行而反臣之邑屋。"

——《战国策·齐策四》

战国之时，齐国有位高士名叫颜斶(chù)。齐宣王想要招揽天下之士，于是把他召进宫来。齐宣王召见颜斶的时候，对他说："颜斶，你上前来！"

颜斶并没有动，反而模仿宣王的口气也对宣王说："大王，你上前来！"

齐宣王听了这话很不高兴，于是齐宣王左右的大臣就责备颜斶说："大王是君主，你是臣民。大王对你说'颜斶，你上前来'，你也对大王说'大王，你上前来'，这是什么道理？"

颜斶平静地回答说："如果我按照大王的命令走上前去，就有了贪慕权势的嫌疑；但是如果大王走到我跟前来，就是大王能够亲近贤士的表示。所以与其让我趋炎附势，不如让大王礼贤下士。"

齐宣王听后非常愤怒，声色俱厉地说："那你认为到底是君王尊贵呢，还是士人尊贵呢？"

颜斶回答说："当然是士人尊贵，君王算不得尊贵。"

齐宣王问道："你这样说可有什么根据？"

颜斶神色自若地说："当然有。从前，秦国攻打齐国的时候，秦王曾经下过一道命令：'如果有人胆敢前往高士柳下惠坟墓五十步之内的地方砍柴，格杀勿论！'秦王还下了一道命令：'如果有人能够取得齐王首级，我就封他为万户侯，并且赏给他黄金二千两。'由此看来，一个活着的君王的头颅，反而不如已死士人的一座坟墓啊。"

齐宣王听后无言以对，但是心里非常不快。

○ 品画鉴宝
玉马（战国）该器琢磨圆润，形象生动，是中国较早的立雕玉马。

　　齐宣王左右的大臣为了解围都纷纷对颜斶说："颜斶你快上前来，颜斶你快上前来！大王拥有可出千辆兵车的广大土地，建起一千石重的乐钟，一万石重的乐器架子。天下所有士人全都慕名来到君王这里听侯差遣，辩士智囊之流也都来大王这里出谋划策，东南西北的各国诸侯，没有哪个敢不臣服。大王所需要的东西，不必求取自然就能获得，全国百姓无不心悦诚服。如今即使是那些最清高的士人，也不过是乡村山野里的普通民众，徒步行走，每天都要以耕种为生。至于下等的士人，就只能住在非常偏远贫困的地方，从事看守大门一类的低贱职业，所以说，士人的地位真是卑贱到了极点！"

　　颜斶驳斥道："你们说得不对！从前大禹的时候，诸侯有万国之多。这是为什么呢？因为他尊重士人。到了成汤时代，诸侯还有三千之多。如今称孤道寡的不过二十四个。由此看来，重视士人与否是得失的关键。如果没有贤能的士人辅佐，听任诸侯之间大动干戈，很快就会有大量的诸侯宗族灭绝。到了那时，诸侯即使想到穷乡僻壤去做看门的人，又怎么能够实现呢？缺乏修养而喜欢虚名的国君，很容易就会遭到削弱；不肯施行德政而希望得到利益的国君，也一定会遭到困顿。没有功劳而接受俸禄的人，必然蒙受耻辱，并且祸患必然紧紧地跟随着他。因此说：'夸耀自己功德的人事业不能成名，眼高手低的人不能成事。'说的都是那些喜欢追求虚名，却没有真正的德行，华而不实的人。也正是因为这样，尧有九人辅佐，舜有七个挚友，禹有五个助手，汤有三个帮手；从古到今，没有实际的政绩而能凭空成名于天下的君主，一个也没有。因此，当君王的人不应该以屡次向别人请教为耻，不应该为向地位不如自己的人学习而感到惭愧。当初尧传天下给舜，舜传天下给禹，周成王重用周公旦，后世的人们都歌颂他们为明君圣主，这是他们都懂得士人的尊贵的缘故。"

齐宣王听完以后赞叹不已，说道："唉！一个君子怎么可以随便加以侮辱呢？都是寡人自取羞辱罢了！现在我听见君子的高论，才明白自己到底应该怎样去做，所以寡人恳请成为先生的弟子，希望您能接受我的诚意，让我和您结为好友。我一定给您供奉美味的食物、丰盛的筵席，让您乘坐舒适的车马，让您的妻子和儿女都能穿上华丽无比的衣服。"

颜斶听了齐宣王这一番话后，立刻辞谢说："美玉原本出产于山中，但是经过雕琢之后，就破坏了玉在璞石之中的本来面貌，不是说美玉因此就不再宝贵，只是如此一来就失去了本来质朴的面目。士人生在穷乡僻壤之间，一旦被选拔上来，就会享有俸禄，不是说他因此就不再高贵显达，只是说他的形体和精神都会因为官场的约束而受到损伤。因此，我希望大王能够让我回去，对我来说，每天晚餐吃饭，也像吃肉那样香；从容不迫地步行，就如同乘车一样地安逸自在。只要自己没有什么罪过，平平安安，就相当于享有荣华富贵了；只要能够清静正直地生活，我就感到畅快惬意了。所以，掌握着裁断大权的人是大王您，而尽忠直言的人则是我。我现在已经把重要的道理讲完了，希望大王能够准许我回去，慢慢地步行，安稳地返回我故乡的小屋。"

于是他向宣王拜了两拜，告辞而去。颜斶确实是一个知足的人，他懂得在适当的时候回到家乡，犹如反璞归真，这样一来终生都不会受到耻辱。

◎ 经典例句

我们要给沈衡老雇车，他却坚决不许，要我同他一道步行回去，他说："安步当车我们好谈话。"

——王志之 《怀张澜、沈钧儒先生》

# 按兵不动

àn bīng bù dòng

释义：军队暂不行动，以待时机。也表示接受任务后不愿行动。

赵简子将袭卫，使史默往睹之，期以一月，六月而后反。赵简子曰："何其久也？"史默曰："其佐多贤也。"赵简子按兵而不动。

——《吕氏春秋·恃君览》

　　春秋末年，位于晋国东部的卫国由于国力微弱，被迫与晋国结盟，实际上完全听命于晋国，经常地给晋国进贡财物。当时在位的是卫灵公，卫灵公不愿长久地处于屈辱的地位，便与齐景公缔结盟约，从而与晋国断绝了关系。

　　晋国执政的赵鞅不能容忍卫国背叛晋国的行为，立即调集军队，想要袭击卫国的都城帝丘，以此迫使卫灵公屈服。大军出发之前，他先派出大夫史默前往卫国暗中了解情况，并命他在一个月内回国。不料，一个月过后，史默并没有按时回国。赵鞅不知史默那边出了什么事，因此感到心神不定。当时有人猜测，史默可能已被卫人拿住杀掉；又有人建议说，卫国是个小国，没有多少军事力量，晋国大军一到，卫国国君必会不战而降，为此请求赵鞅下令出兵。

　　赵鞅并未接受这个建议。他认

为卫灵公既然敢与晋国断绝往来，一定会作好充分准备，因此不能草率行事。他坚持要等史默回来，然后再考虑出兵事宜。

半年之后，史默终于回来了。赵鞅问他为何会在卫国滞留那么长时间，史默回答说："您攻打卫国原本是想获得利益，但却很可能得到害处，恐怕您还没有觉察出来吧！现在卫国已经任命贤臣蘧（qú）伯玉出任相国，史鳅在旁辅佐，同时孔子也成了卫国的客卿，孔子弟子子贡也在卫君面前任命，他们都很受信任，这就使得卫君在国内赢得了民心。"接着，史默又讲述了卫灵公为激励国人抗击晋国而采用的方法。

卫灵公派大夫王孙贾向国人宣告，说晋国已经命令卫国，凡是有两个女儿的人家，都要抽出一个送往晋国去当人质。消息传开之后，卫国到处是一片痛哭声和一片愤恨声。为了使国人相信这是事实，灵公又让王孙贾抽选出一批宗室大夫的女儿，准备送往晋国。结果他们出发那天，成千上万的百姓前来阻拦，不让她们去晋国当人质，并且愤慨地表示要和来犯的晋军死战到底，宁死不屈。最后史默说道："卫国现在贤臣很多，国君非常重视贤臣的意见，也会采纳他们的计谋。想用武力使卫国屈服，恐怕要付出很大的代价！"

赵鞅听了史默介绍的情况之后，认为进攻卫国的时机还不成熟，于是下令军队暂不行动，等待有利时机。

◎ 经典例句

曹操来见袁绍曰："今董贼西去，正可乘势追袭；本初按兵不动，何也？"
——明·罗贯中《三国演义》

拔苗助长

bá miáo zhù zhǎng

释义：将禾苗拔起，帮助它生长。比喻不顾事物发展的规律，强求速成，结果反而把事情弄糟。

宋人有闵其苗之不长而揠之者，芒芒然归，谓其人曰："今日病矣！予助苗长矣！"其子趋而往视之，苗则槁矣。

——《孟子·公孙丑上》

《孟子》是儒家经典之一，记载了战国时期著名思想家孟轲的政治活动、政治学说以及哲学、伦理、教育等思想。这部书中有不少故事非常有名，拔苗助长就是一个例子。

○ 品画鉴宝
耕织图·插秧（南宋） 此图线条简洁，用色明快，一派田园之趣跃然纸上。

宋国有一个农夫，他担心自己田里的禾苗长不高，就天天到田边去看。可是，一天过去了，两天过去了，三天过去了，禾苗好像一点都没有往上长。农夫在田边焦急地转来转去，自言自语地说："我得想个办法帮助它们生长。"

一天，农夫终于想出来一个办法，于是急忙奔到田里，把禾苗一棵棵地拔高，从早上一直忙到太阳落山，弄得精疲力尽，不过田里的禾苗也全部"长高了"。农夫回到家里，依然十分疲劳，他气喘吁吁地说道："今天可把我累坏了！不过力气总算没有白费，我帮那些禾苗长高了一大截。"

他的儿子听后，急忙跑到田里察看，发现禾苗全都枯死了。

◎ 经典例句
"少年早慧"是不是"拔苗助长"，这是一个争论已久的问题。

——赵红州《"少年早慧"与科学人才》

# 白头如新

释义：
虽是白头之交，却并不相知，形容双方交情不深。

bái tóu rú xīn

谚曰："有白头如新，倾盖如故。"何则？知与不知也。
——《史记·鲁仲连邹阳列传》

　　西汉时期，有一个人名叫邹阳，是齐地人氏。邹阳在梁地游历时，受人诬陷，被梁孝王关进监牢，准备处死。

　　邹阳十分激愤，他在狱中给梁孝王写了一封信，信中写道："臣曾听说只要待人真诚，就不会没有福报；只要诚信无欺，就不会被人怀疑。臣平日始终信奉这两句话，现在才知道这纯粹是一句空话罢了。昔日荆轲仰慕燕太子丹的为人，忠义感动上天，出现了白虹贯日的天象，但是太子丹却怀疑他胆小畏惧，不敢立即出发。卫先生为秦国策划了长平战役，精诚感动上天，出现了太白金星侵蚀昂星的天象，但是秦昭王却曾怀疑过他。精诚忠义感动上天，但却不能感动人君，不能让他们明白，这是何其悲哀之事啊！如今臣忠心耿耿，开诚布公，将自己心中所知和盘托出，希望大王能够斟酌采用，结果大王左右之人并不理解，最后臣反而被逮捕受审，为世人所怀疑。这就好比是荆轲、卫先生复生，而不能为燕、秦两国君主所理解！还请大王明察秋毫啊！

　　"当年卞和将宝玉献给楚王，可是楚王却说他犯了欺君之罪，下令砍掉他的脚。李斯尽力辅助秦始皇执政，使得秦国统一天下，结果却被秦二世处以极刑……谚语说道：'有白头如新，倾盖如故。'（双方互不了解，即使交往一辈子，头发都白了，也还是像刚认识时一样；真正相互了解，即使是初交，也会像老朋友一样。）这是什么道理呢？不过是相知与不相知罢了。"

　　邹阳在信中列举了一系列事例，详细阐述这一道理。梁孝王读了邹阳这封信后，很受感动，立即把他释放，并且以贵宾之礼接待他。

## ◎ 经典例句

八年之间，话言不接，吉凶不相问吊，反有白头如新之嫌。
——宋·陈亮　《与应仲实》

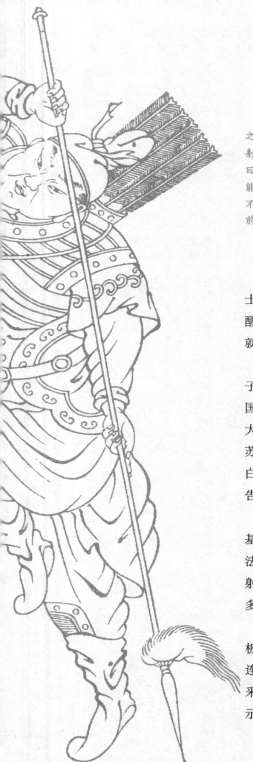

# 百步穿杨

bǎi bù chuān yáng

释义：在百步之外射箭，能够射穿柳树上的叶子。比喻射箭技艺高超，引申为本领非常高强，与成语「百发百中」意义相近。

楚有养由基者，善射，去柳叶者百步而射之，百发百中。左右皆曰善。有一人过曰："善射，可教射也矣。"养由基曰："人皆善，子乃曰可教射，子何不代我射之也。"客曰："我不能教子支左屈右。夫射柳叶者，百发百中，而不已善息，少焉气力倦，弓拨矢钩，一发不中，前功尽矣。"

——《战国策·西周策》

秦国名将白起领兵前去攻打魏国。谋士苏厉获悉之后，赶紧去见周朝国君，提醒他说："如果魏国被秦军占领，您的处境就危险了。"

原来，这时周朝国君名义上虽是天子，实际上对各诸侯国已没有管辖权。魏国如被秦国攻灭，秦国势力将会更加强大，对周天子的威胁也就更大。周天子向苏厉询问对策，苏厉建议周天子派人游说白起，苏厉说了一个故事，以便于让使者告知白起。

楚国有个著名的射箭手，名叫养由基。年轻时就勇力过人，练就了一手好箭法。当时还有一个勇士名叫潘虎，也擅长射箭。一天，两人在场地上比试射箭，许多人都围着观看。

靶子设在五十步外，那里撑起一块板，板上有一个红心。潘虎拉开强弓，一连三箭都正中红心，博得围观人的一片喝采声。潘虎洋洋得意地向养由基拱拱手，表示请他指教。

养由基环视一下四周，说道："射五十

步之外的红心，目标太近、太大，还是射百步以外的柳叶吧！"养由基说罢，指着百步以外的一棵柳树，叫人在树上选了一片叶子，涂上红色作为靶子；接着养由基拉开弓，"嗖"的一声射去，结果箭头正好贯穿这片柳叶的中心。

在场之人无不叹为观止。潘虎自知没有这样高明的本领，但又不相信养由基箭箭都能射穿柳叶，于是走到那棵树下，选择了三片柳叶，在上面用颜色编上号，请养由基按编号次序再射。

养由基走上前去，看清了编号，然后退到百步之外，拉开弓，"嗖、嗖、嗖"三箭，分别射中三片带有编号的柳叶。这一来，喝彩声雷动，潘虎也口服心服。

然而就在这一片喝彩声中，有个过路之人却冷冷地说："嗯，有了百步穿杨的本领，大概也有可以教他射箭的道理了吧！"

养由基一听此人口气如此之大，不禁非常生气，转过身去问道："别人都说我射得很好，你却说我大概有可以传授射箭的道理，既然你这么说，你就射给我看看吧。"

那人平静地说："我不能教你用左臂支撑、右臂弯屈的具体方法，而是来提醒你应该怎样保持射箭名声。你在射柳叶的时候，虽然能够百发百中，但却非常不善于歇息，所以射过一阵之后，你的力气就会减少，很快就会无法将弓拉正，箭路就会弯曲，到时候若有一箭射不中，你就会前功尽弃！"

养由基听了这一番话，觉得很有道理，因此再三向他道谢。

周天子派出的使者，将苏厉所说的这个故事告诉了白起。白起听后，想到要保持自己百战百胜的名气，就不能轻易出战，于是借口有病，停止了向魏国的进攻。

◎ 经典例句

百步穿杨神臂健，弓开秋月分明。

——明·施耐庵 《水浒传》

# 百闻不如一见

bǎi wén bù rú yī jiàn

释义：听到一百次，不如亲眼看到一次。表示听得再多也不如亲眼看见来得可靠。

充国曰："百闻不如一见。兵难隃度，臣愿驰至金城，图上方略。"

——《汉书·赵充国传》

西汉宣帝时期，羌人侵入边界，攻城夺地，烧杀抢掠。宣帝召集群臣计议，询问谁愿领兵前去拒敌。

七十六岁的老将赵充国，曾在边界和羌人打过几十年的交道。他自告奋勇，担当这一重任。

宣帝问他要派多少兵马，他说："听别人讲一百次，不如亲眼一见。用兵之事，很难在遥远的地方算计好。我愿意亲自到那里去看看，然后确定攻守计划，画好作战地图，再向陛下上奏。"

宣帝同意之后，赵充国带领一队人马出发。队伍渡过黄河，遇到羌人的小股军队。赵充国下令冲击，捉到不少俘虏。兵士们准备乘胜追击，赵充国阻拦说："我军长途跋涉来到这里，不可远追。如果遭到敌兵伏击，就会吃大亏啊！"

部下听后，都很佩服这位老将的见识。

○ 品画鉴宝
迎宾拜谒图（西汉） 此图砖质彩绘，图中平列五位冠巾束发，身着长袍，腰间束带的男士。左侧向右而立的迎宾者与宾客相互呼应，不失优雅。线条流畅但时有脱落，有笔断意连的艺术效果。

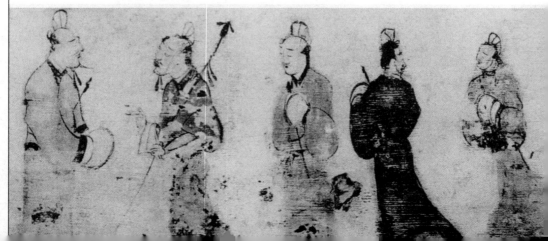

○ 品画鉴宝　错金云纹博山炉（西汉）

　　赵充国仔细观察了地形，又从俘虏口中得知了敌人内部的情况，了解到敌军的兵力部署，然后制定出屯兵把守、整治边境、分化瓦解羌人的策略，并将这一策略上奏宣帝。不久，朝廷就派兵平定了羌人的侵扰，安定了西北边疆。

◎ 经典例句

　　没等程汝怀介绍完，那胡高参便连呼："好字好字！李中堂大人果然了得，真是百闻不如一见，我看天下没有第二人能写得了这三个字。"

————刘醒龙 《赤壁》

# 百折不挠

bǎi zhé bù náo

释义：无论遭受多少挫折都不动摇、不退缩、不屈服。形容意志坚强，品节刚毅。挠：弯曲，比喻屈服。

其性庄，疾华尚朴，有百折不挠、临大节而不可夺之风。

——《蔡中郎集·太尉桥玄碑》

桥玄，字公祖，东汉睢阳(今河南商丘)人。桥玄性情刚直，嫉恶如仇，敢于同奸徒、恶人斗争。桥玄年轻的时候，在本县当功曹。

有一次，豫州刺史周景来到睢阳。桥玄向周景揭发了豫州"陈国相"羊昌的罪恶，请求周景派他前去查办。周景同意之后，桥玄首先把羊昌的宾客全部抓了起来，详细调查羊昌的罪行。

羊昌的靠山、当朝大将军梁冀得知这个消息，派人飞马传来檄文搭救羊昌。与此同时，周景也接到一道圣旨，要他召回桥玄。

桥玄退还檄文，顶住压力，抓紧办案，终于使羊昌受到应有的惩罚。桥玄也因此出了名。

汉灵帝时，桥玄出任尚书令。太中大夫盖升仗着与灵帝有交情，在出任南阳太守时大肆收受贿赂，搜括大量财富，桥玄掌握了盖升的犯罪事实之后，就向灵帝上奏，要求罢免盖升，抄没盖升搜括来的财产。汉灵帝不但没有查办盖升，反而升了盖升的官。桥玄于是托病辞职，返回老家。

桥玄在京城任职期间，有一次，十岁的小儿子在门口玩，突然有三个强盗劫持了孩子，冲到楼上，向桥玄勒索财物。消息传开之后，校尉阳球向河南府尹、洛阳县令奏请带兵包围了桥玄的家。阳球等人担心贸然动手将会伤了孩子，因此不敢进攻，桥玄见状，厉声喝道："强盗无法无天，难道能为了我的孩子而放纵这些恶贼吗！"他催促阳球等人发动进攻，杀死了强盗，而他的小儿子也因此丧生。

桥玄死时，家里没有什么遗产，殡葬也非常简单。他坚毅果断、勇往直前的精神，受到了人们的赞扬。东汉著名文学家蔡邕在《太尉桥公碑》中写道："他的性情严肃，嫉恨奢华，崇尚俭朴，有着百折不挠、在重大原则问题上决不改变自己意志的气概。"

◎ **经典例句**

若把这迷信移到做正经事，讲正经学问，便成了个百折不挠、自强独立的大丈夫、奇女子。

——清·颐琐 《黄绣球》

# 班门弄斧

bān mén nòng fǔ

口口
释义：在鲁班门前舞弄斧头，比喻在行家面前卖弄本领，含讽刺意。班：即鲁班，我国古代的工匠。

操斧于班、郢之门，斯强颜耳。

——《河东先生集·王氏伯促唱和诗序》

采石江边一堆土，李白之名高千古；来来往往一首诗，鲁班门前弄大斧。

——明·梅之焕

鲁班，又名鲁般、公输般，春秋时鲁国(今山东曲阜)人。相传鲁班是一位能工巧匠，善于雕刻与建筑，技艺举世无双，世人将他看作是木匠的祖师爷。

"班门弄斧"最早出现的雏形，是柳宗元的"操斧于班、郢之门，斯强颜耳"一语，意即在鲁班、郢人（《庄子》里面记载的另一位古代操斧能手）门前操弄斧子，真是厚颜无耻，讽刺那些不自量力，竟在行家面前卖弄本领的人。

有一次，明代诗人梅之焕来到采石矶凭吊诗仙李白。在民间传说之中，诗仙李白晚年游览采石江时，因见水中之月清澈透明，探身出去把捉，不慎堕江而殁，地点就在采石矶。由于李白在此留有足迹，因此传说纷起，并且留下不少名胜，诸如李白墓、谪仙楼、捉月亭，等等。采石矶也因此成了旅游胜地。

这天，梅之焕来到采石矶旁的李白墓，观看一番之后，心中大为不满，但见矶上、墓上，凡是墓前可以写字的地方，都已被人题上了诗句。那些附庸风雅的游人，竟在"诗仙"李白的墓上胡乱题诗；那些拙劣诗句的作者，又有什么脸面、资格在李白面前舞文弄墨呢？真是可笑之极，荒唐之极！梅之焕心中越想越不是滋味，感慨之余，也挥笔题下了一首诗：

"采石江边一堆土，李白之名高千古。

来来往往一首诗，鲁班门前弄大斧。"

梅之焕讥讽那些自以为会作诗的游人，是"鲁班门前弄大斧"。这句话被后人浓缩成"班门弄斧"。这样，"班门弄斧"的成语，就流传下来了。

◎ 经典例句

　　这个年轻人，在统帅面前如此唐突，无异班门弄斧，夏文确实吃了一惊。

　　　　　　　　　　　　　　　　　　——魏巍 《东方》

○品画鉴宝 李白赏月图 （明）吴良智／绘 此图中岩崖峻峭，苍松虬曲，江涛拍岸。李白盘膝而坐，仰望一轮明月，似诗兴大发。画中树石笔墨苍劲规整，有南宋院体山水遗韵。

# 抱薪救火

苏代谓魏王曰："欲玺者段干子也，欲地者秦也。今王使欲地者制玺，使欲玺者制地，魏氏之地不尽则不知已。且夫以地事秦，譬犹抱薪救火，薪不尽火不灭。"

——《史记·魏世家》

战国时期，魏国总是受到秦国的侵略。魏国安釐（lí）王即位以后，秦国加紧了进攻，魏国连连战败。安釐王元年，秦国进攻魏国，魏国失去了两个城镇。第二年，魏国又失去了三个城镇。不仅如此，秦国军队当时还直逼魏国都城，形势十分危急。韩国派兵来救，也被秦军打败。魏国没有办法，只得割让了土地，才算结束了这场战争。可是到了第三年，秦国又一次发动进攻，强占了魏国的两个城镇，并杀死了数万人。第四年，秦国把魏、韩、赵三国的军队，打得大败，杀死兵士十五万人。魏国大将芒卯也因此失踪。

魏国军队接连败北，使得安釐王坐卧不安。此时，魏国另一位大将段干子也十分恐惧，为了苟安，便向安釐王建议，把南阳割给秦国，请求罢兵议和，安釐王本来就对秦军的进攻十分害怕，以为割让土地就可以求得太平，于是照着段干子所说的话去做。

当时有一个谋士名叫苏代，他就是一贯主张"合纵抗秦"的苏秦的弟弟。苏代与他哥哥一样，也极力主张各诸侯国联合起来抵

○品画鉴宝

犀足筒形器（战国）三犀牛为足，承托一平底直壁筒形器。

抗秦国。苏代得知魏国割地求和的消息之后，就对安釐王说："段干子一心为了保留自己的将军职位，而秦国则是一心为了获得土地。如今大王让一心保留自己职位的人管理土地，听信他们的建议，不停地割地求和，这样一来，魏国的土地不丧失干净，他们就不会停止自己的欲望。况且割地求和，以获取秦国的暂时休兵，就好比抱着柴草前去救火，柴草一天没有烧完，火就一天不会熄灭啊。"

安釐王说："你所说的确实有道理。但是话虽如此，割地求和之事已经着手办理了，没有更改的道理。"安釐王最终没有接受苏代的建议，仍然一味地屈膝求和。几年之后，魏国终于被秦国灭掉了。

◎ 经典例句

常恐天下之势，积而不已，以至于此，虽力排之，已若无奈何，又从而为之辞，其与抱薪救火何异？

——宋·王安石 《上运使孙司谏书》

# 杯弓蛇影

予之祖父郴为汲令，以夏至日请见主簿杜宣，赐酒。时北壁上有悬赤弩，照于杯，形如蛇。宣畏恶之，然不敢不饮，其日便得胸腹痛切，妨损饮食，大用羸露，攻治万端，不为愈。
——东汉·应劭《风俗通义·怪神第九》

东汉时期，有一年在夏至的那一天，汲县县令应郴邀请主簿（办理文书事务的官员）杜宣过来饮酒。酒席设在厅堂里面，北墙之上悬挂着一张红色的弓。由于光线折射，酒杯中映入了弓的影子。杜宣看后，以为是一条蛇在酒杯中，顿时冷汗涔涔。然而县令是他的上司，此次又是特地请他过来饮酒，因此杜宣不敢不饮，所以硬着头皮喝了几口。仆人再斟之时，他借故推却，起身告辞而去。

杜宣回到家里，越来越疑心刚才饮下的是有蛇的毒酒，又感到随酒入口的蛇在肚中蠕动，顿时觉得胸腹之间疼痛异常，难以忍受，吃饭、喝水都变得非常困难，身体也因此变得羸弱起来。家人赶紧请来大夫诊治，但是开了各种药方，服用了多种药物之后，杜宣的病情还是不见好转。

过了几天，应郴有事来到杜宣家中，问他闹病的理由，杜宣就讲了那天饮酒时杯中有蛇的事，说自己很害怕那条蛇，而且蛇也已经进入腹中。应郴安慰了几句，回到县衙的厅堂之中。他坐在厅堂里反复回忆和思索，始终弄不明白为何杜宣的酒杯里会有一条蛇。

就在这个时候，应郴不经意间抬头看见北墙上那张红色的弓，他立即明白了其中的道理。应郴坐在那天杜宣所坐的位置上，取来一杯酒，也放在原来的位置上，果然发现酒杯之中有弓的影子，若不细心观看，确实像是一条蛇在蠕动。

应郴马上命令门下吏带着自己的随同，用辇车把杜宣接来，让他坐在原来的位子上，倒了一杯酒放在原来那个地方，杯中于是又出现了一条蛇。应郴就让杜宣仔细观看酒杯里的影子，并说："你所说的杯中的蛇，不过是墙上那张弓的倒影罢了，并没有什么东西在作怪。"

杜宣弄清原委之后，心中豁然开朗，犹如放下了千斤重担，很快就痊愈了，最后一直坐到了尚书之位，历任四郡太守，威名赫赫。

○ 品画鉴宝
绿釉陶水亭（东汉） 此器造型别致，细致精巧，极具观赏性。

◎ 经典例句
　儿子愣了片刻，终于悟出了爸爸的心思，解疑地笑着说："爸爸，您看那栏杆是绿色的，不同于您……您何必'杯弓蛇影'！"
——从维熙《临街的窗》

# 背水一战

bèi shuǐ yī zhàn

释义: 背靠江河作战，没有退路。比喻决一死战。

信乃使万人先行，出，背水陈。赵军望见而大笑。平旦，信建大将之旗
鼓，鼓行出井陉口。赵开壁击之，大战良久。于是信、张耳佯弃鼓旗，走水上
军。水上军开之，复疾战。赵果空壁争汉鼓旗，逐信、张耳。韩信、张耳已经
入水上军，军皆殊死战，不可败。

——《史记·淮阴侯列传》

韩信，淮阴(今江苏清江西南)人。韩信是汉王刘邦手下的大将，
为了打败项羽，夺取天下，他为刘邦定计，先攻取关中，然后东渡
黄河，打败并俘虏了背叛刘邦、听命于项羽的魏王豹，接着向东攻
打赵王歇。

韩信与部下张耳率领着数万精兵，想要向东通过井陉口攻击赵
军。赵王与大将成安君陈余听说汉军将来袭击，于是召集兵马驻守
在井陉口，号称二十万大军。赵王手下谋士广武君李左车劝说陈余，
主张由陈余率领主力坚守高垒，而由他率领三万精兵沿小路迅速前
行，切断汉军的辎(zī)重粮草，如此一来，韩信既攻不下高垒，又
断绝了粮草，必然会大败。可惜陈余是一个迂腐的儒者，并没有接
受他的建议，坚持要与汉军正面作战。

韩信通过间谍了解到这一情况，非常高兴，于是率领大军出发，
在离井陉口三十里的地方安营休息。到了半夜时分，韩信挑选了二
千轻骑兵，让他们每人拿着一面汉军的红色旗帜，从小道前行，在
赵军壁垒旁边潜伏观望，同时对他们说："赵军看到我军败走，必然
会全军追击，你们趁机潜入赵军壁垒，拔掉赵军的旗帜，树立汉军
的红色旗帜。"然后韩信传令让将士们饱餐一顿，并对他们说："今
天攻破赵军之后，我们再好好聚餐一顿！"韩信帐下诸将都不相信，
只好胡乱应了一句："得令！"

韩信又对军士说："赵军已经占领了有利地形，建立了壁垒坚守，
而且他们没有看到我军主将的旗帜，必定不肯攻击我军的先头部队，
因为他们担心我军一到险要的地方就会撤回。"

一切安排妥当之后，韩信就派一万军队前行，出了山口，来到
河边，背靠着河水安营扎寨。赵军看到汉军如此扎营，全都大笑不
已。天明之时，韩信率军发动进攻。赵军大开壁垒，出来迎击，双
方展开激战。激战了好久，韩信、张耳假装败退，丢下旗鼓，逃到

水边的军营。军士打开营门，继续与赵军激战。赵军果然全部离开营地，争夺汉军的旗鼓，并且追击韩信、张耳。这时韩信、张耳已经进入水边的军营，与那一万精兵合力抵挡。由于身临绝境，所以汉军上下无不殊死奋战，赵军始终不能攻破汉军阵营。而在这个时候，韩信派出的二千骑兵看到赵军全力出击，趁机长驱直入，拔掉赵军的旗帜，改换成汉军的红色旗帜。

赵军无法攻破汉军的水上阵营，又不能捕获韩信等人，于是想要回营坚守，却看到壁垒之内已经插遍了汉军的红色旗帜，遂大惊失色，以为汉军已经将赵王等人俘获，于是军心大乱，四散奔逃。汉军乘胜追击，内外夹击，大败赵军，打了一个大胜仗。

诸将献上战绩、庆祝胜利之后，都问韩信："兵法上说，安营布阵应当以右侧或者背面对着山陵，而以左侧或者前面对着水泽，现在将军您却命令我们背对河水布阵，还说打败赵军之后再聚餐一次，我们当时并不相信。但是我们最后竟然真的取胜了，这究竟是一种什么样的战术呢？"

韩信笑着说道："这种战术也在兵法之中，只是你们没有注意而已。兵法上不是说'陷之死地而后生，置之亡地而后存'吗？而且我韩信初任大将，军中将士未必人人心悦诚服，这就是所谓的驱赶街上之人作战啊。因此我不得不将军士置于死地，将士为了活命，必会奋勇杀敌；假如将他们安扎在有退路的地方，一见形势危急，必然会逃亡，怎么能让他们拼命呢！"

诸将听后恍然大悟，敬佩不已，说道："妙计！妙计！我们实在难以企及啊！"从此诸将对韩信心悦诚服，令出必行。

后来从这个故事演化出成语"背水一战"，多用于军事行动，也可用于比喻有"决战"性质的行动。

◎ 经典例句

他想来想去，只剩下一个办法，就是亲自找那个老家伙讲理，看看他能不能对自己的女儿放行。他明知这样未必成功，但事已到此，只有背水一战。

——魏巍《火凤凰》

# 兵不血刃

bīng bù xuè rèn

释义：兵器上没有血。表示未经作战就取得胜利。

默在中原，数与石勒等战，贼畏其勇，陶侃讨之，兵不血刃而擒也，（石勒）益畏侃。苏峻将冯铁沙侃子奔于石勒，勒以为戍将。侃告勒以故，勒召而杀之。

——《晋书·陶侃传》

东晋屯骑校尉郭默作战勇敢，曾与后赵的建立者石勒等人作战，石勒等人都很怕他。但是郭默一贯骄横跋扈，谁都不放在眼里。有一次因为泄私愤，郭默竟然杀死了平南将军刘胤（yīn）。事后，郭默还大胆伪造诏书，诬陷刘胤谋反，向各州郡通报。这件事情暴露之后，宰相王导担心朝廷无力惩处郭默，不但没有问罪，反而加封郭默的官职。陶侃知道这件事情后，一面上疏朝廷请求讨伐郭默，一面写信给王导，要求他采取果断措施。信中有两句话写得非常有力："郭默杀害州官，朝廷就任命他当州官，难道他杀害宰相，也就让他当宰相不成？"

王导读了这封信，受到很大的触动，便派陶侃率军去讨伐郭默。郭默深知陶侃领兵作战十分厉害，听说他亲自来讨伐，非常焦急，打算率军离开江州南下。但是陶侃出兵神速，郭默还未离城，陶侃的大军就已经将江州团团围住。

郭默想固守城池，又知自己不是陶侃的对手，担心城破之后难逃性命。想要打开城门投降，又怕朝廷杀他的头，真是左右为难。郭默手下的一名将领宗侯将郭默父子逮捕之后，打开城门投降。陶侃终于不战而取得胜利，平定了这次叛乱。

◎ 经典例句

这一场战斗虽然兵不血刃，但也够激烈的了。

——任大霖《大仙的宅邸》

bìng rù gāo huāng

释义： 指病已危重到了无法救治的地步。亦喻事情到了无可挽回的地步。膏肓：古以膏为心尖脂肪，肓为心脏与隔膜之间，膏肓之间是药力不到之处。

医至，曰："疾不可为也。在肓之上，膏之下，攻之不可，达至不及，药不至焉，不可为也。"

——《左传·成公十年》

　　春秋时期，晋景公某日做了一个噩梦，在梦中景公遇见一个厉鬼，披头散发，发长及地，以手拍击胸膛，厉声喝道："你杀戮我的子孙，不仁不义，我已经向上帝告发，要将你置于死地！"厉鬼毁坏大门，接着毁坏寝宫之门，追击景公。景公非常恐惧，因此避入内室，不料厉鬼紧跟而入，又毁坏了窗户。就在这个时候，景公醒了过来。

　　景公醒后得了一场病，病情日甚一日，晋国无人能够医治。当时秦国有位名医，于是晋国派人前去求医，请来了名医高缓。高缓还没到来，景公恍惚之中又做了一个梦。景公梦见两个小孩，正悄悄地在他身旁说话，一个说："秦国的高缓是当世名医，医术高明，如果他来治病用药，我们必然会被药物伤害，这可怎么办？我们应当躲到什么地方才好呢？"另一个小孩说道："如果我们躲到肓的上面，膏的下面，那么无论怎样用药，都奈何我们不得了。"须臾之间，景公但觉心膈之间一阵剧痛，顿时坐卧不安。

　　片刻之后，秦国名医高缓就被引入景公的卧室之中。高缓诊断完毕，说道："这病已经没法医治了。"景公问道："此话怎讲？"高缓说道："疾病在肓之上，膏之下，用火灸攻治不行，针灸又达不到，如果服药，其效力也达不到。这病是无法医治了，天意难违啊。"晋

景公听后感喟不已，心想高缓所说，正与自己梦中所见所闻相符，确实是当世名医啊。景公当下点了点头说：“您真是一位良医啊！”说完，命人送了一份厚礼给高缓，并且让人护送高缓返回秦国。

◎ 经典例句

何期病入膏肓，命垂旦夕，不及终事陛下，饮恨无穷！

——明·罗贯中《三国演义》

○ 品画鉴宝

骑驴图（明）张路／绘　图中一老者骑驴而行，老者稳坐驴背，悠然自得，任驴子快步嘶叫，耐人回味。

　　邺下谚云："博士买驴，书券三纸，未有驴字。"使汝以此为师，令人气塞。孔子曰："学也禄在其中矣。"今勤无益之事，恐非业也。

——《颜氏家训·勉学》

　　北齐文学家颜之推有一篇传世之作，那就是《颜氏家训》。在《颜氏家训》的《勉学》篇中，记载了一则"博士买驴"的笑话。

　　邺下有个博士，熟读四书五经，满肚子都是经文。他非常欣赏自己，无论做什么事都要咬文嚼字一番。

　　有一天，博士家的一头驴子死了，不能没有脚力，于是赶紧去市场上再买一头。博士看好了驴子，讲好了价钱，之后要写一份凭证才算交易妥当。博士要卖驴的人来写，那人表示自己不识字，请博士代写。博士马上答应了。卖驴的当即借来笔墨纸砚，博士拉开架式，书写起来，写得非常认真。过了好长时间，三张纸上都是密密麻麻的字，总算看到博士搁笔了。卖驴的人请博士念给他听。博士干咳了一声，就摇头晃脑地念了起来，过路人都围上来听。过了好半天，博士才念完凭据。卖驴的人听后，不解地问道："先生写了满满三张纸，怎么连个驴字也没有呀？其实，只要写上某月某日我卖给你一头驴子，收了你多少钱，那就完事了，为什么要唠唠叨叨地写这么多呢？"在旁观看的人听了，全都哄笑起来。

　　这件事传开之后，邺下就有这么几句谚语："博士买驴，书券三纸，未有驴字。"

◎ 经典例句

　　豪华简历这东西太厚，犹如博士买驴，翻开好几页还没见正文，三纸无驴，看了头晕，谁还有兴趣往下看，于是就束之高阁。遇到些不良单位，甚至当垃圾给处理了。

——朱慧松

# 不耻下问

子贡问曰："孔文子何以谓之'文'也？"
子曰："敏而好学，不耻下问，是以谓之'文'也。"
——《论语·公冶长》

孔子（公元前551—前479年）名丘，字仲尼。春秋后期鲁国人，享年72岁，葬于曲阜城北泗水之上，即今日孔林所在地。曾修《诗》、《书》，定《礼》、《乐》，序《周易》，作《春秋》。其思想及学说对后世产生了极其深远的影响。

　　春秋时代的孔子是我国伟大的思想家、政治家、教育家，儒家学派的创始人。人们尊奉他为"生而知之"的圣人，然而孔子却很谦逊。孔子说："我非生而知之者也，好古，敏以求之者也。"（我并不是生而知之的圣人，只是一个喜好传统文化，勤勉刻苦地探求大道的人。）

　　有一次，楚国的叶公遇见孔子的弟子子路，就问子路："孔子究竟是怎样的一个人？"子路不知道该怎么回答，于是就没说话。子路回来之后，将这件事告诉孔子，孔子说道："汝奚不曰'其为人也，发愤忘食，乐以忘忧，不知老之将至'云尔？"（你为什么不说"他的为人，发愤苦学，废寝忘食，一心求道，忘却忧患，孜孜以求，不知道自己已经年迈"之类的话呢？）

　　春秋之时，卫国有个大夫叫孔圉（yǔ），为人虚心好学。当时已经有定谥号的习俗，其中"勤学好问"也可以谥为"文"。孔圉死后，卫君授于他的谥号就是"文"，所以人们又称他为孔文子。

　　孔子的学生子贡有些不服气，他认为孔圉也有不足的地方，于是就问孔子："先生，孔文子究竟哪一点称得上'文'呢？"

　　孔子答道："敏而好学，不耻下问，是以谓之'文'也。"意思是说孔圉生性聪敏，却能勤勉好学，职位虽高，却不以向职位比自己低、学问比自己差的人求学为耻辱，所以可以用"文"字作为他的谥号。

◎ 经典例句

　　他于是废然而去了，我仍旧废然而住，自愧无以对"不耻下问"的朋友们。
——鲁迅《坟·说胡须》

bù hán ér lì

释义：指不因寒冷而发抖，形容非常害怕、恐惧。栗：发抖。

军数出定襄，定襄吏民乱败，于是徙纵为定襄太守。纵至，掩定襄狱中重罪轻系二百余人，及宾客昆弟私人相视亦二百余人，纵一捕鞠，曰"为私罪解脱"，是日皆报杀四百余人，其后郡中不寒而栗，猾民佐吏为治。

——《史记·酷吏列传》

西汉武帝的时候，有个名叫义纵的人。义纵的姐姐义姁(xū)是个医生。她医好了皇太后的病，因此皇太后很宠爱她，义纵也因此得到汉武帝的任用。义纵先在上党郡一个县中任县令，后又升为长安县令。他在任职期间，能够依法办事，不讲情面，也不怕得罪有权有势的人，当地的治安有了很大的改变。汉武帝认为他很有才干，就调任他为河内郡都尉，后又升为南阳太守。

当时，南阳城里居住着一个管理关税的都尉名叫宁成。宁成为人残暴，利用手中的权力横行霸道，百姓们都很害怕他，甚至连进关、出关的官员都不敢得罪他。人们都说，让宁成做官，好比是把一群羊交给狼管。宁成听说义纵要来南阳任太守，有些不安。义纵上任那天，宁成恭恭敬敬地站在路边迎接义纵，义纵却对他不理不睬。义纵

○ 品画鉴宝
双鸟心形玉佩（西汉）　此器扁平，呈心形，中间一圆孔，四周阴刻流云纹，两侧凸起镂雕不同的变形长尾鸟。为装饰性佩挂。

〇 品画鉴宝

彩绘陶俑出土原状（汉）　图中这些缺臂裸体的彩绘陶俑曾装有精巧的木制胳膊，披有华美的服装，可能是专为皇室随葬的级别较高的陶俑。

一上任，就派人调查宁成的家族，凡是有罪之人，就统统杀掉，最后，宁成也被判了罪。这样一来，当地有名的富豪孔氏、暴氏因为也有劣迹，吓得逃离了南阳。

朝廷调兵攻打匈奴，屡次经过定襄(在今内蒙古)，定襄管理松弛，民心涣散，于是武帝又调义纵任定襄太守。义纵一到定襄，就将监狱中二百多个重罪轻判的犯人重新判刑，同时将二百多个私自来监狱探望犯人的家属都抓了起来，说他们想要为犯人开脱罪行，将他们也一起判处死刑。那天一下子就杀了四百多人。尽管那天天气并不寒冷，然而，住在这个地区的人们听到这个消息后，全都吓得浑身发抖。

◎ 经典例句

即不然，而乃以为孙舞阳真好，这也适足证明了方罗兰确已着迷；想到这一点，方太太也不寒而栗了。

——茅盾《蚀·动摇》

待诏夏贺良等建言改元易号，增益漏刻，可以永安国家。朕过听贺良等言，冀为海内获福，卒亡嘉应。皆违经背古，不合时宜。

——《汉书·哀帝纪》

bù hé shí yí

释义：不符合时势的需要，与世情不相投合。时宜：当时的需要。

汉哀帝刘欣是汉成帝的养子，二十岁即位为帝，定年号为建平。自从当上皇帝以后，哀帝经常生病。建平二年六月，哀帝的母亲丁太后得病去世，担任"黄门待诏"的顾问官夏贺良上了一道奏章，说道："汉朝的历法已经衰落，应当重新接受天命。成帝当时没有顺应天命，所以他没有亲生儿子。现在皇上您生病的时间已经很长了，天下又多次发生各种变异，这些都是上天的警告。皇上只有马上改变年号，才可以延年益寿，生养皇子，平息灾祸。如果明白了这个道理却不去做，各种灾祸都会发生，人民就要遭受灾难。"

哀帝听了夏贺良的这一番话，也希望自己身体健康，就在建平二年六月甲子那一天，也就是丁太后死后的第四天，发布诏书，大赦天下，改建平二年为太初元年，改帝号为"陈圣刘太平皇帝"，把计时工具漏上的刻度从一百度改为一百二十度。

改变年号之后，哀帝还是照样生病。夏贺良等人想趁机干预朝政，却遭到了朝中大臣的反对。哀帝也因为夏贺良的话没有应验，派人调查他们的所作所为，知道他们实际上是一伙骗子，于是在八月间又下了一道诏书，说道："黄门待诏夏贺良等建议改变年号和帝号，说增加漏的刻度可以使国家永远安定，我误听了他们的话，希望因此能给天下带来安定，但是这些行为并没有获得美好的结果。夏贺良等人的所作所为，全都违背经义，不符古法，同时也不合时宜。六月甲子日的诏书，除了大赦一项之外，全部废除。"

这次改元不到两个月就宣告结束，而夏贺良等人因为妖言惑众，都被处以死刑。

◎ 经典例句

这篇文章也引起过争论，我自己也觉得在那个乱哄哄的时代论正规化，的确也有点不合时宜。

——夏衍《〈新华日报〉及其他》

# 不堪回首

bù kān huí shǒu

释义：常用来表示对巨大的人事变迁的感慨。

春花秋月何时了，往事知多少。小楼昨夜又东风，故国不堪回首月明中。雕栏玉砌应犹在，只是朱颜改。问君能有几多愁？恰似一江春水向东流。

——南唐·李煜《虞美人》

公元960年，赵匡胤建立宋朝，当时周围还有几个割据政权。为了完成统一大业，赵匡胤先后攻灭了南平、后蜀、南汉等国，接着又把目标对准了南唐。

当时南唐国主是李煜，世称李后主。李煜在政治、军事上昏庸无能，但在文学艺术方面却很有才华，诗词、音乐、书画等无所不精，而且造诣极高。李煜从小在深宫之中长大，过着奢侈的生活，因此他的作品也大都描写宫廷生活的情景。

李煜的妻子大周后容貌出众，擅长书画歌舞，但却不幸早逝。后来李煜又与大周后的妹妹相爱，封她为后，史称小周后。李煜与小周后花前月下饮酒作乐，把国家大事置之脑后。

宋朝的威胁日益严重，但是李煜迷恋于歌舞升平的生活，只想求得眼前安逸，并不作抵御的准备，而是一味地向宋朝屈服。宋朝征战获胜或者有了什么喜庆活动，他就赶紧命人向宋朝进贡财宝。后来又主动向宋朝上表，希望取消南唐国号，作为宋朝的附庸。

公元974年秋，宋太祖赵匡胤两次派使者告知他到开封朝见。李煜担心赵匡胤会趁机杀了他，因而称病不去。赵匡胤以此为借口，派十万大军征伐南唐。

第二年年初，宋军抵达长江北岸，南唐都城金陵告急。但是李煜以为宋军无法渡过长江，于是整天在宫内和一班和尚道士讲经说法。

一天李煜偶尔外出登城，看见城外到处都是宋军的旗帜，这才急忙去召集援军，但是为时已晚。这年冬天，宋军消灭了南唐的最后一支援军，终于攻破金陵。李煜被迫投降，并被押往开封。

李煜穿戴着白衣纱帽，战战兢兢地接受赵匡胤的召见。赵匡胤没有杀他，侮辱性地封他为违命侯，把他安置在城里。他名义上是侯，实际上过着囚犯一样难堪的生活。

李煜是个多愁善感的人，降宋之后的痛苦生活，自然使他抑郁不堪。不久赵匡胤去世，他的弟弟赵匡义即位，世称宋太宗。太宗

宋太祖
諡達大度膽明神武
黃袍加身厚生鼓舞

取消了李煜违命侯的封号，封他为陇西郡公。但是太宗比太祖更为猜忌，时时命人汇报李煜的表现。一次，李煜懊悔当时不该杀了两个忠臣，太宗得知后非常恼怒。

又有一次，李煜填了一首名为《虞美人》的词，全词如下："春花秋月何时了，往事知多少。小楼昨夜又东风，故国不堪回首月明中。雕栏玉砌应犹在，只是朱颜改。问君能有几多愁？恰似一江春水向东流。""故国不堪回首月明中"等句，意思非常明白：过去美好的一切不能再回顾，回顾了只能使人更感到痛苦。

这首词传到太宗那里，太宗见他至今还在眷恋故国，因此非常忌恨。后来又有一些思念故国的词作传到太宗那里，于是太宗派人将他毒死。

◎ 经典例句
我想起去年我们的聚会，真觉得往往不堪回首。
——巴金《春》

# 不求甚解

bù qiú shèn jiě

释义：读书只领会精神，不在一字一句的解释上多花工夫。现在则指学习不认真，不能深刻理解或指不深入了解情况。

先生不知何许人也，亦不详其姓字。宅边有五柳树，因以为号焉。闲静少言，不慕荣利。好读书，不求甚解；每有会意，便欣然忘食。

——东晋·陶潜《五柳先生传》

陶渊明，又名潜，是我国最早的田园诗人。他所开创的田园诗体，为古典诗歌开辟了一个新的境界。

陶渊明的家乡浔阳一带水旱灾害连年不断。陶渊明靠着微薄的田产，维持着一家老小的生活，过着非常艰难的日子。

尽管如此，陶渊明不羡慕荣华富贵，喜爱清静闲散的田园生活。他一面耕田，一面读书写诗，不仅不觉得苦，反而觉得十分自在。

大概在二十八岁那年，陶渊明为自己写了一篇文章，名叫《五柳先生传》。文章的开头这样写道：

先生不知道是什么样的人，也不清楚他的姓氏、名字。先生住宅旁边有五棵柳树，因而就以"五柳"作为自己的号，称为五柳先生。先生喜爱闲静，不爱说话，也不羡慕富贵利禄。先生喜好读书，但对所读之书并不执着于字句的解释。每当对书中的意义有了一些体会的时候，便高兴得忘了吃饭。先生生性喜爱喝酒，可是因为家境贫寒，不能经常得到酒水。亲戚朋友知道他的这种情况，所以时常邀请他去喝酒。而这位先生每次前往亲友家里，总是把他们准备的酒水喝光，每次都会喝得酩酊大醉。大醉之后，就回到自己家中，而不会留在亲友那边。

## ◎ 经典例句

她淡淡地看了他一眼，那神情是不想再寻根究柢，就这样不求甚解已经可以过去了。

——叶圣陶《倪焕之》

陶渊明（约公元 365 — 427 年）

东晋大诗人。又名潜，字元亮，私谥靖节，浔阳柴桑（今江西九江）人。作《归去来兮辞》，自明本志。散文以《桃花源记》最有名。陶渊明的诗文兼有平淡与爽朗的风格，语言质朴自然，又极为精炼。有《陶渊明集》。

# 不入虎穴，焉得虎子

超曰："不入虎穴，不得虎子。当今之计，独有因夜以火攻房，使彼不知我多少，必大震怖，可殄尽也。灭此房，则鄯善破胆，功成事立矣。"

——《后汉书·班超传》

公元73年，东汉明帝之时，丰车都尉窦固奉命征伐匈奴，四十一岁的班超被任命为假司马（即代理司马之职）。在这次征伐中，班超立了战功，深受窦固赏识，因此窦固派他和从事（参谋）郭恂一起出使西域。

班超带了三十六名勇士，首先来到鄯善国。鄯善国王开始时对他们非常尊敬，礼节也很周到，但是没过几天，就变得冷淡起来。班超对手下说："这必定是北方匈奴的使者来了，鄯善国王态度摇摆不定，还在狐疑之中。"

于是班超把接待他们的人叫来，故意骗他们说："匈奴使者已经来了几天，此时住在哪里？"那个人非常惶恐，不得不说出了实际情况，班超的判断果然准确无误。班超把这个人禁闭起来，然后把三十六名勇士全部召集在一起，跟他们一同喝酒，喝得畅快的时候，班超故意激怒他们，说道："你们和我都在这极远的地方，只有建立大功，才能求得富贵。现在匈奴使者来到这里不过几天，鄯善国王对我们的礼节和敬意就中止了。如果鄯善国王逮捕我们，并把我们送给匈奴，那么我们连尸骨都会被豺狼吃掉。你们看，我们应当如何是好？"

那三十六名勇士都说："现在处于危急关头，我们无论是生是死，都听从司马您的命令。"于是班超下定决心，说道："若不进入老虎洞，就不能捉到小老虎。事到如今，只有一计可行，我们趁着黑夜，用火攻击匈奴使团，让他们不知道我们有多少人，这样他们必会非常震惊，我们也就可以把他们全部消灭。消灭了这些敌人，鄯善国王就会吓破了胆，我们也就大功告成，功业也得以建立了。"

三十六位勇士说道："这件事应与从事郭恂商量一下。"

班超愤怒地说："是凶是吉就决定于今天。郭恂不过是个文弱而又庸俗的官员，听到这个计划必然害怕，从而泄露我们的计谋，这样我们就会白白送命，这岂是大丈夫所为！"

于是众人同意班超的看法。当天夜里，班超率领众人前往匈奴

使团所在地。当时恰好刮起大风，班超命令十个勇士拿着战鼓，藏在匈奴使者的房舍后面，并和他们约定，只要看见火烧起来，就擂起战鼓大声呼喝。其余的勇士则都拿着武器，埋伏在大门两侧。接着班超顺着风势把火烧起来，顷刻之间战鼓齐鸣，杀声四起。匈奴人惊慌失措，乱成一团。班超亲手杀死三个敌人，勇士们杀了匈奴使者和随从三十多人，其余一百多人都被烧死。

第二天，班超把这件事告诉郭恂。郭恂听后大惊失色，随后又有一些心动，不由得在脸上流露出来。班超察言观色，马上对他说："从事虽然没有参加行动，但我怎会独占功劳呢？"郭恂听了这话非常高兴。

接着，班超召见鄯善国王，并把匈奴使者的头颅给他看，鄯善国王及其臣民为之震惊。班超晓谕并且抚慰他们，于是国王终于决定靠向汉朝一边，并把自己的儿子送到汉朝去当人质。

班超返回之后，将这一切告知窦固，窦固大为惊喜，如实汇报给明帝。明帝非常欣赏班超的胆色气节，诏告窦固："既然有班超这样的官吏，为何不派遣他而还要寻找其他人呢？现在以班超为军司马，让他再接再厉，继续未竟的功业。"于是班超再次接受出使西域的命令，窦固想要增加他的随从兵士，班超却说："我只愿意率领本部三十余人，就足够了。如果发生了什么事，随从太多，反而会成为负累。"就这样，班超再次踏上征途，走向西域。

◎ 经典例句

"不入虎穴，焉得虎子"？要揭开灯塔的秘密，就必须设法进入灯塔。

——叶永烈《科学福尔摩斯》

# 草木皆兵

cǎo mù jiē bīng

释义：把草木都当成敌兵。形容极度疑惧，惊恐不安。

坚与苻融登城而望王师（指晋师），见部阵齐整，将士精锐；又北望八公山上草木，皆类人形，顾谓融曰："此亦勃（劲）敌也，何谓少乎！"怃然有惧色。

——《晋书·苻坚载记》

公元383年，前秦皇帝苻坚基本上统一了北方，于是率领九十万兵马南下攻伐东晋。东晋王朝任命谢石为大将，谢玄为先锋，率领八万精兵迎战。

秦军前锋苻融攻占寿阳（今安徽寿县）之后，苻坚亲自率领八千骑兵抵达这座城池。他听信苻融的判断，认为晋兵不堪一击，只要后续大军一到，一定可以大获全胜。于是，他派一个名叫朱序的人去向谢石劝降。

朱序原是东晋官员，他见到谢石后，报告了秦军的布防情况，并建议晋军在前秦后续大军未来之前袭击洛涧（今安徽淮南东洛河）。谢石听从他的建议，出兵偷袭前秦军营，果然取得大胜。晋兵乘胜向寿阳进军。

苻坚得知洛涧兵败，晋兵正向寿阳而来，大惊失色，马上和苻融登上寿阳城头，亲自观察淝水对岸晋军的动静。当时正

　　值隆冬时节，又是阴天，远远望去，淝水上空灰蒙蒙的一片。仔细看去，那里桅杆林立，战船密布，晋兵持刀执戟，阵容甚为齐整。他不禁暗暗称赞晋兵布防有序，训练有素。接着，苻坚又向北边望去，那里横亘着八公山，山上有八座连绵起伏的峰峦，地势非常险要，晋兵大本营就驻扎在八公山下。随着一阵西北风呼啸而过，山上晃动的草木，就好像无数士兵正在活动。苻坚顿时面如土色，惊恐地回过头来对苻融说："晋兵也是一支劲敌，怎么能说他们兵力微弱呢？"

　　不久，苻坚中了谢玄的计，下令将军队稍向后退，以便于让晋兵渡过淝水决战。结果，秦兵在后退之时自相践踏，溃不成军，大败北归。

　　这一战，便是历史上著名的淝水之战，是历史上以少胜多、以弱胜强的著名战例之一。

◎ 经典例句

　　不适当地夸大敌情，弄得草木皆兵，疑神疑鬼，也坏了不少事。

——李国文《冬天里的春天》

# 才高八斗

cái gāo bā dǒu
释义：比喻极有才华。

文章多，谓之八斗之才。谢灵运尝曰："天下才有一石，曹子建独占八斗，我得一斗，天下共分一斗。"
——南朝·刘宋·无名氏《释常谈·八斗之才》

南朝刘宋时期的谢灵运，是东晋名将谢玄之孙，也是我国古代最著名的山水诗作家之一。谢灵运的诗，大都描写会稽、永嘉、庐山等地的山水名胜，善于刻画自然景物，开创了文学史上的山水诗一派。

谢灵运的诗艺术性很强，尤其注意形式美，很受文人雅士的喜爱。诗篇一传出来，人们就竞相抄录，流传很广。宋文帝很赏识他的文学才能，特地将他召回京都任职，并把他的诗作和书法称为"二宝"，常常要他边侍宴，边写诗作文。

谢灵运一向自命不凡，受到这种礼遇之后，更加狂傲。有一次，他一边喝酒一边自夸道："魏晋以来，天下文才共有一石(dàn，一种容量单位，一石等于十斗)，其中曹子建(即曹植)就独占了八斗，我则得了一斗，天下其他之人共分余下的一斗。"

谢灵运（公元385—433年），东晋和南朝宋时代的诗人，是南北朝时代与陆机齐名的诗人。陈郡阳夏（今河南太康）。出生于会稽始宁（今浙江上虞）。因从小寄养在钱塘杜家，故乳名为客儿，世称谢客。又因他是谢玄之孙，晋时袭封康乐公，故又称谢康乐，墓葬于今江西省万载县。

 经典例句

但是，你，学富五车，才高八斗，出口成章，文不加点的大名公，我以什么来比你？
——李劼人《大波》

旧说池仲鱼，人姓字也，居宋城门，城门失火，延及其家，仲鱼烧死。又云：松城门失火，人汲取池中水，以沃灌火，池中空竭，鱼悉露死。

——《太平广记》卷四百六十六引《风俗通》

但恐楚国亡猿，祸延林木；城门失火，殃及池鱼；横使江淮士子、荆扬人物死亡矢石之下，夭折雾露之中。

——《全北齐文·为东魏檄梁文》

南北朝时，东魏有一员大将，名叫侯景，坐镇河南，拥有十万军队。侯景因与大丞相高欢之子高澄不和，在东魏武定五年(公元547年)背叛东魏，投降西魏。高澄派韩轨讨伐侯景，侯景担心与西魏的联系被切断，又投降南方的梁朝。

梁朝许多大臣认为侯景反复无常，不能接受他的投降，损害和东魏的友好关系。但是八十四岁的梁武帝却相信这是统一国家的预兆，于是接受了侯景的投降，并且封他为河南王。

这年八月，梁武帝派萧渊明率领军队讨伐东魏。九月，萧渊明的军队逼近彭城(今江苏徐州)。十一月，高澄派高岳和慕容绍宗率军救援彭城，派杜弼担任救援大军的军司（即军师）。慕容绍宗用诱敌之计，引诱萧渊明深入追击，然后以伏兵夹击，活捉了萧渊明，梁军伤亡、逃走的有几万人。

大胜之后，军司杜弼写了一篇给梁朝的檄文。文中写道："东魏皇帝和大丞相有心平息战争，所以多年以来都与南朝通和。现在侯景生了背逆之心，先投靠西魏，后来又说尽好话投靠梁朝，企图容身。而梁朝君臣竟然幸灾乐祸，遗弃道义，连结奸人，断绝了与邻邦的友好关系。侯景这样的卑鄙小人，一有机会就会兴风作浪。只怕楚国的猴子逃亡，灾祸延及林中的树木；宋国的城门失火，灾殃延及池中的鱼儿；侯景将来会使长江淮河流域、荆州扬州一带的官员百姓无端遭受战争之苦……"

41

　　正如杜弼文中所说的一样，第二年八月，侯景发动叛乱，造成梁朝多年的政局动荡，也使人民遭受战乱的痛苦。

◎ 经典例句
　　你们这件事闹翻了，他们穷了，又是终年的闹饥荒，连我养老的几吊棺材本，只怕从此拉倒了，这才是"城门失火，殃及池鱼"呢！

　　　　　　　　　　　　　　——清·吴趼人《二十年目睹之怪现状》

# 乘人之危

chéng rén zhī wēi

释义：形容趁别人危难之时要挟或打击。

勋素与正和有仇，或劝勋可因此报隙。勋曰："不可。谋事杀良，非忠也；乘人之危，非仁也。"

——《后汉书·盖勋传》

东汉末年，有一个人名叫盖勋，为人正直，很有才干，被举为孝廉，当上了汉阳长史。盖勋有一个朋友梁鹄（hú），当时出任凉州刺史。

当时，受凉州刺史管辖的武威太守倚仗着自己的权势，横行霸道，恣意贪婪，老百姓对他恨之入骨，却又敢怒而不敢言。梁鹄的属官苏正和不畏强势，依法追查武威太守的罪行。

不料，梁鹄生怕追查武威太守的罪行将会涉及高层权贵，从而连累自己，深感焦虑。他想杀了苏正和灭口，以此免除不必要的负面后果，但是心中依然有些犹疑不定，于是打算去找盖勋商量一下。

盖勋与苏正和原本就是一对仇家，有人向他透露刺史将要和他商量如何处置苏正和，并且建议他乘此机会，劝刺史杀了苏正和，了却心头之恨。

盖勋听后断然拒绝，他说："绝不可以这样。为了个人的私仇杀害忠良之臣，这就是不忠；趁着别人有难就去陷害人家，这就是不仁！"

之后，梁鹄果然来与他商议处置苏正和的事。盖勋劝梁鹄说："喂养鹰鸢，就要使它凶猛，这样才能为您捕获猎物。如今它已经非常凶猛了，您却想要把它杀掉。既然如此，养它又有什么用呢？"梁鹄听从了盖勋的劝告，因而苏正和得以保全性命。

◎ 经典例句

他不但忘恩负义，还恩将仇报，过河拆桥，乘人之危到处去控诉舅舅和自己……真是一条蛇。

——古华《芙蓉镇》

# 程门立雪

释义：比喻尊敬老师，诚恳求学。

chéng mén lì xuě

一日见颐，颐偶瞑坐，时与游酢侍立不去。颐既觉，则门外雪深一尺矣。

——《宋史·杨时传》

程颢（明道先生）、程颐（伊川先生）两兄弟都是宋代极有学问的学者。杨时考中进士之后，为了丰富自己的学问，毅然放弃了高官厚禄，跑到河南颍昌拜程颢为师，虚心求教。程颢去世之后，杨时已经年过四十，但他仍然立志求学，刻苦钻研，又拜程颢的弟弟程颐为师。

程颢为人随和洒脱，但是程颐为人严谨肃穆。程颐有闭目静坐的习惯，但是若没有先生的允许，弟子又不可以随意离开，于是就发生了"程门立雪"这一故事。

有一天，杨时和二程的另一个弟子游酢一起前往程家拜见程颐，但是程颐正在闭目养神，坐着假睡，杨、游二人只好站在堂外等候。这时候外面开始下起雪来，二人敬意不减，于是恭恭敬敬地侍立一旁，并未离去。

过了好久，程颐终于睁开眼睛，当他看到杨、游二人依然侍奉在外之时，倒也真的吃了一惊，这时候，门外积雪已经厚达一尺，而杨时和游酢并没有一丝疲倦和不耐烦的神情。

○ 品画鉴宝　吹箫图（明）吴伟／绘　图绘一雅士吹箫，而其友人则捻须静听，极具文人雅趣。

◎ 经典例句

卓彼文靖公，早立程门雪。

——元·谢应芳《杨龟山祠》

44

# 重蹈覆辙

chóng dǎo fù zhé

释义：比喻不吸取失败的教训，重犯错误。蹈：踏上；覆：翻车；辙：车轮压过的痕迹。

今不虑前事之失，复循覆车之轨，臣恐二世之难，必将复及；赵高之变，不朝则夕。

——《后汉书·窦武传》

东汉初年，外戚专权，皇帝的权势大大降低。皇帝为了打击外戚的势力，只能依靠身边的宦官。公元159年，汉桓帝与宦官单超等人合谋，将长期专揽朝政的外戚大将军梁冀一伙诛灭。但是，这些宦官也和外戚一样，很快发展成政治集团，权力越来越大。他们广树党羽，把持朝政，残酷搜刮人民。这样，东汉便由外戚专权变为宦官专权，从而激起人民的强烈反抗，也引起世家豪族以及一些文人的不满。

在这种形势下，司隶校尉李膺等人与太学生首领郭泰等人结交，反对宦官专权。公元166年，宦官诬告李膺等人结党营私，诽谤朝廷，于是朝廷将他们逮捕下狱，受到株连的共有数百人，皆被称为"党人"。

桓帝皇后的父亲窦武对宦官专权非常不满，他给桓帝上了一道奏章，痛斥宦官祸国殃民，为李膺等人伸冤。窦武在奏章之中写道："今天再不吸取过去宦官专权祸国的教训，再次走上导致翻车的老路，恐怕秦二世覆灭的灾难就会再次出现，像赵高发动的那种事变，早晚都会出现。"这样，桓帝才释放了李膺等人，但是仍将他们终身禁锢，不许为官。

◎ 经典例句

妻子说得对，上次正是那个吹牛皮的河南卖瓦罐师傅造成了他的大灾难。再要开办砖场，决不能重蹈覆辙！

——路遥《平凡的世界》

45

# 出尔反尔

chū ěr fǎn ěr

释义：原意是你怎样对别人，别人也怎样对你。现在用来形容一个人言行前后矛盾，反复无常。

曾子曰："戒子戒之！出乎尔者，反乎尔者也。"

——《孟子·梁惠王下》

战国时，有一年邹国与鲁国发生了战争。邹国吃败仗，死伤了不少将士。邹穆公很不高兴，问孟子道："在这次战争中，我手下的官吏被杀死了三十三个，可是老百姓却没有一个为他们去拼命的。他们眼看长官被杀，而不去营救，可恨得很。要是杀了这些人吧，他们人太多，杀也杀不完；要是不杀吧，却又十分可恨。您说该怎么办才好呢？"

孟子回答说："记得有一年闹灾荒，年老体弱的百姓饿死在山沟荒野之中，壮年人外出逃荒的有千人之多，而大王的粮仓还是满满的，国库也很充足，管钱粮的官员并不把这严重的灾情报告给您。他们高高在上，不仅不关心百姓的疾苦，而且还残害百姓。"孟子在回顾了这辛酸的往事后，接着又说，"您记得孔子的弟子曾子说过的话吗？他说，要警惕呀！你怎样对待别人，别人也如何对待你。如今百姓有了一个报复的机会，就要用同样的手段来对待那些长官了。"

孟子最后告诉邹穆公说："所以，大王不要去责怪他们，惩罚他们。如果实行仁政，您的百姓就会爱护他们的长官，并且愿意为他们献出生命。"

◎ 经典例句

宫保说："前日捧读大札，不料玉守残酷如此，实是兄弟之罪，将来总当设法。但目下不敢出尔反尔，似非对君父之道。"

——清·刘鹗《老残游记》

有若曰："岂惟民哉！麒麟之于走兽，凤凰之于飞鸟，泰山之于丘垤，河海之于行潦，类也。圣人之于民，亦类也。出于其类，拔乎其萃。自生民以来，未有盛于孔子也。"

——《孟子·公孙丑上》

孟子名轲，字子舆，邹国(今山东邹县东南)人，是战国时期著名的思想家、教育家，也是儒家学派的创始人之一。孟子继承并发扬了孔子的儒家学说，因此儒家思想也就被人称为孔孟思想，成为汉代以后中国的主流思想。孟子非常钦佩孔子，在孟子的心目中，孔子是个生而知之的圣人。

有一天，孟子和弟子公孙丑讨论古代的圣人。公孙丑问道："伯夷、伊尹这两个人较之孔子，是否可以相提并论？"

孟子说道："不可以相提并论。自有人类以来，就再也没有孔子那样的圣人。"

公孙丑又问："那么他们三人有没有什么相同的地方？"

孟子答道："有。如果让他们拥有方圆百里的土地，那么他们都能让天下诸侯前来朝拜，拥有天下；如果要他们先做一件不义之事，或者杀害一个无辜之人，然后就能拥有天下，那么他们肯定不会去做。这就是他们三人相同的地方。"

公孙丑又问："那么我想知道，他们三人究竟有什么不同呢？"

孟子答道："宰我、子贡、有若这三位孔门高弟，他们的智慧足以了解孔子。而且就算他们再怎么低下，也不会故意阿附孔子。所以他们三人所说的话，必然非常可信。宰我曾经说过：'从我的角度上看，先生较之唐尧、虞舜，那可是要贤明多了。'子贡说道：'大凡看到他人的礼节，就可以知道他们的政治；听到他人的乐曲，就可以了解他

们的德行，所以我纵观百世之后，比较百世之王，没人能够违背这一道理。在我看来，自有人类以来，从来没有像夫子这样的圣人。'有若说道：'又何止是人类而已！麒麟与各类走兽，凤凰与各类飞鸟，泰山与各类小土堆，河海与各类小水洼，它们都是同类，但是前者却又远远超越了它的同类。圣人和老百姓也是同类，都属于人，但是圣人在人类之中，可是出于其类、拔乎其萃啊。自有人类以来，从来没有像孔子这样的圣人。'"

后来，人们就把"出于其类，拔乎其萃"精简成"出类拔萃"这则成语，经常用以形容品质和才能特别优秀的人。

◎ 经典例句

老二把嫂嫂的"真的"解释成：庶务领队真乃出类拔萃。于是，有枝添叶的把事情的经过与将来的希望都又说了一遍。

——老舍《四世同堂》

# 出奇制胜

chū qí zhì shèng

释义：指在战斗中运用奇妙的战术和策略，使敌人无法预料，从而战胜敌人。奇：奇兵，从意料不到的地方突然出现的军队。制胜：取胜。

太史公曰："兵以正合，以奇胜。善之者，出奇无穷。奇正还相生，如环之无端。夫始如处女，敌人开户；后如脱兔，敌不及距。其田单之谓邪？"
——《史记·田单列传》

战国时期，燕国大将乐毅联合了秦、赵、魏、韩等国的军队一起伐齐，齐国大败，只剩下莒(今山东莒县)和即墨(在今山东平度东南)两座城池，齐湣王只好逃到莒城，田单是齐王族的远亲，平时没人赏识他的才能，他也和家里人逃到即墨。不久即墨大夫阵亡，有人就推举田单出任守城统帅。

田单精通兵法，极有智谋，很受军民拥护，所以即墨城虽被乐毅围困了三年，却始终安如磐石，未被攻破。田单知道，要想打败乐毅的强大军队，光靠武力是不行的。

当时燕昭王已死，惠王即位。惠王与乐毅本来就有仇隙，于是田单派人前往燕国散布谣言，说乐毅有野心，想要自立为齐王，只要燕国派遣其他将领前来，既墨马上就能攻下。燕惠王信以为真，于是派骑劫换下了乐毅，乐毅逃亡到了赵国。骑劫既无才能，对人又很凶狠，燕军将士对他非常不满，从而军心涣散，士气低落。

田单让城中所有人在吃饭之前，必须先去祭祀祖先，于是飞鸟在城中各地纷纷飞翔，寻找食物。燕人看到这一现象，非常奇怪。田单派人散布谣言，说齐国得到天神的帮助，又立一个士兵为神师，每次有了什么命令，都假借神师的名义发布。

田单故意让人四处宣称："我们只怕燕人把俘虏的鼻子割掉，然后放在军伍之前，如此攻打即墨，即墨马上就会崩溃。"燕人听后，就像流言所说的那样去做。城中之人看到俘虏、降卒遭到如此虐待，全都勃然大怒，发誓死守即墨，惟恐城破成为俘虏。

田单又故意让人放出风声，说道："我们害怕燕人挖掘我们城外的祖坟，屠戮我们先人的遗体，那样我们就会心胆俱寒，不战而溃。"

49

于是燕军肆意挖掘齐人的祖坟，焚烧齐人的祖先遗骨。即墨之人从城中看到这一切，无不涕泗横流，咬牙切齿，人人请求出城死战，怒不可遏。

田单知道士兵已经可以用了，于是亲自带着版筑、铁锹，和士兵们一起修建防御工程，又把自己的妻妾家人编在队伍之中，拿出所有的食物犒劳士兵。田单命令精锐部队隐藏起来，只让老弱妇孺守卫城池。与此同时，田单派人带了许多金子去向骑劫请降，请求燕军进攻时能让他们活命。这样，燕军就完全放松了警戒。

田单从城中征集了一千多头牛，每头牛都披上画着奇彩异纹的布衣，牛角都绑上一把尖刀，尾巴上扎着浸过油的芦苇。夜深人静之时，齐军凿开十几个城洞，把牛从城洞之中驱赶出去，点燃牛尾上的芦苇，同时还有五千精兵跟在牛群后面。牛的尾巴因为燃烧而灼痛不已，因此狂怒地直奔燕军阵地。燕军从睡梦之中惊醒过来，由于火光耀眼，在他们看来，这些牛都成了庞然怪物，他们受到这些怪兽突如其来的袭击，无不心胆俱裂，四处乱窜，结果有的被牛踩死，有的被牛角上的尖刀刺死，有的被活活烧死。即使侥幸逃出火牛阵的，也被跟在后面的五千精兵杀死。城中的老弱妇孺也擂鼓呐喊，燕军全盘崩溃，骑劫也在乱军之中被杀。田单乘胜率兵追击，很快就收复了齐国所有的失地，恢复了齐国原来的疆土。

◎ 经典例句

你们去吧。可是要切记着出奇制胜，冷不防打到敌人的致命地方。

——姚雪垠《李自成》

chū rén tóu dì

释义：高出人一头。形容高人一等或超出别人之上。

苏轼后以书见修，修语梅圣俞曰："吾当避此人，出人头地。"
——《宋史·苏轼传》

苏轼（苏东坡），字子瞻。苏轼十岁时，父亲苏洵（苏老泉）出门游学，因此就由母亲程氏教他读书。苏轼二十岁时就已博古通今，于是赴京参加科举考试。

当时，主考官是翰林学士欧阳修。欧阳修对当前文坛崇尚诡怪奇涩的文风很是反感，只要是这类作品，就一律不加录取。当他在卷子中，看到一篇《刑赏忠厚论》时，十分高兴，准备取为第一。由于考卷上考生的名字都被封住，欧阳修猜测这篇文章应是他的学生曾巩的作品，为了避嫌，于是只将他取为第二名进士。

其实这篇《刑赏忠厚论》是苏轼写的。苏轼在卷子中显露了自己卓越的才学，以后又在殿试中高中。苏轼对主考官欧阳修非常佩服，此后又送了几篇文章请他指点。

欧阳修得知《刑赏忠厚论》不是曾巩所写，而是初出茅庐的苏轼的作品，由于自己的误会，竟让苏轼屈居第二，因此心里觉得有点过意不去。当他再看到苏轼送来的其他文章时，但见篇篇才华横溢，更是赞叹不已。欧阳修于是写信给当时声望颇高的梅尧臣，说道："苏轼的文章非常精彩，我也应当让路，让他出人头地了啊。"

当时听说此事的人全都不以为然，以为欧阳修夸大了苏轼的才华，等到他们看了苏轼的文章之后，这才信服。苏轼得到欧阳修等文坛名流的指点，文章越来越好，后来果然出人头地，和欧阳修等人被后人并称为"唐宋八大家"。

苏轼（公元1037－1101年）

字子瞻，又字和仲，号"东坡居士"，南宋高宗朝，赠太师，追谥号"文忠"，眉州眉山（即今四川眉山）人，是父亲苏洵的长子，是北宋著名文学家、书画家、散文家和诗人。

◎ 经典例句

各行各业，凡是勤奋不怠者必定有所成就，出人头地。
——梁实秋《雅舍小品·勤》

# 唇亡齿寒

释义：嘴唇没了，牙齿就会感到寒冷。比喻关系密切，利害相同，一方受到打击，另一方必然不得安宁。

> 晋侯复假道于虞以伐虢。宫之奇谏曰："虢，虞之表也。虢亡，虞必从之。晋不可启，寇不可玩，一之谓甚，其可再乎？谚所谓'辅车相依，唇亡齿寒'者，其虞、虢之谓也。"
>
> ——《左传·僖公五年》

春秋时，晋国旁边有两个小国，那就是虢（guó）国和虞国。晋国想要举兵攻打虢国，但是要想攻打虢国，大军必须经过虞国。

晋献公于是就以美玉和名马为礼物，送给虞国国君虞公，请求借道让晋军攻打虢国。虞国大夫宫之奇劝谏虞公不要答应，但是虞公贪图美玉和名马，还是答应了晋献公的请求，同意借道。

宫之奇劝谏虞公说："虢国正是虞国的依靠！虢国和虞国两国就好像嘴唇和牙齿一样，嘴唇没有了，牙齿又怎么能够自保？虢国一旦灭亡，虞国必然就会随着灭亡。晋国的军队不可以招致，强盗寇贼不可以忽视，这种错误一次都已过分，又怎么可以再次去犯呢？谚语所谓'辅车相依，唇亡齿寒'的道理，说的就是虞国和虢国啊！您怎么就不明白？请您千万不要借道让晋军征伐虢国。"

虞公依然不肯接受这一劝谏。

宫之奇眼见无法说服虞公，只得带着全家老小，逃亡到了曹国。

这样，晋献公在虞公的"帮助下"，轻而易举地灭掉了虢国。

晋军得胜归来，借口整顿兵马，驻扎在虞国，然后发动突然袭击，一下子又灭掉了虞国。

目光短浅的虞公只看见眼前的利益，却看不出虢国的存亡与虞国有着密切的联系，最终成了晋国的俘虏。

◎ 经典例句

故献忠与将军，貌为敌国，实为唇齿。唇亡齿寒，此理至明，敬望将军三思，勿逼献忠太甚。

——姚雪垠《李自成》

dà nì bù dào

释义：多指封建专制者对起来造反的人所加的罪名，意为罪大恶极。逆：叛逆，不道指不合封建道理。「大逆不道」也称「大逆无道」。

羽欲与汉王独身挑战，汉王数羽曰："……夫为人臣为杀其主，杀其已降，为政不平，主约不信，天下所不容，大逆无道，罪十也。吾以义兵从诸侯诛残贼，使刑余罪人击公，何苦乃与公挑战！"

——《汉书·高帝纪》

　　秦朝灭亡以后，刘邦和项羽展开了长达五年的楚汉战争。有一天项羽在阵前向刘邦喊话，要与他决一雌雄。刘邦一一列举项羽的罪状骂道："我开始与你都受命于楚怀王，约定先定关中的人就成为王。但是在我先定关中之后，你却违背盟约，让我到巴蜀去当汉王，这是你的第一大罪。你在救援赵军途中，杀死上将军宋义，自称上将军，这是你的第二大罪。你违抗怀王的命令，擅自劫持各路诸侯的兵马入关，这是你的第三大罪。"接着，刘邦又揭露项羽烧毁秦宫、掘开秦始皇坟墓、搜刮财物，杀死投降的秦王子婴，欺诈活埋二十万秦国降卒，分封秦军降将为王，为给自己手下众将分封到上好的地域而迁徙驱逐原来的诸侯，放逐义帝、自己定都彭城、夺取韩王故地，杀害义帝等几大罪。最后刘邦说道："你身为臣子却杀死君王、杀害已经投降的人，施行政策却不公平，主持盟约却又不讲信义，为天下之人所不容，大逆不道，这就是你的第十大罪！你犯下如此十条大罪，如今我率领仁义之兵，协同各路诸侯前来讨伐你这个逆贼，驱使罪人攻击你，你还有什么面目来向我挑战！"项羽听了刘邦这一番话，勃然大怒，命令弓箭手暗放冷箭。结果一箭射中刘邦前胸，刘邦故意按着自己的脚趾，喊道："贼子射中了我的脚趾！"以此稳定军心，作为缓兵之计。

◎ 经典例句

　　他们总以为一切现存的就是不可移易的，如果谁要改变它，就要像从前人们对待异教徒一样被认为大逆不道，而遭受诛戮。

——刘白羽《第二个太阳》

# 箪食壶浆

dān sì hú jiāng

释义：形容老百姓用各种食品犒劳军队。箪：盛饭的圆形竹器。壶：盛水的一种器具。浆：米汁。

以万乘之国伐万乘之国，箪食壶浆，以迎王师，岂有他哉？避水火也。如水益深，如火益热，亦运而已矣。

——《孟子·梁惠王下》

战国时期，七国纷争，各国之间经常发生战争。公元前313年，燕王哙（kuài）退位让贤，把燕国国君之位禅让给相国子之，将军子被、太子平等不服，发动叛乱，想要杀掉子之。子之率军反攻，杀了子被和太子平，燕国大乱，百姓陷于水深火热之中。于是，齐国军队趁着这一有利时机，取得了燕国百姓的支持，只用短短五十天的时间，就一举击败了燕国军队，攻占了燕国的大部分领土。

齐宣王非常得意，想借这个机会完全吞并燕国，于是他去请教孟子："有人劝说寡人不要占领燕国，但也有人劝说寡人占领燕国。齐国是万乘之国，燕国也是万乘之国，如今我们以万乘之国讨伐万乘之国，仅仅五十天我们攻占了燕国，人力绝不能做到这样的地步，这恐怕是天意吧！看来，天意要让我们占领燕国，如果我们不这样做，上天恐怕要降下灾祸惩罚我们。所以寡人很想就此彻底占领燕国，先生认为怎么样啊？"

孟子听后答道："大王是否占领燕国，要由民心向背决定。如果大王占领燕国，而燕国百姓无不欢欣鼓舞，那就可以占领燕国。古人之中也曾有人这样做过，武王灭商就是这个道理。如果大王占领燕国，而燕国百姓却不欢迎我们，那就不能占领燕国。古人之中也曾有人这样做过，文王之时，三分天下有其二，却不攻灭商朝，就是这个道理。如今大王以万乘之国讨伐万乘之国，而燕国老百姓用竹箪盛着饭，用壶装着水，夹道欢迎大王军队的到来，难道还有其他什么原因吗？无非是想结束原先那种水深火热的艰难生活罢了。如果大王占领燕国之后，使得水势更深，火势更热，那么燕国百姓就会再次逃避这种艰难的生活，他们将会渴盼其他救兵的到来，所以即使大王占领了燕国，也是不会长久的。"

◎ **经典例句**

行至十里长亭，又设着箪食壶浆，擎杯把盏，相饮而别。

——明·施耐庵《西游记》

董仲舒（公元前 179－前 104 年）
中国汉代思想家，政治家。景帝时任博士，讲授《公羊春秋》。汉武帝元光元年（公元前 134 年），董仲舒在著名的《举贤良对策》中，提出他的哲学体系的基本要点，并建议"罢黜百家，独尊儒术"，为汉武帝所采纳。

自武帝以后，崇尚儒家，怀经协术，所在雾会，至有石渠分争之论，党同伐异之说。

——《后汉书·党锢传序》

公元 141 年，刘彻即位，史称汉武帝。武帝当政的第二年就下了一道诏书，命朝廷大臣和各地诸侯王、郡守推举贤良文学之士。诏书下达后不久，各地送来了一百多个有才学的读书人。武帝命他们每人写一篇论述如何治理国家的文章，其中董仲舒的文章写得不错，武帝亲自召见他两次，问了他不少话。董仲舒回话之后，又呈上两篇文章，武帝看了都很满意。

董仲舒的三篇文章，都在论述天、人之间的关系，所以合称为《天人三策》，又称《举贤良对策》。其中宣扬的理论，叫做"天人感应"。这种理论把封建统治尤其是皇帝的权力神化：谁若反对皇帝，就是反对"天"，就是大逆不道。

为了贯彻这种理论，董仲舒在《天人三策》中提出了三项建议：一是将诸子百家的学说当作邪说，予以禁止，独尊孔子及其儒家经典，通过文化上的统一，达到政治上的统一。这就是所谓的"罢黜百家，独尊儒术"。二是设立传授儒家经典的最高学府。三是网罗天下人才，使他们忠心耿耿地为朝廷服务。

董仲舒"罢黜百家，独尊儒术"的主张，非常合乎武帝一统天下的心思。武帝亲政以后，就设置了专门传授儒家学说的五经博士，向五十名弟子讲述《诗经》、《尚书》、《易经》、《春秋》、《礼记》这五部儒家经典。这些弟子每年考试一次，学通一经就可以出来为官，成绩优异则可以出任大官。后来，博士弟子人数不断增加，最多时曾达三千人。

汉宣帝刘询当政之时，儒家思想已经成为维护王朝统治的正统思想，儒家学说更加盛行。刘询自己也让五经名儒萧望之来教授太子。但是由于当时儒生对五经有着不同的理解，所以宣帝决定进行一次讨论。

公元前51年，由萧望之主持，在皇家藏书楼兼讲经处的石渠阁，进行了一次大规模的讨论。在讨论过程中，儒生们把和自己观点一样的人作为同党，互相纠合起来；而对观点不一样的人，则进行攻击。为此，《后汉书》的作者在评述这一现象时，把它称为"党同伐异"，也就是纠合同党攻击异己。

◎ 经典例句

此后又突然遇见了一些所谓学者，文士，正人，君子等等，据说都是讲公话，谈公理，而且深不以'党同伐异'为然的。

——鲁迅《华盖集·题记》

# 倒行逆施

dǎo xíng nì shī

释义：所作所为违反常规，违背事理。现在一般用来表示坚持错误方向，干违背历史潮流的错事、坏事。逆：相反，违背。施：作事。

申包胥亡于山中，使人谓子胥曰："子之报仇，其甚以乎！吾闻之：人众者胜天，天定亦能破人。今子故平王之臣，亲北面而事之，今至于僇（戮）死人，此岂其无天道之极乎！"伍子胥曰："为我谢申包胥曰：吾日暮途远，吾故倒行而逆施之。"

——《史记·伍子胥列传》

春秋末期，楚国伍子胥的父亲和哥哥都被楚平王无辜杀害。伍子胥历尽艰险，逃亡到了吴国，协助公子光刺杀了吴王僚，让公子光登上王位，称为吴王阖闾。接着，他又帮助阖闾整军经武，使吴国国势日益强盛起来。在此基础上，他协助阖闾征伐楚国，不久攻下楚都，楚昭王逃往随国(今湖南随县南)。

伍子胥帮助吴王攻楚的目的，就是为了替自己的父兄报仇，现在郢都已被攻下，报复行动也就开始了。伍子胥首先向吴王建议拆毁楚国的宗庙，吴国大将孙武反对这样做，但是阖闾贪图楚国的地盘，一心想把楚国灭掉，因此接受了伍子胥的建议。

伍子胥接着请求吴王让他去挖楚平王的坟墓，以解他心头之恨，吴王说："你助我成就如此功业，这种小事就自己瞧着办吧。"

但是，伍子胥未能马上找到楚平王的坟墓。后来他在一个石工的指引下，才知道了坟墓的确切地点。可是当他命人挖开坟墓、打开棺材之时，却发现里面只有楚平王的衣冠。伍子胥大失所望。那石工又指点说，这上面的坟墓是假的，下面的才是真的坟墓。于是伍子胥又命人开挖，果然发现了楚平王的尸体。

伍子胥一见楚平王的尸体，顿时怒火冲天，他抄起鞭子，一气打了三百下，最后再把头颅砍下，方才解了心头之恨。

伍子胥有一个好友名叫申包胥，是楚国的忠臣，他得知这件事后，派人送了一封信给伍子胥，指责他这种做法过于残忍，大逆不

57

道。伍子胥说："你替我转告申包胥，忠孝不能两全。我好比一个走远路的人，天快黑了，可是路途还很遥远，我已弄得没有办法了，所以才故意干出这种倒行逆施的举动。"

这个"倒行逆施"的人物，最后的命运也很悲惨。他因为反对吴王夫差宽容越王勾践，并且要求夫差停止攻伐齐国，遭到夫差冷遇，渐渐被疏远，最后被逼自杀。

◎ 经典例句

所以站在纯司法的立场，这些倒行逆施的恶徒实未犯罪，而明明白白他们犯的罪擢发难数。

——萧乾《人生采访·由伦敦到法兰克福》

轮扁曰:"臣也,以臣之事观之。斫轮,徐则甘而不固,疾则苦而不入。不徐不疾,得之于手而应于心,口不能言,有数存焉于其间。臣不能以喻臣之子,臣之子亦不能受之于臣,是以行年七十而老斫轮。古之人与其不可传也死矣,然则君之所读者,古人之糟魄已夫!'"

——《庄子·天道》

春秋时期,一天,齐桓公正在堂上读书,琅琅的书声不断地传下堂来。蹲在堂下忙于制作车轮的工匠轮扁听得有点心烦,于是撂下手中的椎子和凿子,走上堂来,问道:"请问您读的是什么书?"

桓公见他冒冒失失的样子,心里觉得不大痛快,不过还是回答他说:"我读的都是圣人的书。"

轮扁又问:"那么圣人如今还在世吗?"

桓公答道:"圣人当然早已死了。"

轮扁说道:"既然人都已经死了,那么您所读的,都不过是古人遗留下来的糟粕罢了!"

桓公听他这样唐突自己,不由得勃然变色,说道:"寡人在这里读书,你一个工匠怎么可以随便议论?我问你:为什么古人遗留下来的话都是糟粕?今天你一定要给我一个说法,如果没有道理,我就立即将你处死!"

轮扁不慌不忙地说道:"大王息怒。小臣不过是根据自己制作车轮的手艺来谈一点粗浅的想法罢了。譬如用斧子削木做榫(sǔn)头,削得小了一点,放进卯眼就会松滑而不牢固;削得大了一点,就会滞涩而装不进去。必须不大不小,不宽不紧,才能互相吻合,牢不

释义:心里怎么想,手里就怎么做。形容技艺纯熟,运用自如。本作「得手应心」,后多作「得心应手」。

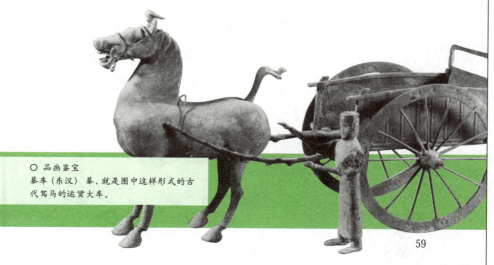

○ 品画鉴宝
辇车(东汉)辇,就是图中这样形式的古代驾马的运货大车。

59

可动。这种技术，得心应手，口里说不出来，自有奥妙存在其间。我不能用语言把这种道理解释给我的儿子，我的儿子也无法从我这里得到这种道理，所以小臣到了七十岁还是自己亲手制作车轮。古代的圣人都已经死了，那些精妙独到的东西也无法用语言、文字来传授给别人，必然会随着他们的死去而消失，那么您现在所读的，若不是古人无用的糟粕又是什么呢？"

桓公听后觉得轮扁所说也有一定道理，于是没有治他的唐突之罪。

◎ 经典例句

他把指挥所组织得有条不紊，使指挥员活动时得心应手，而且他还在指挥山炮等火力。

——杜鹏程《保卫延安》

○ 品画鉴宝　四季山水图之一（明）　此图以四季为序，分别表现四个不同的人物故事。画中为春景，描绘东晋谢安隐栖会稽东山，以诗酒声色自娱，具浙派画风的特点。

# 东山再起

dōng shān zài qǐ

释义：指有声望的人退职以后再度任职，也比喻失势后重新恢复地位，或失败后恢复力量再干。

中丞高崧戏之曰："卿累违朝旨，高卧东山，诸人每相与言，安石不肯出，将如苍生何！"

——《晋书·谢安传》

东晋时，陈郡阳夏(今河南太康)的名士谢安，年轻时担任著作郎，从事编国史的工作。他不愿当官而受到束缚，便借口有病，辞去官职，隐居在会稽的东山。

扬州刺史(掌握一州军政大权的长官)庾冰听说谢安很有才学，几次请他出来做官，都被他拒绝了。后来庾冰硬逼，他才勉强应召，但一个多月后就告退。不久，吏部尚书(掌管全国官吏的任免、升降等事务的长官)范汪等，向朝廷推荐谢安的才学。朝廷几次召他做官，他也一次一次地借口拒绝。

谢安四十多岁时，家族里不少当官的人死去或被朝廷贬为平民，谢安对自己家族的不祥命运感到不安。正好这时大司马(掌管全国政务和军务的高级官员)桓温邀他当自己官府的幕僚，谢安答应了。当时，中丞(掌管公卿奏事等的官员)高崧对谢安开玩笑说：

"先生几次违背朝廷旨意，高卧东山。许多人劝您再次出来做官，你总是拒绝。你如何向老百姓交代？老百姓又将怎样看待你？"

谢安听了，露出惭愧的脸色。他到桓温的官府后，桓温高兴极了，两人整整谈了一天。

谢安出山后，因很有政治和军事才能，不断得到提升。到晋孝武帝时，他被任命为宰相。

后来，当北方的前秦国王苻坚领兵南侵，谢安被任命为征讨大都督，他派自己的侄子谢玄、谢石领兵抗击，大破秦军于淝水，创造了历史上以少胜多的著名战例。

◎ 经典例句

我们得到的将会很多，因为我们手中的兵没有失去，有了兵我们就可以东山再起，可以再谋另一个城市的警备司令。

——周大新《第二十幕》

61

# 东施效颦

dōng shī xiào pín

释义：美女西施因心口疼而颦皱眉头，同村丑女东施竟然仿效西施皱眉的病态，结果更加丑。比喻胡乱模仿，结果适得其反，把事情弄得更糟。

西子病心而颦（通"颦"）其里，其里之丑人见而美之，归亦捧心而颦其里。其里之富人见之，坚闭门而不出；贫人见之，挈（携带）妻子而去之走。彼知颦美而不知颦之所以美。

——《庄子·天运》

越国苎（zhū）罗（今浙江诸暨南）有位姓施的美女，因为家住若耶溪西岸，所以村里人叫她西施。

若耶溪东岸也有位姓施的姑娘。她长得很丑，村里人管她叫东施。东施因为自己长得很丑，所以经常仿效漂亮姑娘的服饰、姿态和动作，西施自然更是她仿效的对象。西施穿什么款式的衣服，梳什么式样的发型，走起路来又有什么习惯动作，她都要加以仿效。

有一天，西施因为心口疼，走路的时候双手捂住胸部，并且皱着眉头。但是由于西施艳丽无双，无论什么姿态都无法遮挡她的美丽，这种捧心皱眉的姿态，反而让人觉得更加楚楚动人。村人都说："西施姑娘真是太漂亮了！"西施的姿态正好被东施瞧见了。她一边观看，一边默默记住西施的姿态和动作。回到溪东之后，东施马上仿效西施的模样，双手捂住胸部，同时皱着眉头。

东施的这副模样，使村里人大吃一惊，以为来了什么妖怪。有钱人家紧闭大门，不想看见她，贫寒人家则带着妻子儿女远远躲开。

东施只知道西施皱着眉头很美，却不知道为什么皱着眉头会美。其实，西施本来就长得美，即使捧心皱眉，人们看上去也觉得很美；而东施本来就长得丑，再加上刻意捧心皱眉，矫揉造作，就显得更加丑陋，难怪人们都被她吓跑了。

◎ 经典例句

后来张少帅创办东北大学，自任校长，他也不甘示弱，东施效颦，还要压过少帅一头。

——刘绍棠《村妇》

对牛弹琴

duì niú tán qín

释义：比喻说话不看对象，对外行说内行话或对不讲理的人讲理。

昔公明仪为牛弹清角之操，伏食如故。非牛不闻，不合其耳也。

——《弘明集》

东汉末年，有个学者名叫牟融，他对佛经很有研究。

牟融给儒家学者宣讲佛义之时，却总是用儒家的《论语》、《尚书》等经典来阐述道理，而不直接用佛经来回答。儒家学者对他这种做法表示异议，牟融心平气和地回答说："我知道你们都熟悉儒家经典，而对佛经却比较陌生，如果我引用佛经来给你们作解释，不就等于白讲了吗？"接着，牟融又向他们讲了"对牛弹琴"的故事，进一步表明自己的观点。

"古代有一位大音乐家公明仪，他在音乐方面有着很高的造诣，弹得一手好琴，优美的琴声经常使人如临其境。有一天，风和日丽，公明仪漫步郊野，只见一片葱绿的草地之上，有一头牛正在低头吃草。这一清静怡人的氛围，不禁激起了音乐家为牛弹奏一曲的欲望。公明仪首先弹奏了一曲高深的《清角之操》，尽管他弹得非常认真，琴声也极其优美，可是那头牛却依然如故，只顾低头吃草，根本不理会这悠扬的琴声。公明仪先是非常生气，但是当他静静思量一番之后，明白了那牛并不是听不见琴声，而是实在不懂曲调高雅的《清角之操》。于是，公明仪重新弹奏了一曲通俗的乐曲，那牛听到好像蚊子、牛蝇、小牛叫声的琴声之后，停止了吃草，竖起耳朵，好像在很专心地听着。"牟融讲完故事，接着对那些人说："我用儒家经典来解释佛义，也正是这个道理。"

儒家学者听后完全信服，从此再无异议。

◎ 经典例句

白妮觉得，跟这个女人讲道理，简直是对牛弹琴。

——莫应丰《山高林密处》

63

# 多多益善

释义：形容越多越好。益：更加。善：好。

duō duō yì shàn

上（高祖刘邦）问曰："如我能将几何？"信曰："陛下不过能将十万。"上曰："于君何如？"曰："臣多多而益善耳。"上笑曰："多多益善，何为为我禽？"信曰："陛下不能将兵，而善将将，此乃信之所以为陛下擒也。且陛下所谓天授，非人力也。"

——《史记·淮阴侯列传》

韩信，秦末淮阴人。韩信原先投奔楚霸王项羽，但是项羽不识人才，只让他担任低级军官，所以韩信后来投奔汉王刘邦，经萧何极力推荐，被刘邦拜为大将。楚汉相争之时，韩信统领汉军南征北战，立下无数功劳，和萧何、张良一起，被称为汉初三杰。

刘邦称帝后，韩信被刘邦封为楚王，并解除了他的兵权，但是韩信仍是当时实力最为强大的诸侯王。不久刘邦接到密告，说韩信接纳了项羽的旧部钟离昧，准备谋反。于是刘邦采用谋士陈平的计策，假称自己准备巡游云梦，要诸侯前往陈地相会。韩信知道后，杀了钟离昧，来到陈地觐见刘邦，刘邦下令逮捕韩信，并且押回洛阳。

回到洛阳之后，刘邦知道韩信并无谋反之事，又想起他过去的战功，于是把他贬为淮阴侯。韩信心中十分不满，但也无可奈何。他看到自己过去的部将周勃、灌婴、樊哙等人的官职、爵位都和自己一样，羞于和他们同列，于是经常称病，不去上朝。

刘邦知道韩信的心思，有一天把韩信召进宫中闲谈，要他评论一下朝中各个将领的才能，韩信便一一说了。当然，那些将领都不在韩信的眼中。刘邦听后，笑着问他："依你看来，朕能统帅多少兵马？"

韩信答道："陛下能够统帅十万兵马。"

刘邦又问："那么你呢？"

韩信答道："对臣来说，统帅兵马之时，多多益善！"

刘邦笑着问道："既然你统帅兵马多多益善，又怎么会被我逮捕呢？"

韩信直言说道："陛下虽然不能统帅兵马，但却善于统帅将领，这就是臣被陛下逮捕的原因。况且，陛下正是所谓的天纵之才，并非人力所能抗御！"

刘邦听后不禁非常高兴，君臣两人聊得非常投机。不过刘邦毕竟还是忌惮韩信，当他再次出征时，吕后设计杀了韩信，刘邦得知后，不禁又是欣喜又是怜惜，可谓百感交集也。

○品画鉴宝　汉殿论功图（明）刘俊／绘　该画取材『汉殿论功』典故。汉高祖刘邦初立，功臣争功殿上，甚至剑砍殿柱。叔孙通于是说高祖召鲁地诸生，规定朝仪，进退有节，高祖大喜，以为如此始知皇帝之尊。

◎ 经典例句

　　鸿渐虽非他的私人，多多益善，不妨凑个数目。所以他跟着国内新闻、国外新闻、经济新闻以及两种副刊的编辑同时提出辞职。

——钱钟书《围城》

# 尔虞我诈

ěr yú wǒ zhà

释义：比喻互相勾心斗角，玩弄花招。尔指你。虞：欺骗。诈，欺诈。

盟曰："我无尔诈，尔无我虞。"

——《左传·宣公十五年》

春秋中期，楚国想在中原称霸，而宋国正是通往中原的门户。为了达到这一目的，楚庄王必须让宋国臣服于楚国。于是楚庄王就设了一个计谋，他派大夫申舟出使齐国，出使齐国必然要经过宋国，楚庄王说："经过宋国的时候，不必向它借路。"申舟于一年前曾率兵攻打宋国，因此宋人非常痛恨申舟。申舟知道这样一来，必会触怒宋国，定会被宋人杀死。但是楚庄王坚持要他这样去做，并且向他保证："如果宋国将你杀死，那我就会出兵讨伐宋国，为你报仇。"申舟无奈之下，只好将儿子申犀托付给庄王，然后出发。

不出申舟所料，他经过宋国之时，因为没有借路而被宋人拘捕。宋国执政大夫华元了解情况后，对庄王如此无礼的行径非常气愤，他对宋文公说："经过我们宋国却不通知我们，这是鄙夷我们宋国，作为诸侯国，如此被人鄙夷，那就等于亡国。如果我们杀掉楚国使者，楚国必会讨伐我们，最后也不过是亡国而已。既然都是亡国，倒不如把楚使杀掉！"宋文公同意华元的看法，下令杀了申舟。

消息传到楚国，庄王听后大喜，马上下令讨伐宋国。

但是，宋国虽然是个小国，要攻灭它也不容易。庄王从公元前

595年秋天出兵，一直围攻到次年夏天，还是没有把宋国都城攻打下来。庄王锐气大减，决定解围回国。

申犀得知之后，在庄王马前叩头说："我父亲当时明知要死，还是不敢违抗大王的命令，而大王也曾答应我父亲，会为他报仇，现在大王难道要食言吗？"庄王听后无言以对，有些不知所措。这时大夫申叔时正在庄王车驾旁边，他献了一计说："大王下令让士兵盖起房舍，并且开垦田地耕种，摆出长期围攻的架势。这样，宋国就会因为害怕而俯首听命。"庄王采纳了申叔时的计策，马上付诸实施。

宋人一见果然极为震惊，华元只有鼓励守城军民死战到底，但是长此以往，宋国必会灭亡。所以宋公派遣华元深夜出城，悄悄混进楚军营地，潜入楚军主帅子反的营帐里面，并且登上他的卧榻，把他叫醒，说道："我们君王叫我把宋国现在的困苦状况告诉您：粮食早已吃光，大家已经交换自己的孩子来当饭吃；柴草也已烧光，大家已经拆散尸骨来当柴烧。虽然如此，但若你们想以此来胁迫我们订立丧权辱国的城下之盟，那么我们宁肯灭亡也不会接受。如果你们退兵三十里，那么无论你们怎么吩咐，我们唯命是从！"

子反听了这一番话也很震惊，于是当场先和华元私定协约，然后再禀告楚庄王。楚庄王本来就想撤军，听后自然同意。第二天，庄王下令楚军退兵三十里。于是，宋国同楚国订立了和平盟约，华元作为人质前往楚国。盟约上写道："我不欺骗你，你也不欺骗我！"

◎ 经典例句

　　在尔虞我诈的情形之下，讲价便成为交易的必经阶段，反而是"漫天要价，就地还钱"。看看谁有本事谁讨便宜。

——梁秋实《雅舍小品·讲价》

步出齐东门，遥望荡阴里。里中有三坟，累累正相似。问是谁家冢？田疆古冶子。力能排南山，文能绝地纪。一朝中阴谋，二桃杀三士。谁能为此者，相国齐晏子。

——三国·诸葛亮《梁甫吟》

二桃杀三士的故事出自《晏子春秋·谏下二》。

春秋时期，齐景公手下有三位勇士，分别叫做公孙捷、田开疆、古冶子三人，他们三人都能赤手空拳地和老虎搏斗，因而以勇力闻名天下。

有一天，相国晏子从他们身旁经过，谦逊地小步快走，而这三个人却不站起身来，非常失礼。晏子入朝拜见景公，说道："我听说圣明的君王蓄养勇猛之士，对上要有君臣大义，对下要有长幼伦常，对内可以禁止暴乱，对外可以威慑敌军；国家因为他们的功劳而获利，臣民因为他们的勇气而钦服，所以国家提高他们的地位，增加他们的俸禄。而现在君王蓄养的勇士，对上没有君臣大义，对下不讲长幼伦常；对内不能禁止暴乱，对外不能威慑敌军。这不过是祸国殃民之人罢了，不如赶快除掉他们。"景公答道："这三个人极富勇力，硬拼恐怕不能成功，暗杀恐怕也刺不中。"晏子说道："他们虽然都是勇猛善战、不惧强敌的勇士，但却不讲长幼之间的礼节。"晏子于是请景公派人赏赐他们两个桃子，说："你们三个人为何不按照功劳大小来吃这两个桃子呢？"

公孙捷仰天长叹，说道："晏子果真是位足智多谋之人。这是他让景公考核我们的功劳啊，若不接受桃子，就表示自己不够勇敢，然而我们共有三个人，却只有两个桃子，人多桃少，这样一来，就只有按照功劳大小来吃桃子了。我公孙捷曾经打败了野猪，又曾经打败了正在哺乳的母虎。像我公孙捷这样的功劳，可以单独吃上一个桃子，而不用和别人分享。"公孙捷说完就拿起了一个桃子站起身来。

田开疆接着说道："我手拿兵器，接连两次击退敌军。像我田开疆这样的功劳，也可以单独吃上一个桃子，而不用和别人分享。"田开疆说完也拿起一个桃子站起身来。

古冶子说："我曾经跟随国君横渡黄河，大鳖咬住国君车驾左边

晏婴（公元前 595—前 500 年）

山东省高密市人。春秋后期一位重要的政治家、思想家、外交家。以有政治远见和外交才能，作风朴素闻名诸侯。他爱国忧民，敢于直谏，在诸侯和百姓中享有极高的声誉。善于辞令。

的马，拖到河流中间，在那个时候，我不能在水面游，只有潜到水里，顶住逆流，潜行百步，又顺着水流，潜行了九里，最后找到那只大鳖，将它杀死。我左手握着马的尾巴，右手提着大鳖的头，像仙鹤那样跃出水面。渡口上的人看到这一幕，都极为惊讶地说：'河神出来了。'仔细一看，才知道是鳖的头。像我古冶子这样的功劳，也可以单独吃上一个桃子，而不用和别人分享！你们两人为何不把桃子交还给我！"古冶子说完就抽出宝剑，站起身来。

公孙接、田开疆见状说道："我们的勇敢比不上您，功劳也及不上您，却在您之前拿起桃子而毫不谦让，这就是贪婪；既然如此贪婪，依然恬不知耻地活着，还有什么勇敢可言？"于是他们两人都交出了桃子，接着刎颈自杀。

古冶子看到这种情形，说道："他们两个都死了，唯独我古冶子独自活着，这就是不仁；用话语去羞辱别人，吹捧自己，这就是不义；悔恨自己的言行，却又不敢去死，这就是无勇。话虽如此，他们两人若是同吃一个桃子，是恰当的。而我独自吃上一个桃子，也是应该的。"他感到很羞惭，于是也放下桃子，刎颈自杀。

使者回复景公："他们三个人都死了。"景公派人给他们穿好衣服，放进棺材，按照勇士的葬礼埋葬了他们。

◎ 经典例句

一朝中阴谋，二桃杀三士！谁能为此者？相国齐晏子。

——明·冯梦龙《东周列国志》

# 废寝忘食

fèi qǐn wàng shí

释义: 对某一件事专心一致, 以致睡觉吃饭都顾不上了。形容工作和学习专心努力。

叶公问孔子于子路, 子路不对。子曰:"女奚不曰'其为人也, 发愤忘食, 乐以忘忧, 不知老之将至'云尔?"

——《论语·述而》

孔子, 名丘, 字仲尼, 春秋末期的思想家、政治家和教育家, 是儒家学派的创始人。

孔子年老时, 开始周游列国。在他六十四岁那年, 来到了楚国的叶邑(今河南叶县附近)。

叶县大夫沈诸梁热情接待了孔子, 沈诸梁人称叶公, 他只听说孔子是当代有名的思想家、政治家, 教出了许多优秀的学生, 但对孔子本人并不十分了解, 于是向孔子的弟子子路打听孔子的为人。

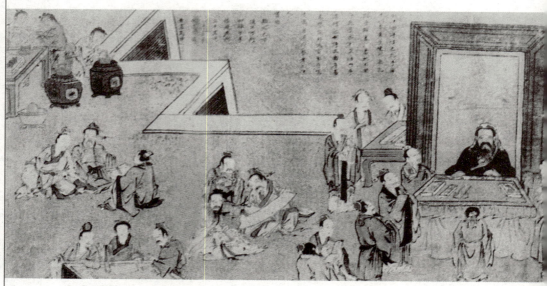

○ 品画鉴宝

孔子不仕退修诗书图 鲁哀公十一年 (前484), 孔子见自己的政治理想得不到施展, 转而致力于研学和著述。

　　子路虽然跟随孔子多年，但是一时之间也不知道如何应答，于是就没作声。后来子路将这件事告诉孔子，孔子对子路说："你为什么不说'孔子的为人，努力学习，从不厌倦，甚至于忘记了吃饭，津津乐道，从而忘却了一切烦恼与忧患，孜孜以求，自强不息，甚至忘记了自己的年纪'这样的话呢？"

　　孔子这一番话，显示出他由于有着远大的理想，所以生活得非常充实。

◎ 经典例句

　　他们废寝忘食地进行了一天一夜的组织工作，便使各个工点和各工作部门又像平素那样紧张而有条不紊地活动起来了。

——杜鹏程《在和平的日子里》

# 分崩离析

fēn bēng lí xī

□ □ 释义：形容国家或集团四分五裂，支离破碎，不堪收拾。崩：倒塌。析：分开。

孔子曰："……今由与求也，相夫子，远人不服而不能来也，邦分崩离析而不能守也，而谋动干戈于邦内。吾恐季氏之忧，不在颛臾，而在萧墙之内也。"

——《论语·季氏》

春秋时，鲁国的大夫季康子住在费邑(今山东费县)，他虽然是卿大夫，但是权势极大，甚至超出当时的国君鲁哀公。

季康子为了进一步扩大和巩固自己的统治权力，想要攻伐附近一个叫颛臾（zhuān yú）的小国，把它吞并，作为自己的领地。

孔子的学生冉有和子路当时都是季康子的谋臣，他们两人觉得很难劝服季康子，于是就向孔子求教。孔子责备这是冉有的过错。冉有说："这是季康子的主意，我和子路两人都不愿意，都想制止他。"

孔子说："你们两人既然辅佐季康子，就应该尽力劝阻他。"

冉有又说："但是颛臾的情况有些特殊，颛臾城池坚固，而且临近费邑，如果现在不去攻取，以后必然成为子孙的祸患。"

孔子厉声喝道："求（冉有的字）！不愿意说出自己想要，却千方百计地为自己寻找借口，君子最厌恶的就是这种人！况且我曾经听说过：'对于治理国家的人来说，不应担忧人口太少，而应担心分配不均，不应担心财力匮乏，而应担心上下不宁。分配平均自然就不会贫寒，上下和睦就不会孤独，国家安定就不会倾覆。'能够做到这样，如果远方的人不愿臣服，就修行仁义的文化教育，广泛招致远方的百姓。招抚他们之后，就要让他们安居乐业。"

"如今你们两人辅佐季康子，远方的百姓不能心悦诚服，不能让他们前来归附，国家分崩离析，不能统一坚守，在这种情况下，还想动用武力攻伐颛臾，我恐怕季康子的麻烦不在颛臾，而在萧墙之内啊。"

"萧墙"是古代宫室内当门的小墙，孔子的意思是季康子的麻烦在内部而不在外面。在这个故事中又引伸出另一个成语"祸起萧墙"，形容内部发生祸乱。

◎ 经典例句

但自从她十来岁以后，她那个大家庭便处于迅速分崩离析，潦倒没落之中。

——刘心武《钟鼓楼》

子志……与御史中尉争路，俱入见，而陈得失，……高祖曰："洛阳，我之丰、沛，自应分路扬镳。自今以后，可分路而行。"

——《北史·魏诸宗室·河间公齐传》

南北朝之时，北魏有一个人名叫元齐，他很有才能，屡建功勋。皇帝非常敬重他，封他为河间公。

元齐有一个儿子叫元志。元志聪慧过人，饱读诗书，是一个极有才华但又非常骄傲的年轻人。孝文帝很赏识他，任命他为洛阳令。

不久以后，孝文帝采纳了御史中尉李彪的建议，将都城从山西平城(今山西大同市东)迁到洛阳。这样一来，洛阳令就成了"京兆尹"。在洛阳，元志仗着自己的才能，往往对朝中某些学问不高的达官贵族，表示轻视。

有一次，元志出外游玩，正巧李彪的马车从对面飞驰而来。元志官职比李彪小，本应给李彪让路，但他一向看不起李彪，于是偏不让路。李彪见他如此目中无人，当众责问元志："我是御史中尉，官职远大于你，你为什么不给我让路？"

元志却并不买李彪的账，他说："我是洛阳的地方官，你在我眼中，不过是洛阳的一个住户而已，哪有地方官给住户让路的道理？"

他们两人互不相让，当众吵了起来。最后他们来到孝文帝那里评理。李彪说他是"御史中尉"，洛阳的一个地方官怎敢同他对抗，居然不肯让道；元志却说他是国都所在地的长官，住在洛阳的人都编在他主管的户籍里，他怎可同普通的地方官一样给一个御史中尉让道。

孝文帝听了他们的争论，觉得他们各有各的道理，不能训斥他们中的任何一个，于是就笑着说："洛阳是我的京城。我听了你们的辩辞，觉得你们各有各的道理。我认为你们可以分开走，各走各的，不就行了吗？"

◎ 经典例句

他将一把好的黑洋伞递给童霜威，将另一把黄油布伞给自己用，说："爸爸，时机紧迫，我们一同出去再分道扬镳吧。"

——王火《战争和人》

fēn dào yáng biāo

释义：分路前进，比喻各奔前程，各干各的事。扬镳：举鞭驱马前进。

73

# 奋不顾身

fèn bù gù shēn

释义：奋勇向前，不顾个人安危。

然仆（司马迁自称）观其（李陵）为人自奇士，事亲孝，与士信，临财廉，取予义，分别有让，恭俭下人，常思奋不顾身以徇国家之急。其素之所积也，仆以为有国士之风。

——《汉书·司马迁传》

司马迁（公元前145－前90年）

字子长，我国西汉时期史学家，以"通古今之变，成一家之言"的理想著成《史记》，被鲁迅称为"史家之绝唱，无韵之离骚"。

李陵，字少卿，是汉武帝时的著名大将，很受汉武帝信任，武帝任命他为骑都尉，率兵抵御匈奴的入侵。李陵擅长骑射，而且勇猛善战，精通兵法，当时很得朝廷信任。

有一次，李陵率领数千步兵出塞，结果遭到匈奴主力骑兵的围攻，李陵率部顽强抵抗，杀敌数万，最后寡不敌众，弹尽粮绝，被困绝谷，无奈之下投降了匈奴。

汉武帝得知李陵投降匈奴，勃然大怒，认为李陵辱辜负了自己对他的信任，朝中大臣也都纷纷指责李陵没有骨气。

只有太史令司马迁并不这样认为，他说："我和李陵一向没什么交情，但我见他为人很讲义气，孝顺父母，友爱兵士。他经常想着奋不顾身地解救国家的灾难，所以，我认为李陵这次在兵不足五千的情况下，与数万名敌兵对阵，最后由于伤亡惨重，弹尽粮绝，归路被切断，才被迫投降，完全情有可原；而且我还认为，他这次投降，并非贪生怕死，而是想等有利时机，再次回来报效国家。"

司马迁说得合情合理，但是武帝却认为他是在替李陵辩护，同时是在诽谤贰师将军李广利，于是是非不分，将司马迁关进监狱。汉朝制度规定，可以用钱救赎刑犯，但是司马迁家境贫寒，最后被迫接受了"腐刑"。

此后，汉武帝又因为误信传言，杀了李陵全家。李陵得知这一消息，不由得痛断肝肠，也绝了回归汉朝的念头，最后在匈奴娶妻成家，至死未回故土，没能实现奋不顾身、为国捐躯的愿望。

◎ 经典例句

虽然敌人炮火连天，我军死伤山积，义成奋不顾身，日夜不懈的足足都着守御了三天。

——清·曾朴《孽海花》

74

# 风吹草动

fēng chuī cǎo dòng

释义：比喻轻微的动荡或变故。

偷踪窃道，饮气吞声。风吹草动，即使藏形。
——《敦煌变文集·伍子胥变文》

　　春秋时期，楚国国君楚平王，昏庸荒淫，竟把自己的儿媳妇据为己有。大臣伍奢坚决反对，于是平王恼羞成怒，把他抓了起来，还要他写信叫外地的两个儿子回来，准备一起杀掉。

　　伍奢的大儿子伍尚，约会弟弟伍员(即伍子胥)听从父亲的指示，同赴郢都。伍员是个有见识的武将，他估计此去凶多吉少，劝哥哥不要上当。伍尚不听，结果到了郢都，和父亲一起被杀害了。

　　楚平王为了斩草除根，派兵四处追捕伍员，在各个关口都画了图像，悬赏捉拿。伍员乔装改扮，投奔吴国。

　　路上，伍员昼伏夜行，历尽辛苦，走了十多天，才接近昭关。昭关形势险要，官兵把守很严，伍员无法通过。

　　伍奢的朋友东皋公，很同情伍员的遭遇。他把伍员请到家里，准备帮他出关。一连住了七天，还是没有找到出关的机会。伍员非常焦急，一夜间头发、胡子全变白。东皋公见此情况，忽然想出一个主意，就说："你的头发、胡子已经变白，守关兵士很难辨认。我的朋友皇甫讷，相貌和你相似，让他照你的样子装扮，如果他在关口被捉，你可乘机出关。"于是按照这个办法，伍员混出关口。

　　伍员匆忙赶路，来到一条江边，他怕追兵赶到，就躲藏在芦苇之中。过了一会儿，见到

75

一只渔船，他急忙喊道："渔父，快来渡我！"伍员上了渔船，渔翁见他举止行为不是一般人，就问他到底是谁，伍员以实情相告，渔翁非常惊讶。到了对岸，渔翁要他稍等一会，给他找点吃的。伍员等了一会，不见渔翁回来，心中生疑，怕人来捉，又躲到芦苇深处。渔翁取来饭菜，不见伍员，便喊道："芦中人，出来吧，我不会出卖你！"伍员走出来饱餐一顿，然后解下祖传佩剑相送。渔翁向他表示，楚王高价悬赏捉拿伍员，自己都不贪图，怎能接受宝剑呢！伍员问渔翁姓名，渔翁不图报答，也没有告诉他。伍员嘱咐渔翁，如有追兵到来，请勿泄露。渔翁见伍员有疑心，便投江而死，以此消除伍员的疑虑。

伍员见此情景十分悲伤，他只好继续逃亡。后来伍员得势，打回楚国，终于报了杀父之仇。

◎ 经典例句

净怨你个该死的，他姓扬的，有个风吹草动，拿起脚来可走，我这里有家有业有户口，这不是成心惹是非？

——李英儒《野火春风斗古城》

# 风声鹤唳

坚（苻坚）中流矢，临阵斩融（苻融）。坚众奔溃，自相蹈藉投水死者不可胜计，肥水（淝水）为之不流。余众弃甲宵遁，闻风声鹤唳，皆以为王师已至，草行露宿，重以饥冻，死者十七八。

——《晋书·谢玄传》

fēng shēng hè lì

释义：把风的响声、鹤的叫声，都当作敌人的呼喊声，疑心是追兵来了。形容惊慌失措，神经极度紧张。唳：鸟叫。

公元383年，前秦皇帝苻坚组织九十万大军，南下攻打东晋。东晋王朝派谢石为大将，谢玄为先锋，带领八万精兵迎战。

苻坚认为自己兵多将广，有足够把握战胜晋军。他把兵力集结在寿阳(今安徽寿县)东面的淝水边，想等后续大军到齐之后再向晋军发动进攻。为了以少胜多，谢玄施展计谋，派遣使者前往秦营，向秦军前锋苻融建议道："贵军在淝水边安营扎寨，显然是为了持久作战，而不是速战速决。如果贵军稍向后退，让我军渡过淝水，两军即可进行决战，不是更好吗？"

秦军内部对此进行了一场讨论，众将领都认为只要坚守淝水，晋军就不能过河，后续大军抵达之后，即可彻底击溃晋军，因此不能接受晋军的建议。但是苻坚求胜心切，不同意众将领的意见，他说："我军只要稍稍后退，等晋军一半过河，一半还在渡河时，用精锐的骑兵冲杀上去，我军必能大获全胜！"

于是秦军决定后退，苻坚没有料到，秦军都是临时拼凑起来的，指挥不统一，一接到后退的命令，以为前方打了败仗，慌忙向后溃逃。

谢玄一见敌军溃退，立即指挥部下快速渡河杀敌。苻坚在乱军之中中了流矢，临阵斩了苻融。秦军在溃退途中，丢盔弃甲，一片混乱，自相践踏、投水而死的不计其数，尸体塞满了淝水。那些侥幸逃脱晋军追击的士兵，一路上听到呼呼的风声和鹤的鸣叫声，都以为是晋军追杀过来，于是不顾白天黑夜，拼命奔逃，饥寒交迫，死伤累累。就这样，晋军取得了"淝水之战"的重大胜利。

◎ 经典例句

这帮人一来就疑神疑鬼，风声鹤唳，好像到处都有"马小辫"拿着匕首躲在门后头，贫下中农家也不敢住，全挤在独眼那三留下的两间破土坯房里。

——张贤亮《河的子孙》

# 覆巢无完卵

fù cháo wú wán luǎn

释义：比喻整体遭殃，个体不能幸免。

孔融被收，中外惶怖。时融儿大者九岁，小者八岁，二儿故琢钉戏，了无遽容。融谓使者曰："冀罪止于身，二儿可得全不？"儿徐进曰："大人岂见覆巢之下，复有完卵乎？"寻亦收至。

——《世说新语·言语》

孔融，字文举，东汉末年山东人。汉献帝时，孔融曾经出任北海相。据说当年曹操发动五十万大军，南征刘备和孙权时，孔融曾经表示反对，劝说曹操停止出兵。曹操没有理睬，孔融在背后发过几句牢骚。御史大夫郗（xī）虑平时就和孔融不和，得知此事之后，就报告给曹操，并且添油加醋，恶意挑拨，说孔融一向瞧不起曹操，等等。曹操听后勃然大怒，当即下令把孔融一家老小全部逮捕处死。

孔融被捕的时候，朝廷内外人人惶恐。孔融有两个儿子，大儿子九岁，小儿子八岁，当时依然继续玩着琢钉的游戏，并没有流露出一点慌张的神色。孔融对派来抓他的人说："我希望你们把罪过只加在我身上，能否保全我这两个孩子的性命？"可是两个孩子从容上前，说道："父亲，您难道见过被打翻了的鸟巢下面还有完整的鸟蛋吗？"随即，两个孩子也被逮捕，最后同父亲一起赴难。

◎ 经典例句

除余尊覆巢无完卵，穷罗织宗室无余生。

——《大唐秘史》

○ 品画鉴宝
小庭婴戏图（北宋）图中描绘了几个孩童互相嬉戏玩闹的情景，童趣盎然。

78

# 功败垂成

gōng bài chuí chéng

释义：表示事情在将要成功的时候失败了。有惋惜的意思。垂：接近的意思。

康乐（谢玄受封康乐县公）才兼文武，志存匡济，淮肥之役，勃寇望之而土崩；涡颍之师，中州应之而席卷。方欲西平巩、洛，北定幽、燕，庙算有遗，良图不果，降龄何促，巧败垂成，拊其遗文，经纶运矣。

——《晋书·谢玄传论》

公元383年，前秦皇帝苻坚强征各族人民，组成九十万大军南下，企图灭掉东晋王朝。苻坚骄傲自大，声称只要命令骑兵在江中投入马鞭，就可以截断江流。东晋宰相谢安，命谢玄等将领率领八万军队迎战。晋军进至淝水，要求前秦略向后移，以便渡河决战，苻坚中计，命令大军往后撤退，因为各族士兵不愿作战，一退而不可收拾。谢玄乘机率兵渡水攻击，结果大败前秦军队。

接着，谢玄等人奉命北伐，很快收复了北方大片失地。谢玄本想进一步巩固已经收复的失地，但是孝武帝同母弟司马道子对他非常妒忌，借口出征时候太久，要他把军队撤回，坐镇淮阴。谢玄眼看即将取得的胜利又将付之东流，悲愤交加，在南下途中得了疾病。于是他上书孝武帝，请求解除他的职务，回乡治病。但是孝武帝不许，而是要他赴京疗养，还派名医为他治病。两年后，谢玄病逝，死时才四十六岁。

《晋书·谢玄传》后的议论说道："老天给他的年龄为何如此短促，以致他统一北方的事业接近成功时又遭到失败。"

◎ 经典例句

况且十二道金牌，他未必不知道是假的，何必就班师回去，以致功败垂成。

——清·吴趼人《二十年目睹之怪现状》

79

# 苟延残喘

gǒu yán cán chuǎn

释义：表示勉强维持生命。苟延：勉强延续。残喘：临死前的喘息。

今日之事，何不使我得早处囊中以苟延残喘乎？异时倘得脱颖而出，先生之恩，生死而肉骨也，敢不努力以效龟蛇之诚。

——明·马中锡《中山狼传》

春秋后期，晋国大夫赵简子有一次在中山举行大规模的狩猎。主管打猎的官员在前面开道，追逐禽兽的鹰犬在后面紧跟着，许多飞禽猛兽都被射死。

突然，有一只狼直立在大路中嗥叫，赵简子见状猛射一箭，狼中箭后，痛得哀哀直叫，拼命逃走，赵简子马上驱车追赶。

这时，有个叫东郭先生的人正往北走，想到中山国去谋求官职。他赶着一头驴子，驴背上驮着一大袋书，一清早就迷失了路途。

这时，那只受伤的狼跑了过来，伸头看着他，对他说："先生不是有意济困扶危，帮助别人吗？从前毛宝曾经买了一只乌龟放生，后来他在战争中投江逃命，乌龟载他过江。还有，隋侯救活了一条蛇，后来那蛇就衔着一颗名贵的珠子来报答他。要知道，龟和蛇的灵性总比不上狼，今天这种情况，你为什么不让我躲进你的书袋里，好让我勉强维持一线生机呢？将来我有了出头的日子，想到先生今番救命的恩情，一定会尽心竭力，像龟和蛇那样来报答你！"

○ 品画鉴宝

二骑士猎鹿扣饰（战国）此器两猎手各骑一马，手持长矛作下刺状。鹿、猎犬、蛇相绕，各具情态。

东郭先生心慈手软，经不住狼的苦苦哀求，就倒出图书，腾空袋子，慢慢地把狼装了进去。然后拴紧袋口，扛起来放在驴背上，再避到路边，等待赵简子一行人经过。

○ 品画鉴宝
狩猎人物图（元）赵雍／绘　此图以高句丽（朝鲜）国诞生之神话为话题。

　　过了一会，赵简子一行赶到，追问狼的下落。东郭先生推说自己并不知道，骗走了赵简子等人。

　　东郭先生等赵简子一行走得不见影子了，才把狼从袋里放出来。不料狼出袋后，吼叫着对东郭先生说："刚才我被打猎的人赶得好苦，幸亏先生救了我。可是如今我肚子饿极了，先生为什么不把身体送给我吃，让我可以保全这条性命呢？"说罢，狼就张牙舞爪地向东郭先生扑去。

　　在这危急关头，来了一位农夫。农夫设计将恶狼骗入口袋，然后将它打死，救了东郭先生一命。

◎ 经典例句
　　要不然他为什么不去参加抗战的工作，而只苟延残喘的在日本旗子下活着呢？

　　　　　　　　　　　　　　　　　　——老舍《四世同堂》

# 刮目相待

释义：擦亮眼睛看待。指用新眼光看人，也比喻另眼相待。刮：擦拭。

guā mù xiāng dài

肃（鲁肃）拊蒙（吕蒙）背曰：'吾谓大弟但有武略耳，至于今者，学识英博，非复吴下阿蒙。'蒙曰：'士别三日，即更刮目相待。'"

——《三国志·吴书·吕蒙传》裴松之注引《江表传》

吕蒙，字子明，三国时吴国名将。吕蒙幼年时家境贫困，没有读过什么书。后来在军中领兵打仗，也很少有时间读书，因此文化水平不高，难免受到一些大官的轻视。

吴王孙权曾劝吕蒙要好好读书，吕蒙说："军队里事情太多，每天忙都忙不过来，哪里有什么时间读书。"

孙权听后说道："难道要你钻研经书去当博士吗？但是普通知识总得具备啊！你说事情多，比起我来又如何？你为什么偏偏不能抽出时间来自学呢？"

孙权对吕蒙谈了自己于百忙之中抽空读书的状况以及收益，同时举汉光武帝即使在兵马劳顿之中也不忘学习、经常手不释卷，以及曹操自称老而好学等事来启发吕蒙。

吕蒙听了孙权这一番话，很受感动，从此认真读书，孜孜不倦。不久之后，吕蒙就能文能武，与往日的形象大不相同。后来，鲁肃奉命调往陆口镇守，路过吕蒙营寨。鲁肃原本不大瞧得起吕蒙，经别人劝说，鲁肃为了表示礼貌，才去拜访吕蒙。吕蒙热情招待鲁肃，并问他去陆口和蜀将关羽相邻，打算怎样既联合他又警惕他。鲁肃满不在乎，随口答道："我还没有考虑过，到时候看着办吧。"吕蒙严肃地批评鲁肃不应如此轻敌，他还献了五条计策，同时一一分析。鲁肃顿时改变了态度，抚摩着吕蒙的脊背，亲切地说道："我一直认为你能武而不能文，现在看来，你学识如此渊博，你已经不是以前那个没有学识的粗人了！"吕蒙笑道："士别三日，就应当刮目相待！（又何况是相隔多年呢！）"

从此，鲁肃和吕蒙成了好友，后来鲁肃临终，还推荐吕蒙继任大都督！

◎ 经典例句

这几天来，伸昭心里很是愉快，因为金博士的论文对于他的新闻编辑方针有了拥护，所以总编辑也刮目相待。

——茅盾《蚀·追求》

○ 品画鉴宝　羲之观鹅图（清）任颐／绘

# 管中窥豹

guǎn zhōng kuī bào

释义：从管中看豹，比喻看到的只是局部而不是全部。有时与『可见一斑』连用，比喻从看到的一部分中可以推测全部。窥：从小孔、缝隙或隐蔽处偷看。

王子敬数岁时，尝看诸门生樗蒲，见有胜负，因曰："南风不竞。"门生辈轻其小儿，乃曰："此郎亦管中窥豹，时见一斑。"子敬瞋目曰："远惭荀奉倩，近愧刘真长。"遂拂衣而去。
——《晋书·王献之传》

东晋著名书法家王羲之的小儿子王献之，和他父亲一样，也是著名的书法家，当时人称"二王"。

王献之年幼时，就很聪明伶俐。有一次，他和两个哥哥徽之、操之一起去见宰相谢安。当时，徽之、操之都说了不少家常琐事，而献之只是问候了一声，就不再作声了。他们离开以后，有位客人问道："刚才王家三位贤才之中，哪个最优秀啊？"谢安说："最小的那个最优秀。"那人又问："如何得知？"谢安说："修养好的人语言简洁，不空发议论；性情浮躁的人，滔滔不绝，却言之无物。由此可知他们三人的优劣。"

又有一次，献之和徽之正在房中谈话，突然发生了火灾，徽之吓得连鞋都来不及穿就急忙跑到外面，而献之却神色平静，不慌不忙，徐徐呼唤左右仆人，让他们搀扶着自己出去。

另有一天晚上，一个小偷潜入他的卧室，把所有能偷的东西都偷了。小偷正要走，献之低声喝道："小偷，青毯是我家的旧东西，给我留下！"小偷吓了一跳，什么也不敢拿就跑了。

有一天，王羲之的几个学生正在玩一种赌博游戏，年仅几岁的献之在一旁瞧着，看出了胜负，就说："南边的那一

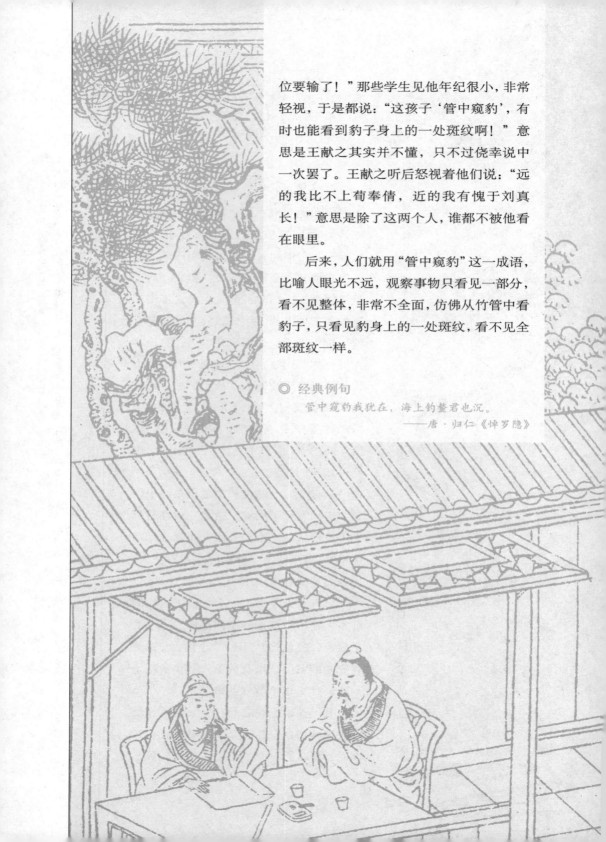

位要输了！"那些学生见他年纪很小，非常轻视，于是都说："这孩子'管中窥豹'，有时也能看到豹子身上的一处斑纹啊！"意思是王献之其实并不懂，只不过侥幸说中一次罢了。王献之听后怒视着他们说："远的我比不上荀奉倩，近的我有愧于刘真长！"意思是除了这两个人，谁都不被他看在眼里。

后来，人们就用"管中窥豹"这一成语，比喻人眼光不远，观察事物只看见一部分，看不见整体，非常不全面，仿佛从竹管中看豹子，只看见豹身上的一处斑纹，看不见全部斑纹一样。

◎ 经典例句

管中窥豹我犹在，海上钓鳌君也沉。

——唐·归仁《悼罗隐》

# 邯郸学步

hán dān xué bù

子独不闻寿陵余子之学行于邯郸与？未得国能，又失其故行矣，直匍匐而归耳。

——《庄子·秋水》

燕国寿陵有个少年，听说赵国都城邯郸的人走路步法非常优美，于是不顾路途遥远，特地前往邯郸学习步法。

燕国少年到了邯郸，看见那里人们走路的步法确实与寿陵人不一样，并且比寿陵人优美得多。他觉得不虚此行，打算好好地学习。

可是究竟如何学习呢？少年开始时只是看着人家怎样行走，回到住处凭借记忆学着走。后来觉得这样容易遗忘，于是他就跟在人家后面模仿着走。但是不知何故，少年总觉得学不像。

这究竟是什么原因呢？少年想来想去，发现那是因为自己太习惯于原来的步法。于是少年重起炉灶，完全放弃原来的步法，全部按照邯郸人的步法走路。

不料，这样一来，情况反而更加糟糕了。少年走路时要考虑的因素太多：既要注意手脚如何移动，又要注意上身如何摆动，甚至还要计算移动的距离和摆动的幅度。结果，他每走一步都弄得满头大汗、紧张万分。

少年越学越累，始终没有学会。最后，他连原来自己怎样走路的方法都忘记了，不得不爬回到寿陵。

◎ 经典例句

论文要得文中天，邯郸学步终不然。

——宋·姜夔《送项平甫倅池阳》

释义：到邯郸去学走路的步法。比喻模仿别人不得法，反而把自己原有的本领忘掉了。也比喻照搬别人的一套，出乖露丑。邯郸：战国时赵国都城。步：迈步走路。

# 鹤立鸡群

有人语王戎曰："嵇延祖卓卓如野鹤之在鸡群。"答曰："君未见其父耳。"

——《世说新语·容止》

嵇（jī）康，字叔夜，是魏晋之际著名的竹林七贤之一，与阮籍齐名，文学造诣很高，同时精通音乐。嵇康才学出众，性格耿直，又长得高大魁梧，非常引人注目。后来因为不满操纵朝政的司马氏集团，被司马昭借口杀害，死时仅四十一岁。

嵇康的儿子嵇绍，和他父亲一样很有才学，并且身材魁梧，仪表堂堂。嵇绍无论走到哪里，都显得卓然超群。

司马炎代魏称帝后，嵇绍被征召到京都洛阳为官。有人见过嵇绍之后，对他父亲的好友王戎说："昨天我见到了嵇绍，他长得非常高大雄伟，风神俊朗，在人群之中，就像一只仙鹤站在鸡群里那样突出。"

王戎听后，答道："你还没有见过他的父亲嵇康呢！"

晋惠帝司马衷继位后，嵇绍担任侍中，侍从皇帝，经常出入宫廷。后来，西晋皇族内部发生了"八王之乱"。嵇绍在跟随惠帝出兵作战时，尽力护卫惠帝，不幸中箭身死，鲜血溅在惠帝的战袍上。惠帝很受感动，不让内侍洗去这件战袍上的血迹，表示他非常赞赏和怀念嵇绍的高贵品质。

嵇康（公元223—262年或者公元224—263年）字叔夜，本姓奚，祖籍会稽（今浙江绍兴），其先人因避仇迁家谯国铚县（今安徽宿县西南）改姓嵇。『竹林七贤』的领袖人物。三国时魏末著名的诗人与音乐家，是当时玄学家的代表人物之一。

◎ 经典例句

有些这样的"洋人"就站在大众之间，如同鹤立鸡群，毫不掩饰自己的优越感。

——路遥《平凡的世界》

# 狐假虎威

hú jiǎ hǔ wēi

释义：狐狸依仗老虎的威势来吓百兽。比喻借别人的权势吓人。

虎求百兽而食之，得狐。狐曰："子无敢食我也。天帝使我长百兽，今子食我，是逆天帝命也。子以我为不信，吾为子先行，子随我后，观百兽之见我而敢不走乎？"虎以为然，故遂与之行。兽见之皆走。虎不知兽畏己而走也，以为畏狐也。

——《战国策·楚策一》

楚宣王当政之时，中原各诸侯国都很害怕楚国大将昭奚恤。宣王对此不解，一天朝会之时，趁昭奚恤不在，向大臣们提出了这个问题。

有个名叫江一的大臣，向宣王讲了一则寓言故事——

从前，某个深山老林之中有一只凶猛的老虎，专门搜寻各种野兽来吃。一次，老虎抓到一只狐狸，想把狐狸吃了充饥。

狡猾的狐狸急中生智，装出一副神圣不可侵犯的样子，对老虎说："你是不敢吃掉我的，因为天帝派我来当百兽之王，如今你要是将我吃掉，就是违背了天帝的命令！"

说到这里，狐狸故意傲慢地瞧了瞧老虎，见老虎露出不信的神色，又说："你以为我的话不可信吗？好吧，那么让我走在面前，你跟在后边，看这深山老林中的百兽见到我之后，有谁敢不逃跑吗？"

老虎觉得狐狸说得很对，决定照着去做。于是老虎就跟着狐狸一路走去。一路之上，所有野兽见到它们都逃得远远的。老虎并不知道百兽是因为害怕自己才逃跑，天真地以为百兽真的非常害怕狐狸。

讲完这个寓言故事，江一转入正题："大王如今拥有五千里地盘和百万军队，但却全部交给昭将军管辖。因此北方各诸侯国都很怕他，其实他们怕的是您交给他的军队，就像深山老林中百兽害怕的不是狐狸而是老虎一样。"

宣王听后，才懂得了这其中的道理。

◎ 经典例句

沙僧道：他就是妖怪，故意狐假虎威的来传报，恐唬我们哩。

——明·施耐庵《西游记》

# 画虎类犬

huà hǔ lèi quǎn

释义：画虎没有画成，反而画得像条狗。比喻不切实际地追求过高的目标，反而弄巧成拙，留下笑柄。类：类似，好像。

杜季良豪侠好义，忧人之忧，乐人之乐，清浊无所失，父丧致客，数郡毕至，吾爱之重之，不愿汝曹效也……效季良不得，陷为天下轻薄子，所谓画虎不成反类狗者也。

——《后汉书·马援传》

马援，字文渊，他是东汉初年光武帝刘秀手下的名将之一。马援志向远大，英勇善战，在东汉王朝的建立过程中，立下了不少战功，被光武帝封为"伏波将军"。

马援平常对子侄辈的教育十分严格，希望他们将来都能成为有用的人才，因此即便是在行军出征时，也不忘写信告诫他们。

马援有两个侄子，一个叫马严，一个叫马敦。马严和马敦都喜欢讥讽和议论别人，并且喜欢和侠客交游。马援在军中得知这一情况后，就写了一封信教育他们，这就是著名的《诫兄子严敦书》。

在这封信中，马援对他们说：

"我希望你们在听到有人议论别人的过失时，能够像听到议论自己父母那样，只可以用耳朵听，而不要去参加议论。

"我一生最反对议论别人的长短。山都长龙伯高是一个厚道谨慎、说话很有分寸，恭谦节俭、廉明公正的人，虽然他的职位不高，但是我很尊敬他，希望你们向他学习。

"越骑司马杜季良为人豪侠，好讲义气，能够和人同忧共乐，不论好人坏人，都能和他交朋友。他为自己父亲操办丧事之时，宾客如云，良莠皆有。我虽然也很尊敬他，但是却不希望你们仿效他。

"你们如果学习龙伯高，即使学不成，就好像雕刻大雁不成，还可以刻出一只鸭子来，样子还差不多。但是如果你们学习杜季良，学不成就会成为轻浮浪荡的人，就好像画一只老虎不成，结果画成了一只狗。"

后来，人们便把"画虎不成反类狗"引伸为成语"画虎类犬"，用来比喻好高骛远，想干一番大事业，结果却一事无成，反成笑柄。

## ◎ 经典例句

胡国光忽然怨恨起这江湖术士来。他心想：都是张铁嘴骗人，现在是画虎类犬。

——茅盾《蚀·动摇》

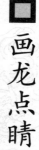

# 画龙点睛

huà lóng diǎn jīng

释义：给画在墙上的龙点上眼睛。比喻说话、写文章时，在关键处用神来之笔点明要旨，使内容更生动传神有力。

张僧繇，吴中人也。……金陵安乐寺，四白龙不点眼睛，每云"点睛即飞去"。人以为妄诞，固请点之，须臾，雷电破壁，两龙乘云腾去上天，二龙未点睛者见在。

——唐·张彦远《历代名画记》

南北朝时期，梁朝的张僧繇擅长画龙。张僧繇画龙的技艺，已经到了出神入化的程度。最为神奇的，就是他画龙点睛的传说了。

有一次，张僧繇在金陵(在今江苏南京市清凉山)安乐寺的墙上画了四条白龙，但是令人奇怪的是，这四条白龙都没有点上眼睛。

许多人对此不解，问道："先生画龙，为什么不点上眼睛呢？点上眼睛是否很难？"

张僧繇郑重地回答说："点上眼睛非常容易，但若点上眼睛，龙就会破壁乘云飞去。"

大家觉得荒诞不经，不肯相信他的回答，于是坚决要他点上眼睛。张僧繇一再解释，但是大家执意要他点睛，于是他就提起笔来，为其中的两条龙点上眼睛。

片刻之后，雷声大作，突然"轰"的一声巨响，雷电劈破了墙壁，点上眼睛的那两条龙，乘着云雾，飞跃到空中去了，而那两条未曾点睛的白龙，还是留在墙壁上。大家这才信服。

◎ 经典例句

在家树今天来赴约的时候，樊、何两方的关系，已是很明白的表示出来了。现在陶太太如此一用典，倒有些"画龙点睛"之妙。

——张恨水《啼笑因缘续集》

# 画蛇添足

huà shé tiān zú

释义：比喻多此一举，反而弄巧成拙。

楚有祠者，赐其舍人卮酒。舍人相谓曰："数人饮之不足，一人饮之有余。请画地为蛇，先成者饮酒。"一人蛇先成，引酒且饮之，乃左手持卮，右手画蛇，曰："吾能为之足。"未成，一人之蛇成，夺其卮，曰："蛇固无足，子安能为之足。"遂饮其酒。为蛇足者，终亡其酒。

——《战国策·齐策二》

战国时，楚国有一个贵族在祭祀祖先以后，赏了一杯酒给他的几个门客。那几个门客相互看了看酒，认为酒太少了，于是互相商议了一番，都说："这一杯酒如果我们每个人都要喝，那就不够；如果让一个人来喝，那就绰绰有余。你们觉得怎么样？"

大家虽然都表示同意，可是对于应该由谁来喝这杯酒，谁也不肯退让，因而无法作出决定。于是最先提议的那个人又说："我看不如这样，我们几个人在地上比赛画蛇，谁先画好，谁就可以喝这杯酒，行不行？"大家认为这个主意不错，纷纷表示赞成。

于是，他们几个人就蹲在地上画起蛇来。其中有一个人很快就把蛇画好了，可是当他拿起酒杯正要喝的时候，看到其他几个人仍然手忙脚乱地画着，于是自作聪明地用左手端着酒杯，右手又在地上画了起来，嘴里还洋洋得意地说："你们看，我还能给蛇添上脚呢！"

可是正当他在画脚的时候，另一个人也画好了。那个人立刻把酒抢了过来，毫不客气地说："蛇本来就没有脚，你怎么能够给它添上脚呢？"然后，那人举起酒壶，很高兴地喝起酒来，而刚才那个画蛇添足的人，只能懊悔不已地在一旁大吞口水了。

◎ 经典例句

他想接上去说，又觉得是画蛇添足，只好怏惜地坐着没动。

——周而复《上海的早晨》

悍吏之来吾乡，叫嚣乎东西，隳突乎南北，哗然而骇者，虽鸡狗不得宁焉。

——唐·柳宗元《捕蛇者说》

# 鸡犬不宁

jī quǎn bù níng

释义：连鸡狗都不得安宁。形容骚扰得十分厉害。宁：安宁。

　　唐朝中期，宦官专权，藩镇割据。统治者为了筹措军费和供他们挥霍花用，横征暴敛，拚命搜刮，弄得老百姓贫困潦倒，难以维持生计。

　　公元 805 年，唐朝著名文学家柳宗元被贬到边远的永州担任司马，他目睹了民间哀鸿遍野、民不聊生的悲惨局面，写下了著名的散文《捕蛇者说》，对当时的黑暗社会作了无情的揭露。在《捕蛇者说》中，柳宗元记述了一个捕蛇人的悲惨故事。

　　这个捕蛇人一家三代都以捕捉异蛇为业，他的祖父、父亲都被毒蛇咬死，但他还是坚持捕蛇为业。

　　那他为何不愿放弃捕蛇这个既艰苦又危险的工作呢？捕蛇人说："虽然捉蛇又艰苦又危险，比起种田来还是要好得多。我那些以种田为业的邻居，与我祖父同时期的，现在十家之中已经只剩一家；和我父亲同时期的，十家之中已经只剩二三家；和我在一起居住了十二年的，十家之中也只剩下不到四五家。他们不是逃亡，就是搬迁。这是什么原因呢？因为凶狠的官吏经常来到乡里，气势嚣张地催交各种赋税，担惊受怕的不仅是人，就是鸡狗也不得安宁啊。我们却因为以捕捉异蛇为业，每年只要上交几条异蛇就可以了。因此，捕捉异蛇虽有生命危险，我却依然不肯放弃！"

　　后来，人们把"虽鸡狗不得宁焉"简化成"鸡犬不宁"这则成语，用来形容骚扰得很厉害，连鸡狗都不得安宁。

◎ 经典例句

　　儿子们整天为一块瓦片吵架，一家子鸡犬不宁……

——汪曾祺《老鲁》

# 鸡犬升天

jī quǎn shēng tiān

释义：一个人得了道，成了仙，连他家的鸡和狗都随着升了天。形容一人发迹得势，与他有密切关系的人也跟着沾光。

时人传八公、安临去时，余药器置在中庭，鸡犬舐啄之，尽得升天，故鸡鸣天上，犬吠云中也。

——晋·葛洪《神仙传·刘安》

汉高祖刘邦的孙子刘安，袭封淮南王。他是汉代著名的思想家、文学家，极其爱好炼丹修道，并且到了废寝忘食的程度。

传说有一天，有八位老人要求见刘安。刘安授意下属向八位老人提些难题，看他们是否真有本事。刘安的下属来到门口，说道："你们年纪这么老了，怎能向王爷传授长生不老之术呢？"

话音刚落，八位老人都变成了十四五岁的少年。门吏赶紧报告刘安，刘安慌忙出来迎接，跪在地上，请求八公收他为徒。

八公表示，他们早知刘安一心想要修道成仙，所以特地来此收他为徒，说罢仍然变为老人。从此，刘安早晚朝拜、款待八公，请他们一一施行各种法术。八公果然神通广大，呼风唤雨、役使鬼神、腾云驾雾等等，几乎无所不能。接着八公向刘安传授丹经，并开始为他炼制服后能够升天的仙药。

就在这时，刘安的儿子在比剑中被人误伤，十分恼怒。那人怕他报复，就向朝廷诬告刘安谋反。汉武帝不问青红皂白，派人前去捉拿刘安。

刘安闻讯大惊，忙向八公询问对策。八公笑着对他说："这是上天要召王爷去了。不然，王爷还不能离开这个世界呢。"

八公把刘安带到一个山顶上，拜祭上天，然后回到王府，让他服下刚炼制好的仙药。刘安服下仙药之后，马上觉得身体轻飘飘的。片刻之后，刘安就和八公一起徐徐升天。就这样，刘安逃脱了一场大难。

相传八公、刘安临升天之时，盛着剩余仙药的器皿留在庭中，王府的鸡、狗或啄或舔，都吃了一点，于是也都升上了天。因此人们才说天上有鸡打鸣，而云中也有狗在叫唤。

◎ 经典例句

按照贺人龙的说法，这是照顾乡亲，也是打不散的子弟兵。照他手下人们说法，这就是俗话所说的：朝里有人好做官；一人当道，鸡犬升天。

——姚雪垠《李自成》

92

# 鸡鸣狗盗

jī míng gǒu dào

释义：装鸡叫哄人，装狗进行偷盗。比喻微不足道的本领或不正当的小伎俩。

> 最下坐者有能为狗盗者，曰："臣能得狐白裘。"……客之居下坐者有能为鸡鸣，而鸡齐鸣，遂发传出。
>
> ——《史记·孟尝君列传》

　　秦昭王仰慕齐国公子孟尝君，于是请他到秦国去。孟尝君带了许多门客前往，并献给秦王许多礼物。其中最珍贵的，是一件天下无双的白狐裘（qiú）。秦王非常高兴，吩咐手下好好收藏起来。

　　不久秦王想拜孟尝君为相国，但是听了一些大臣的话后，又觉得他是齐国贵族，任用他将对秦国不利；若是放他回国，又担心他已掌握了秦国的情况。秦王考虑再三，下令先把孟尝君软禁起来。

　　孟尝君不清楚秦王为何有此转变，秦王之弟泾阳君秘密向他通气，又建议孟尝君买通秦王宠爱的燕姬，让她在秦王面前说好话，争取让秦王放他回国。

　　孟尝君取出一对上好的白璧，请泾阳君赠给燕姬，让她在秦王面前为自己说好话。不料燕姬不要白璧，只想要白狐裘。只有得到白狐裘，她才肯向秦王求情。

○ 品画鉴宝
双犬图（明）朱瞻基/绘　图中双犬悠闲，画家用淡墨渴笔表现出了犬的皮毛质感。

孟尝君有些手足无措，因为白狐裘只有一件，并且已经献给秦王，又怎么可能再拿出一件给燕姬呢！孟尝君与门客商量，大家一筹莫展。这时，有个坐在末位的门客说道："我可以潜进宫去，把早先献给秦王的那件白狐裘偷出来！"孟尝君问道："你准备用什么办法去偷呢？"门客说道："我打算装扮成一条狗去偷！"

孟尝君急于获救，马上同意了门客的建议。当天晚上，那个门客从狗洞里面钻进宫内，终于偷到了白狐裘。燕姬得到白狐裘后，马上说服秦王签发了过关的凭证，释放了孟尝君。

孟尝君担心秦王反悔，一拿到过关凭证，马上率领门客离开秦都。来到边境函谷关时，因为天还未亮，城门紧闭。按照规定，必须等到鸡鸣才能开关。

这时，又有一个居于末位的门客模仿鸡打鸣的声音，连续的叫声，使得附近的公鸡都啼叫起来。守关士兵听到鸡鸣，以为凌晨已届，验看了凭证，就打开城门放孟尝君一行出去。

再说秦王签发过关凭证后不久，果然反悔，派人迅速追赶孟尝君。但是追兵赶到函谷关时，孟尝君等人早已出关了。

○ 品画鉴宝

雄鸡鼻烟壶（清）此器壶身绘有昂首欲啼的雄鸡，色泽艳丽，构图严谨，造形传神，呼之欲出。

◎ 经典例句

我知道这种女人路数多，有时用得着她们，这就是孟尝君结交鸡鸣狗盗的用意。

——钱钟书《围城》

# 寄人篱下

jì rén lí xià

释义：比喻那些依附别人、不能自立的人。

丈夫当删《诗》、《书》，制《礼》、《乐》，何至因循寄人篱下。

——《南齐书·张融传》

南齐时，有个名叫张融的读书人，生性怪僻，行动举止奇特。他身材矮小，面貌丑陋，但却精神焕发，走起路来翘首挺胸，旁若无人。

萧道成在没有当皇帝的时候，就很欣赏张融的才学和品格，和他交上了朋友，并且对旁人说，像张融这样的人才，是必不可少的，且又不可多得。后来萧道成建立了南齐政权，就经常与张融探讨文学艺术方面的问题。

有一次，萧道成与张融讨论起书法问题，对他说："你的书法颇有骨力，但还缺少'二王'（指晋代书法家王羲之、王献之父子）的法度。"

张融对萧道成的评价不服气，说："请陛下不要一味怨我缺少'二王'的法度，也该怨'二王'缺乏臣的法度。"

张融主张写文章要有独创性，形成自己的风格。他在一篇文章的序文中写道："作为男子汉大丈夫，做文章应当像孔子删编《诗》、《书》，制订《礼》、《乐》那样，发扬自己的创造性，何至于要因袭他人，寄人篱下呢！"

◎ 经典例句

现成的幸福道路你不走，却喜欢这样任性胡闹，为什么一定要闹得东奔西走，寄人篱下呢？

——杨沫《青春之歌》

# 家徒四壁

jiā tú sì bì

释义：家里只有四堵空墙，形容家中贫穷，一无所有。徒：只，空。壁：墙壁。

卓王孙有女文君新寡，好音，故相如缪与令相重而以琴心挑之。相如时从车骑，雍容闲雅，甚都。及饮卓氏，弄琴，文君窃从户窥，心悦而好之，恐不得当也。既罢，相如乃令侍人重赐文君侍者通殷勤。文君夜亡奔相如，相如与驰归成都，家徒四壁立。

——《史记·司马相如列传》

西汉词赋家司马相如，年轻时家境清贫。他和临邛（今四川邛崃）县令王吉相熟，王吉经常邀请他到临邛（qióng）作客，招待他住在客栈里，每天特意去拜访他，目的是抬高朋友身价，引人注目。

临邛首富卓王孙听说县令有这样的贵宾，认为理当结交司马相如，于是设宴相邀。司马相如来到卓王孙府邸，满座宾客都被他的翩翩风度所倾倒。席间相如为宾主奏琴助兴，琴艺精绝，博得众人交口称誉。

卓王孙有个女儿名叫文君，丈夫刚死，守寡住在娘家。文君才貌双全，爱好音乐，听说家里来了一位贵客，正在表演琴艺，于是躲在客厅屏风后面悄悄欣赏。一曲听完，不禁对这位多才多艺的客人十分爱慕。相如发觉屏风后面有位佳人绰绰约约地站着听琴，心里也有意于这位异性知音，于是使出浑身解数，奏起一曲《凤求凰》，用音乐来打动对方的心。《凤求凰》本是古代一首情歌，文君听后，立刻明白了相如的情意。

宴席之后，相如让自己的侍者拿着重金贿赂文君的侍女，让她代自己向卓文君表达爱慕之情。于是文君星夜离家出走，奔归司马相如，两人一起离开临邛，回到相如的老家成都。一到家中，文君发现相如家徒四壁，一贫如洗。但她毫不计较，甘心和相如苦度岁月，坚信相如不会埋没，定有出头之日。

后来，司马相如果然以自己的才学博得汉武帝的赏识，官封中郎将（统领皇家侍卫），又奉旨出使西南，为开发西南边疆作出了巨大贡献。

◎ 经典例句

搬家是辛苦事。除非是真的家徒四壁，任谁都会蓄积一些弃之可惜留之无用的东西，到了搬家的时候才最感觉到累赘。

——梁实秋《雅舍小品·搬家》

# 见怪不怪

jiàn guài bù guài

释义：见到怪异的事物或现象要镇静对待，不必大惊小怪。

姜怫然曰："畜生之言，何足为信！我已数月来知之矣。见怪不怪，其怪自坏！"

——宋·洪迈《夷坚三志巳·卷二·姜七家猪》

宋朝之时，某城有一个人名叫姜七，开了一家旅店，接待过往客商，也代销一些货物。

一年春天，姜七经常听到后园那边隐隐传来悲切的声音，但是到了那里查看，却又一无所见。次数多了，他也就不以为然了。

两个月之后，有五个客商来到店里居住。当天深夜，五个客商都听到了悲切的哭声。他们一一起床，来到后园，发现哭声是从附近的猪圈里传出来的。走到那里一看，看见一头老母猪正在流泪哭泣，五人争相问道："你这畜生，为何三更半夜在此作怪？"

说来也怪，那老母猪竟口吐人言，说道："列位不知，我本是姜七的祖母啊！生前以养母猪为业，等产下猪仔后便卖掉，一年卖掉的多达数百头，依靠这个撑起家业。我死后受到惩罚，投生为猪，如今真是懊悔不已啊！"

第二天一大早，客商们就把这件奇事告诉了姜七，并且劝他好生豢养那头母猪。姜七不以为然地说："畜生的话怎能相信？两个月前我就觉察到这件怪事了。见到怪异的事不觉得惊怪，怪异便会自己败坏，你们不必大惊小怪。就算母猪真是祖母投生，又能怎样？随它去吧！"

客商们劝他还是好生奉养那头母猪，姜七不屑再听，反而与其中一位客商争吵起来，闹得大家不欢而散。

过了两天，姜七忽然患病。他怀疑是那头母猪作怪，就叫屠夫把它杀了卖掉。不料如此一来，姜七的病情越来越重，最后病入膏肓，不可救药。临死时，竟然发出猪被杀时那样的惨叫声。

◎ 经典例句

事实上这样的事自古以来经常发生，人们习以为常，见怪不怪，这是为什么呢？

——巴金《随想录》

○ 品画鉴宝 〔七秦广大王图〕（南宋）陆信忠绘。秦广大王，地府十王之一。佛教相信人死后，会被依次拉到十王面前，按罪的轻重和性质接受审判，并受到相应的处罚。

○ 品画鉴宝

武士跪射图（五代） 图绘一劲装武士拉弓之态，动作优美，情态生动。

jiàn zài xián shàng

释义：比喻事情已到了不得不做的时候，或话到了不得不说的时候。「箭在弦上」常和「不得不发」连用。

琳谢曰："矢在弦上，不得不发。"太祖爱其才不咎。

——《太平御览》

陈琳，建安七子之一，原在北方军阀袁绍手下当书记官。袁绍野心很大，眼见曹操崛起，感到威胁很大，就把矛头对准了他。为了讨伐曹操，袁绍让陈琳写了一篇《为袁绍檄豫州》的檄文。陈琳在檄文中慷慨陈词，历数曹操各种罪状，并且痛骂曹操的祖宗三代，檄文最后号召天下州郡共同起兵，讨伐曹操。

曹操有头痛病的隐患。那次，曹操又犯了头痛病，正好侍从送来陈琳起草讨伐他的檄文。尽管曹操很讨厌文中的内容，却又为其精彩的文笔所打动，越读越兴奋，竟然不再头痛了。后来，曹操了解到这篇檄文是陈琳所写，觉得像他这样有文才的人竟为袁绍所用，不禁觉得非常惋惜。

袁绍狂妄自大，刚愎自用，最后在官渡之战中惨败，陈琳也投靠了曹操。有一次，曹操责问陈琳："你当初替袁绍写檄文，骂我也就行了，为什么还要骂我祖宗三代呢？"陈琳谢罪说："当时的情况是箭在弦上、不得不发啊。"

曹操听陈琳这样回答，觉得不无道理，也就不再追究这笔旧帐，反而对他非常器重，让他担任司空参谋祭酒。

○ 品画鉴宝

彩绘射姿立俑（西汉）此俑虽手中无弓箭，但的确能给人一种箭在弦上，引而不发的力与美的享受。

◎ 经典例句

我觉得以文字结怨于小人，是不值得的。至于我，其实乃是箭在弦上，不得不发。

——鲁迅《书信集·致杨霁云》

101

# 兼听则明

jiān tīng zé míng

释义：表示要听取多方面的意见，才能明辨是非。

贞观二年，太宗问魏征曰："何谓为明君、暗君？"征曰："君之所以明者，兼听也；其所以暗者，偏信也。"

——唐·吴兢《贞观政要·论君道第一》

上问魏征曰："人生何为而明，何为而暗？"对曰："兼听则明，偏信则暗。"

——宋·司马光《资治通鉴》

魏征是唐初著名的政治家，以劝谏有方而闻名天下。

一次，唐太宗问他："作为国家的君主，如何才能断事正确、明白而不胡涂呢？相反，办错了事情又往往是什么原因呢？"

魏征回答说："各方面的意见你都听一听，自然会得出正确的结论。如果你只听信一面之辞，那就会因为片面而把事情办错。"

接着魏征又列举了历史上的教训，说明作为君主如果偏听偏信，将会造成非常严重的后果。他说："秦二世深居宫中，隔绝贤臣，疏远百姓，只是偏信宦官赵高，等到天下大乱、四方纷纷起兵反秦之时，他也不能得到消息。梁武帝偏信朱异，侯景兴兵作乱举兵围攻都城，他竟然还不知情。隋炀帝偏信虞世基，各路反隋兵马攻城掠邑，他也并不知晓。相反，如果多了解一些情况，多听取一些意见，就可以避免或防止一些祸害。"

唐太宗听了魏征的话，满意地说："太好了，太好了！"

◎ 经典例句

良曰："古云：'兼听则明，偏信则暗。'望陛下察之。"

——明·罗贯中《三国演义》

魏征（公元580－643年）

字玄成，巨鹿下曲阳（今河北晋州）人，从小丧失父母，家境贫寒，但喜爱读书，不理家业，曾出家当过道士。后在唐太宗驾前拜相，因其直言敢谏，被后世尊为忠臣的象征。

# 渐入佳境

jiàn rù jiā jìng

释义：是逐渐进入佳美的境地。比喻兴味逐渐浓厚或境况逐渐好转。渐：逐渐。

顾长康啖甘蔗，先食尾。人问所以，云："渐至佳境。"
——《世说新语·排调》

恺之每食甘蔗，恒自尾至本。人或怪之，云："渐入佳境。"
——《晋书·顾恺之传》

顾恺之，东晋时人，字长康，小名虎头，晋陵无锡（今属江苏）人。顾恺之多才多艺，不但诗赋写得很好，而且字也写得漂亮，最为擅长的则是绘画，他是当时最著名的画家之一，人们称他为"三绝"（才绝、画绝、痴绝）。

顾恺之年轻的时候，曾经出任大司马桓温的参军。那时东晋地方割据十分严重，桓温主张国家统一，经常率领部队讨伐那些割据势力，顾恺之也随桓温南征北战了许多年。桓温很看重他，两人结下了深厚的友谊。

有一次，顾恺之随桓温乘船前往江陵视察部队。到江陵的第二天，江陵官员前来拜见，并且送来多捆当地的特产甘蔗。桓温见了十分高兴，吩咐大家一起品尝。于是大家都拿起甘蔗吃了起来，纷纷称赞甘蔗味道很甜。

这时，顾恺之正在独自欣赏江景，没有去拿甘蔗。桓温见了，故意挑了一根长长的甘蔗，走到顾恺之跟前，把甘蔗末梢的一段塞到他手里。顾恺之看也不看，径自啃了起来。

桓温又故意问顾恺之甘蔗甜不甜，旁边的人也一起嘻笑着问他。顾恺之回过神来，才看到自己正在啃甘蔗的末梢，就知道大家嘻笑的原因。他灵机一动

103

说:"你们笑什么?吃甘蔗就应该从末梢吃起,这样一来就会越吃越甜,这就叫作'渐入佳境'!"大家听后,一起哈哈大笑起来。

其实,顾恺之是因为欣赏江景而忘情,但他善于应付,"渐入佳境"之说也合情合理。后来,'渐入佳境'演化为成语,比喻兴味逐渐浓厚或者境况一点点好起来。

○ 品画鉴宝
女史箴图·唐摹本(东晋)顾恺之/绘  此图系根据西晋张华《女史箴》一文而画的。描写古代宫廷妇女的节义行为,宣扬封建社会的女性道德。

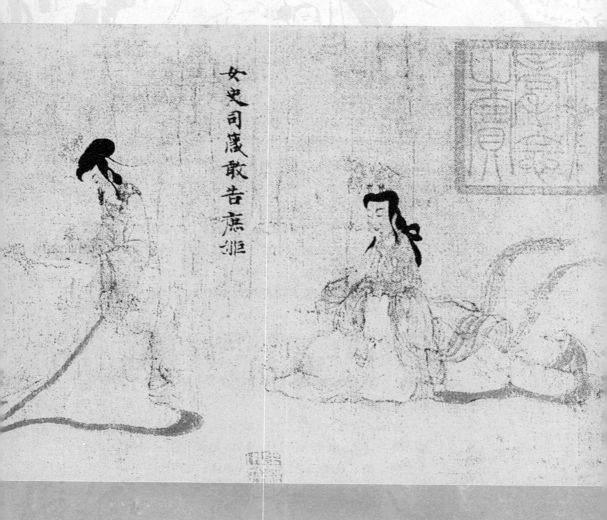

顾恺之（公元346 — 407年）

字长康，小字虎头，晋陵（今江苏无锡）人。义熙初年任通直散骑常侍，博
学多能，工诗善书精丹青。沉浸艺术，孜孜不倦，有"才绝、画绝、痴绝"
之称。

◎ 经典例句

　　老魏和逢佳的生活有渐入佳境之感，他们很快渐入佳境，有了默契。

——王安忆《香港的情和爱》

# 江郎才尽

jiāng láng cái jìn

释义：江郎的文才没了。比喻才思减退。江郎，指南朝文学家江淹，年轻时很有才气，到晚年文思渐渐衰退。尽：完，没了。

尝宿于冶亭，梦一丈夫，自称郭璞，谓淹曰："吾有笔在卿处多年，可以见还。"淹乃探怀中，得五色彩笔以授之。尔后为诗，绝无美句，时人谓之才尽。

——《南史·江淹传》

江淹，字文通，南北朝时梁朝考城人。江淹年轻时家中很穷，连纸和笔都买不起，但他读书十分刻苦，经过发愤用功，不仅官至光禄大夫，而且成为一个鼎鼎有名的文学家，他的诗和文章在当时获得极高的评价。

可是，江淹年纪大了以后，文章不但没有以前写得好，而且还退步了不少，所写诗句也平淡无奇。江淹过去写作时，文思如潮，下笔如神，而且经常会有绝妙的佳句；现在提笔吟哦好久，写不出一个字来。偶尔来了灵感，诗写出来了，但是文句枯涩，内容平淡，几乎一无可取。

于是就有了不同的传说：有人说江淹某次乘船停在禅灵寺的河边，梦见一人自称张景阳，向他讨还一匹绸缎，江淹就从怀中掏出几尺绸缎还他，因此江淹的文章就不再精彩了。

又有人说，江淹某次在凉亭中睡午觉，梦见了郭璞，郭璞走到他的身边，向他索要彩笔，并对他说："文通兄，我这支彩笔在你那儿已经很久了，现在应该还给我了！"江淹听后就顺手从怀里取出一支五色彩笔给他。据说从此以后，江淹就文思枯竭，再也写不出什么好的文章了。

◎ 经典例句

如今弄了这个，还不知可能敷衍交卷。我被你闹的真是江郎才尽了。

——清·李汝珍《镜花缘》

106

# 狡兔三窟

冯谖曰:"狡兔有三窟,仅得免其死耳。今君有一窟,未得高枕而卧也。请为君复凿二窟!"……还报孟尝君曰:"三窟已就,君姑高枕为乐矣。"孟尝君为相数十年,无纤介之祸者,冯谖之计也。

——《战国策·齐策四》

jiǎo tù sān kū

释义:狡猾的兔子有三个洞穴。原来比喻有多处藏身之地,以便逃避灾祸。现在一般用来表示留有余地,具有多种应变能力,带有贬义。

齐国相国孟尝君门下,有个食客名叫冯谖。一次,冯谖奉命到孟尝君的封地薛去收债。临行时,冯谖问孟尝君收完债买些什么回来,孟尝君说家里缺什么就买什么。冯谖到薛地后,假借孟尝君的命令,将债契全都烧了。借债的百姓感激涕零,齐呼万岁。

冯谖回来后,孟尝君问他债收齐了没有,并问买了什么回来。冯谖说,他见相国家中什么都不缺,就缺了一个"义"字,因此以相国的名义将债契全部烧毁,把"义"买了回来。孟尝君听后不太高兴,但也无可奈何。

一年之后,齐国新君继位,孟尝君因相位被齐王罢免,只好回到薛地。离薛地还有一百多里路时,薛地百姓就扶老携幼前来迎接。孟尝君这才感受到冯谖给他买回的"义",于是非常诚恳地感谢冯谖。但是冯谖却说:"狡猾的兔子拥有三个洞穴,但是即便如此,兔子也难免不被猎人打死、被猛兽咬死。如今您只有一个洞穴,还不能高枕无忧,臣愿为您营造另外两个洞窟。"

孟尝君给了冯谖五十辆车子,以及五百斤黄金,让他按照自己的想法办事。于是,冯谖前往魏国,他对魏惠王说:"齐王将孟尝君放逐到自己的封地,诸侯中如果有谁能率先迎接孟尝君,一定能在他的辅佐下国富兵强。"

于是魏王立刻把原来的相国调任为上将军,空出国内最高的职位,然后派遣使者,带着千斤黄金、百辆车子,前去聘请孟尝君来做自己的相国。

○品画鉴宝

砺剑图(明)黄济/绘 图绘一人腰挂葫芦,衣衫褴褛,赤足而立。双手挽宝剑,在石上磨砺。

知道魏王的打算以后，冯谖驱车先回薛邑，告诉孟尝君说："虽然千金黄金是贵重的聘礼，百辆车子是隆重的出使，但是您千万不要应聘，因为齐国很快就会知道这一消息。"于是，魏国使者往返三次之多，孟尝君都坚决推辞，不愿前去就职。

　　齐王得知此事以后，朝廷上下都很惶恐，于是立刻下令派遣太傅携带千斤黄金，两驾文饰华丽的四驾马车，以及自己的佩剑和封好的诏书，赶往薛地，向孟尝君道歉说："寡人最近不太吉利，受到鬼神的迷惑，听信臣子的谗言，得罪了您。寡人知道德行不够，不配统领齐国万民，希望您看在先王的份上，能够回来统率万民，执掌国政。"

　　冯谖告诫孟尝君说："希望您能够向大王求得祭祀先王的礼器，并且在薛邑为先王建立宗庙。"等到宗庙修好以后，冯谖就对孟尝君说："您的三个藏身之地都已经营造好了，现在您可以高枕无忧了！"

　　从那以后，孟尝君担任齐国相国长达几十年，从来没有遭遇过细微的灾祸，这些全是冯谖施展妙计的结果。

◎ 经典例句

　　这班富户狡兔三窟，富裕亲戚朋友众多，你就是把他们的粮食搜光，也饿不掉他们一颗大牙。

——姚雪垠《李自成》

# 嗟来之食

jiē lái zhī shí

释义：指带有侮辱性的或不怀好意的施舍。嗟：不礼貌的招呼声，相当于现在的「喂」。

齐大饥，黔敖为食于路以待饿者而食之。有饿者蒙袂辑屦，贸贸然来。黔敖左奉食，右执饮，曰："嗟！来食！"扬其目而视之，曰："予唯不食嗟来之食，以至于斯也！"从而谢焉，终不食而死。

——《礼记·檀弓下》

春秋末年，齐国曾经发生了一次严重的饥荒，国内民穷粮缺。大批穷人由于缺少粮食，结果活活饿死，而活着的人也饿得奄奄待毙。

齐国有一个贵族名叫黔敖，他想做点善事。每天一早，他就在大路旁摆上一些食物，等着忍饥挨饿的穷人经过，施舍他们一些食物，以显示他的"仁慈"。

一天，黔敖又坐在路旁的车子上，等着有人经过。正在这时，一个饿得不成样子的人走了过来。只见那人用袖子遮着脸，拖着一双破鞋子，眯着眼睛，摇摇晃晃地迈着步子，身体十分虚弱。黔敖见状，左手拿起食物，右手端起水壶，傲慢地吆喝道："喂！过来吃吧！"那个饿汉抬起头抖了抖衣袖，睁大眼睛，轻蔑地瞪了他一眼，说道："我就是因为不吃这种'嗟来之食'，才会落到这种地步。你以为一个人为了食物，就会抛弃自己的尊严，接受这种侮辱性的施舍吗？"

说完，那饿汉扭头就走，最后因为饥饿而死于路旁。

◎ 经典例句

北方每到严冬，就有好心的人士发起窝窝头会，是赈济穷人的慈善组织。仁者用心，有足多者。但是嗟来之食，人所难堪……

——梁实秋《雅舍小品·窝头》

# 竭泽而渔

jié zé ér yú

释义：比喻只图眼前利益，没有长远打算。〔竭泽〕，把池塘里的水弄干。〔渔〕，捉鱼。

孔子曰："……丘闻之，刳胎杀夭，则麒麟不至其郊；竭泽而渔，则蛟龙不处其渊；覆巢破卵，则凤凰不翔其邑。何则？君子违（通"讳"）伤其类者也。鸟兽之于不义尚知避之，况于人乎？"

——《孔子家语·困誓》

孔子周游列国，在卫国逗留了一段时间后，决定前往晋国。抵达黄河边时，孔子得知赵国执政简子杀了窦犨（chōu）鸣犊以及舜华两人，于是对着河水感慨地说道："流水真是太美了啊，这样浩浩荡荡。我不能渡过河去，那也是我命中注定的吧！"

子贡快步走上前去，问道："请问老师这话是什么意思呢？"

孔子说道："窦犨鸣犊和舜华这两个人，都是晋国的贤德大夫。赵简子没有得志的时候，依靠这两个人才能从事于晋国政权。等到他得志的时候，却将他们两人杀了。我曾听说：如果剖开孕妇的腹部，杀死里面的胎儿，麒麟就不会来到他们的郊野之中；如果排干湖泽里面的水，再去捕捉里面的鱼，蛟龙就不会留在他们的渊池之中；如果捣翻鸟类的窝巢，打破鸟卵，那么凤凰就不会飞翔在他们的城市之内。这是为什么呢？因为君子担心自己遭受同样的伤害啊。鸟兽对于不义的行为，尚且知道远远避开，又何况是人呢！"

孔子于是不再前往晋国，转道而还，在邹国歇息，并且作了《槃操》这首琴曲来哀悼他们。

◎ 经典例句

资助抗日我责无旁贷，但如此竭泽而渔令我实在心慌，照这样子，也话要不了多久，我就无钱开工生产了。

——周大新《第二十幕》

# 金玉其外，败絮其中

观其坐高堂，骑大马，醉醇醴而饫肥鲜者，孰不巍巍乎可畏，赫赫乎可
象也？又何往而不金玉其外，败絮其中也哉。

——明·刘基《卖柑者言》

明初大臣刘基，字伯温，元朝末年中过进士，担任过一些小官。
后来，刘基劝说朱元璋脱离红巾军领袖韩林儿建立的政权，独树一
帜。朱元璋建立明王朝后，任命刘基为御史中丞。

刘基善于写诗作文，他曾写过一篇题为《卖柑者言》的文章，记
载了他亲身经历过的一件事，揭露了当时社会上阴暗的一面。

夏日的某一天，刘基在杭州城里漫步，只见一个小贩在卖柑子。
柑子一般很难保存到夏天，但是刘基发现这小贩卖的柑子金黄油亮，
新鲜饱满，就好像刚从树上摘下来。他觉得机会难得，就走过去向
小贩买了几个。虽然价钱是柑子刚上市时的十倍，但他觉得小贩能
把柑子贮存到现在，也是难能可贵的事，贵些倒也无妨！

回家之后，刘基剥开柑皮，发现里面的果肉干缩得像破旧的棉
絮一样，顿时非常气愤，于是拿着柑子，回到那里责问小贩为何骗
人钱财。

刘基（公元 1311 — 1375 年）

字伯温，晚号犁眉公。处州府青田县人，故时人称他为刘青田。明代政治
家、诗文家，军事家和文学家，明国开国功臣。明洪武三年封诚意伯，人
们又称他为刘诚意。死后被追赠太师，谥号文成，因而后人又称他刘文成。

不料小贩从容地笑了笑，说道："我以卖这种柑子为生，已经有
好几年了。买柑子的人很多，谁也没有说什么，就是先生您不满意。"

接着，小贩又说："当今世上骗人之事到处都是，岂止是我一个？
请问，那些威风凛凛的武将，从装束上看，比孙子、吴起还要神气，
可是他们真的精通兵法吗？那些头戴高帽、身着宽大朝服、气宇轩
昂的文官，难道他们真的拥有治国安邦的本事吗？寇盗横行，他们
不能抵御；百姓困苦，他们不能救助；贪官污吏，他们不能处置；法

纪败坏，他们不能整顿。这些人一个个身居高位，住着华美的房舍，吃着山珍海味，喝着琼浆玉液，骑着高头骏马，哪一个不是道貌岸然、一本正经！又有哪一个不像我所卖的柑子那样，金玉其外、败絮其中呢？"

刘基听了小贩的一席话，顿时哑口无言，回到家后，就写了《卖柑者言》这篇文章。

◎ 经典例句

想不到他长的那么俊俏，却配上这么一副资质！难怪人说长皮不长肉，中看不中吃！这才真是金玉其外，败絮其中呢！

——欧阳山《三家巷》

# 近水楼台

jīn shuǐ lóu tái

释义：坐落在水边的楼台先得到月光。比喻地处近便而获得优先的机会。

范文正公镇钱塘，兵官皆被荐，独巡检苏麟不见录，乃献诗云："近水楼台先得月，向阳花木易为春。"公即荐之。

——俞文豹《清夜录》

范仲淹，北宋著名政治家、文学家。小时家境贫困，但他勤奋学习，博览群书，学识渊深。先后出任右司谏（向皇帝提意见的官）、知州（地方行政长官）、参知政事（副宰相）等官。范仲淹应其好友滕子京之请，曾作《岳阳楼记》一文，文中"先天下之忧而忧，后天下之乐而乐"道出了他的理想，也是为人津津乐道的千古名句。

范仲淹为人正直、待人谦和，特别善于使用人才。范仲淹担任杭州知府之时，城中的文武官员大都得到他的关心帮助，在他的推荐下，那些官员们都得到了能发挥自己才干的职务，心里都很感激和崇敬他。只有一个名叫苏麟的巡检官，在杭州所属的外县工作，接近范仲淹的机会很少，所以一直没有被推荐和提拔，心中感到十分遗憾。

一次，苏麟因公事要见范仲淹，乘此机会，他写了一首诗献给范仲淹。诗中有这么两句："近水楼台先得月，向阳花木易为春。"意思是靠近水边的楼房可以最先看到月亮，朝着阳光的花草树木容易成长开花，显现出春天的景象。苏麟用这两句诗来表达对范仲淹的不满，巧妙地指出那些接近他的人都得到了好处。范仲淹看后心领神会，不禁哈哈大笑，于是就根据苏麟的意见和希望，为他找到了合适的职位。

后来，人们常用"近水楼台先得月"，或把它概括为"近水楼台"这则成语，来比喻由于个人关系比较接近，或是职务、环境方面比较便利，而优先得到利益和方便。

◎ 经典例句

哦——毕竟舜英他们是个中人，是一条线上的，参预密勿，得风气之先，近水楼台。

——茅盾《腐蚀·一月十五日》

# 惊弓之鸟

jīng gōng zhī niǎo

□□ 释义：被弓箭吓怕了的鸟，比喻受过惊吓或打击的人，遇到类似的情况，就会惊慌、害怕。

更羸与魏王处京台之下，仰见飞鸟。更羸谓魏王曰："臣为王引弓虚发而下鸟。"魏王曰："然则射可至此乎？"更羸曰："可。"有间，雁从东方来，更羸以虚发而下之。魏王曰："然则射可至此乎！"更羸曰："此孽也。"王曰："先生何以知之？"对曰："其飞徐而鸣悲。飞徐者，故疮痛也；鸣悲者，久失群也，故疮未息，而惊心未至也。闻弦音，引而高飞，故疮陨也。"
　　　　　　　　　　　　　　　——《战国策·楚策四》

　　战国时期，秦国日益强大，对其他各国虎视眈眈。在一段时期内，赵、楚、燕、齐、韩、魏六国决定联合抗秦。赵国派遣使者魏加前往楚国，和春申君一起商谈抗秦主将的人选。当魏加知道春申君准备让临武君担任主将时，只是摇头叹气，并不吭声。春申君知道他不同意，就问他原因，魏加想了想说："我小时候喜欢射箭，因此我想用射箭来打个比方，不知是否可以？"春申君说："可以。"
　　于是魏加就讲了一个故事。
　　"从前魏国有个神箭手名叫更羸，射起箭来真可以说是百发百中。一天，他和魏王一起登上高台，这时空中恰好飞来一只大雁。更羸对魏王说：'大王，我只要用弓，不用箭，就可以把这只鸟射下来。'魏王不肯相信，说：'难道射箭的技术可以达到这种地步？'更羸答道：'完全可以。'过了一会，那只大雁从东边飞了过来，来到他们上空。更羸举起弓，并未用箭，只是拉了一下弓弦，'咚'的一声弦响，大雁在空中挣扎了一下，真的掉了下来。魏王大吃一惊，说道：'想不到射箭真的可以达到这样的地步啊！'这时更羸说道：'其实并不是我有什么超人的本领，而是这只大雁受过箭伤啊！'魏王非常诧异，又问：'先生又是如何得知的呢？'更羸答道：'这只鸟飞得很慢，同时叫声充满了悲哀。飞得缓慢，是因为原先的伤口疼。叫声悲哀，是因为长期离雁群。这只大雁旧伤未愈，

惊魂未定，现在听到弦声，就吓得急忙躲避高飞，挣扎之下，旧伤复发，因而就从天上掉了下来。'"

魏加说完这个故事，接着说道："临武君不久之前曾被秦军打败，就像这只惊弓之鸟，您委任他为抵抗秦军的统兵大将，实在太不合适了。

春申君听了这一番话，不由得点头称是。

◎ 经典例句

　　我们新吃过女人的亏，都是惊弓之鸟，看见女人影子就怕了。

——钱钟书《围城》

117

# 居安思危

jū ān sī wēi

释义：指处在安定的环境中要想到可能产生的危难祸害。

（魏绛）辞曰："……臣愿君安其乐而思其终也。……《书》曰：'居安思危。'思则有备，有备无患。敢以此规。"

《左传·襄公十一年》

○品画鉴宝

矛头狼牙棒 （战国） 此器棒作八棱形，其上有排列整齐的锥刺。棒端有一圆形座，上接一矛头。

有一次，宋、齐、晋、卫等十二国联合围攻郑国。郑国惶恐至极，马上向十二国中最大的晋国求和。晋国表示同意，其余十一国因为惧怕晋国，也就停止了进攻。

郑国为了答谢晋国，赠送给晋国许多兵车、乐器、乐师和歌女。晋悼公十分高兴，于是把歌女的一半分赠给他的功臣魏绛，并对他说："你这几年中为我出谋划策，事情办得非常顺利，居功颇伟，现在让咱们一同来享受享受吧！"

然而，魏绛却不肯接受，他对晋悼公说："现在您能团结和统率许多国家，这是您的能耐，也是大臣齐心合力的结果，我并没有什么功劳，怎能无功受禄呢？不过，我很愿意您在享受快乐的时候，能够想到国家以后的许多事情。《尚书》之中说道：'身处安宁的环境之中，却应该想到可能发生的危险。'只有居安思危，做事才能先有准备，事先有了准备，才能避免失败和灾祸的到来。"

◎ 经典例句

但如今的栗温保对官场已有了解，并不让自己喜形于色，而是居安思危，为牢牢控制兵权采取三项新的措施。

——周大新《第二十幕》

昔先帝败军于楚，当此时，曹操拊手，谓天下以定。然后先帝东连吴、越，西取巴、蜀，举兵北征，夏侯授首，此操之失计而汉事将成也。然后吴更违盟，关羽毁败，秭归蹉跌，曹丕称帝。凡事如是，难可逆见。臣鞠躬尽力，死而后已，至于成败利钝，非臣之明所能逆睹也。

——诸葛亮《后出师表》

　　东汉末年，天下大乱。曹操挟天子以令诸侯，统一北方。曹操死后，其子曹丕执掌政权。不久，曹丕废掉汉献帝，改国号为魏，自己登上帝位，史称魏文帝。此后，占据四川一带的刘备也正式登基，江东的孙权也自称吴王，并于数年之后正式登基称帝。于是，出现了魏、蜀、吴三国鼎立的局面。蜀汉皇帝刘备任命诸葛亮为丞相，诸葛亮辅佐刘备，把蜀国治理得国富民强，百姓安居乐业。不久，刘备为报杀弟之仇，兴兵讨伐吴国，不料大败而归，在秭归去世，其子刘禅继位。刘禅就是历史上著名的"刘阿斗"，他昏庸无能，只知享乐，而把军政大权全交给诸葛亮处理。诸葛亮一贯主张联吴伐魏，这时他一面和东吴交好，一面南征孟获，平定南方边境，然后积蓄力量，积极准备北伐。

　　过了一段时间，诸葛亮感到力量积聚得差不多了，于是决定出祁山北伐魏国。在出师前，他给后主刘禅上表，要他听信忠言，任用贤臣，富国强兵。这道奏表，就是历史上有名的《前出师表》。可是，这次北伐并未成功，诸葛亮兵败以后，只得退兵回蜀。

　　几年之后，诸葛亮决定再次北伐。当时，有一些大臣对诸葛亮北伐之事持反对态度。于是，诸葛亮再次上表给后主，这第二道表，就是历史上有名的《后出师表》。诸葛亮详细分析了当时的敌我形势，说明蜀汉和魏国势不两立，你不去伐他，他就要来伐你。最后，诸葛亮表示自己忠心为国，道出了鞠躬尽瘁、死而后已的决心与意志。

　　《前出师表》和《后出师表》表现了诸葛亮一心为国的忠贞气节，成为流芳百世的散文名篇，在文学史上也有很高的价值。

◎ 经典例句

　　今天在各条战线上干工作、起作用，在艰苦条件下任劳任怨，鞠躬尽瘁的人多数是解放后培养出来的一代知识分子。

——巴金《随想录》

# 举案齐眉

jǔ àn qí méi

释义：形容妻子敬爱丈夫，或夫妻互敬互爱。

遂至吴，依大家皋伯通，居庑下，为人赁春。每归，妻为具食，不敢于鸿前仰视，举案齐眉。伯通察而异之，曰："彼佣能使其妻敬之如此，非凡人也。"乃方舍之于家。
——《后汉书·梁鸿传》

○ 品画鉴宝

羽人器座（西汉）　此器羽人双膝间有半圆形凹穴，用以插物。

梁鸿，字伯鸾，东汉时人。梁鸿幼年丧父，又逢乱世，因此家境贫寒，但他勤奋苦学，气节高尚，曾经进入当时的最高学府太学学习。

梁鸿完成学业后，回到了家乡。乡里人知道他品格清高，学识广博，这次又从京师回来，都很尊敬他。但他一点也没有太学生的架子，还是像农民一样下地干活。

这样过了几年，家乡远近之人都知道梁鸿是个有学问的种地人，不少人家想把女儿嫁给他，但是都被他拒绝了。

县里有一户孟姓人家，家中有个女儿，身材肥硕，相貌丑陋，肤色黝黑，力大如牛，可以举起石臼。孟家家境殷实，因此前来求婚的人倒也不少，但是孟小姐始终不愿，转眼就已经三十岁了。孟氏夫妇觉得非常奇怪，于是问她为何不愿出嫁，孟小姐回答说："除非是像梁鸿那样的人，我才愿意嫁给他！"

孟父听后赶紧托人去向梁鸿传达女儿的心意，梁鸿觉得孟小姐很不一般，于是央人前去求婚，孟家自然马上答应。

孟小姐亲手制成布衣、麻鞋，以及劳作所用的筹筐之类。出嫁之时，孟小姐刻意打扮一番，穿上

华丽的服饰，然后嫁入梁家。孟小姐过门之后，一直过了七天，梁鸿始终不愿与她说话。孟小姐于是跪在床前，对梁鸿说："我听说您品格高尚，挑选妻子十分慎重，曾经拒绝过不少前来说亲的人家。我虽然相貌丑陋，但也曾谢绝了好多人家。我和您情投意合，这才结为夫妻，我也感到非常幸运。但是我入门业已七天，而您却不愿和我说一句话。我一定是有了什么罪过，请您明白告诉我吧！"

梁鸿见她如此坦诚，于是也开诚布公地说："我想娶的是吃穿俭仆的妻子，这样才能跟我一起耕种庄稼，隐遁山林。但是如今你身上穿着绫罗绸缎，脸上涂着胭脂水粉，身上佩着金银首饰，这哪里是我所希望的妻子呢？"

孟小姐一听此言，不由地心花怒放，她说："我是故意如此，以此来观察您的志向啊！如今我已了解您的志向，自有适合隐居地服饰呢。"说完，她就摘去首饰，插上荆木发簪，换上粗布衣服，挎着箩筐之类，在梁鸿面前劳作起来。梁鸿见状大喜，说道："这才真是我梁鸿的妻子啊！你可以陪伴在我身边了！"梁鸿说罢，又给妻子起了一个名字：孟光。

不久，梁鸿夫妇搬到了霸陵山中，两人靠着种地和织布过日子，闲暇之时则吟咏《诗》《书》，或者弹奏古琴，自娱自乐。过不多长，他们两人在霸陵出了名。于是他们更名换姓，在齐、鲁一带隐居了一个时期。

最后，他们两人又搬到了吴中，投奔到富翁皋伯通家里，借住在皋家的廊屋之下。梁鸿天天出去给人家舂米或者种地。每天梁鸿回家之时，孟光早已做好饭菜，这时就会托着放有饭菜的案子，恭恭敬敬地送到梁鸿面前。为了表示对丈夫的尊敬，她从不俯视梁鸿，每次总是把案子托得跟眉毛平齐。有一次，皋伯通看到这一幕，说道："那个佣人能够让他妻子如此敬重自己，绝对不是普通人！"于是就把梁鸿一家接到自己正室之中居住，让梁鸿可以安心读书。不久梁鸿病死，孟光才带着儿子返回老家。

◎ 经典例句

当着高留住的面，谷秸又说："你们两口子，要举案齐眉，相敬如宾。"
——刘绍棠《黄花闺女池塘》

122

释义：形容失败后组织力量，重新猛扑过来。卷土：人马奔跑时卷起的尘土。

juǎn tǔ chóng lái

杜牧（公元803—853年）字牧之，京兆万年人，晚唐杰出诗人，尤以七言绝句著称，擅长文赋，其《阿房宫赋》为后世传诵。注重军事，写下了不少军事论文，还曾注释《孙子》。有《樊川文集》二十卷传世，为其外甥裴延翰所编，其中诗四卷。

胜败兵家事不期，包羞忍耻是男儿。江东子弟多才俊，卷土重来未可知。

——唐·杜牧《题乌江亭》

秦朝灭亡以后，项羽和刘邦为了争夺天下，开始了长达四年的争战，历史上称为"楚汉相争"。

项羽叔侄起兵之时，曾从江东带了八千子弟，这八千人无不英勇善战，因此成了项羽手下最精锐、也最受他信赖的一支部队。八千子弟兵中，有许多人都是他的好朋友，十分勇敢善战。项羽就以这八千精兵为基础，逐渐发展成一支强大的队伍。

楚汉相争之初，项羽兵力远远强于刘邦，原本可以打败刘邦，但是项羽没有知人之明，加上刚愎自用，轻敌骄傲，结果在垓下一役之中，中了刘邦手下大将韩信的埋伏，吃了生平最大的一次败仗，手下十万楚兵或死或降，最后只剩下八千江东子弟兵跟随他。

项羽在四面受敌的情况下，率领余众强行突围，往南逃到了乌江。这时，前有浩瀚的乌江，后有韩信的追兵，而他的身边也只剩下二十八人，在这危急的情况下，乌江亭长撑着一只渡船靠到岸边，对项羽说："江东虽小，但是仍有千里之地，还可以在那里称王。现在只有我这里有船，大王赶快过江，汉军追到之后，他们也将无法过江。"

可是项羽不肯上船，他苦笑着说："这是老天要叫我死，我怎么能渡江而走呢？况且当初我带领江东八千子弟渡江西进，如今没一个人活着回去。即使江东父老可怜我、宽恕我，让我继续称王，我又有什么脸面去见他们呢？"

　　项羽说完，为了表示谢意，就把自己的乌骓宝马送给亭长。汉军赶到之时，项羽又连杀数十人，最后才在乌江边自刎而死，年仅三十一岁。

　　千余年后，唐朝著名诗人杜牧有次来到乌江岸边，想起项羽和八千子弟的英勇和失败，十分感慨，不禁为项羽扼腕叹惜。杜牧认为项羽当时如果渡江而去，也许还能卷土重来，于是就在乌江亭上题了一首诗："胜败兵家事不期，包羞忍耻是男儿。江东子弟多才俊，卷土重来未可知。"

◎ 经典例句

　　丢了"天下"呢，他至多不过仍旧赤手空拳，并没有损失了自己什么，所以准备卷土重来。

　　　　　　——老舍《四世同堂》

124

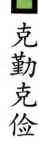

# 克勤克俭

kè qín kě jiǎn

释义：指既能勤劳地治国，又能节俭地持家。后泛指既能勤劳，又能节俭。克：能、能够。

帝曰："来，禹！洚水儆予，成允成功，惟汝贤。克勤于邦，克俭于家，不自满假，惟汝贤。汝惟不矜，天下莫与汝争能。汝惟不伐，天下莫与汝争功。予懋乃德，嘉乃丕绩，天之历数在尔躬，汝终陟元后。"

——《尚书·大禹谟》

古时候，我国黄河流域一带，洪水经常泛滥成灾。人们苦于水患，热切渴盼有人能够治理水患。

尧帝之时，鲧（gǔn）受尧的委派负责治水，九年不成。

舜帝之时，这一任务交给了鲧的儿子——禹。禹深知人民的疾苦，因此欣然接受了任务。当时禹刚结婚四天，但他毅然告别新婚妻子，踏上了治理水患的征途。

禹认真地察看了地形，吸引了前人失败的教训，废弃了过去一贯采取的堵塞方针，采用了疏导的办法。禹跋山涉水，日夜辛劳，带领百姓疏通河道，开渠筑坝，把河水引入大海。

禹治水前后共计十三年，在这十三年中，禹曾经三次路过自家门口，但都没有进去看一下。他与群众一起节衣缩食，同甘共苦，最后终于治服了洪水。

禹治水成功后，舜知道他是一个有德有才的人，决定把自己的帝位禅让给禹，他对禹说："听着，禹啊！上天降下洪水来警告我，能够成功治理水患，只有你的贤德才能做到。既能勤劳地治理天下，又能节俭地操持家务，而且从不骄傲自满，只有你的贤德才能做到。我赞扬你的敦厚德行，嘉奖你的伟大功绩，上天的命数就在你身上，你终将登上帝王之位。"

于是舜向上天推荐禹作为自己的继承人，帝舜死后，禹登上帝位，受到天下百姓的拥戴。

125

◎ 经典例句

　　虽然爬得上的很少，然而个个以为这正是他自己。这样自然都安分的去耕
田，种地……克勤克俭，背着苦恼的命运，和自然奋斗着，拼命的爬，爬，爬。

——鲁迅《准风月谈·爬和撞》

# 刻舟求剑

楚人有涉江者，其剑自舟中坠于水，遽契其舟曰："是吾剑之所从坠。"舟止，从其所契者入水求之。舟已行矣，而剑不行，求剑若此，不亦惑乎？

——《吕氏春秋·察今》

战国时，楚国有个人坐船渡江。

船到江心，楚人一不小心，随身携带的一把宝剑滑落江中，他赶紧伸手去抓，可惜为时已晚，宝剑已经落入江中。船上的人对此感到非常惋惜。

但那楚人似乎胸有成竹，马上掏出一把小刀，在船舷上刻上一个记号，并且对大家说："这是宝剑落水的地方，所以我要刻上一个记号。"

大家都不理解他为何要这样做，也不再去问他。

船靠岸后，那楚人立即在船上刻有记号的地方下水，去捞取掉落的宝剑。楚人捞了半天，始终不见宝剑的影子。他觉得很奇怪，自言自语地说："我的宝剑不就是从这里掉下去的吗？我还在这里刻上了记号，现在怎么会找不到呢？"

听他这么一说，那些人纷纷大笑起来，说道："船一直在行进，而你的宝剑却沉入了水底，不会随船移动，你又怎能找得到你的剑呢？"

剑从船上掉入江中，船仍继续行驶，而宝剑则不会移动。像他这样寻找失剑，当然是白费力气。

《吕氏春秋》的作者在写完这个故事之后，也说这个"刻舟求剑"的人过于愚蠢可笑。

◎ 经典例句

画饼充餐必也虚，刻舟求剑决然无。

——元·姬翼《鹧鸪天》

**kè zhōu qiú jiàn**

释义：在剑落水的船身上刻上记号，再去找剑。用来讽刺固执而不知变化的愚蠢可笑行为。舟：船。求：寻找。

○ 品画鉴宝

陶船（东汉）此为模型器，泥质褐陶，无釉。此船结构复杂且合理，反映了汉代造船业的发达。

127

# 口蜜腹剑

kǒu mì fù jiàn

释义：比喻口头上说话好听，像蜜一样甜，肚子里却怀着暗害人的阴谋。

*李林甫为相……尤忌文学之士，或阳与之善，啖以其言而阴陷之。世谓李林甫"口有蜜，腹有剑。"*

*——《资治通鉴·唐纪·玄宗天宝元年》*

李林甫，唐玄宗时官居"兵部尚书"兼"中书令"，这也是宰相的职位。此人若论才艺倒也不错，能书善画。但是说到个人品德，那就坏到极点了。他忌才害人，凡是才能比他强、声望比他高的人，甚至权势地位和他差不多的人，他都不择手段地加以排斥打击。对唐玄宗，他有一套谄媚奉承的本领。他竭力迁就玄宗，并且采用种种手法，讨好玄宗宠信的妃嫔以及心腹太监，取得他们的欢心和支持，以此保住自己的地位。

李林甫和人接触时，总是露出一副和蔼可亲的样子，嘴里尽说一些动听的"善意"话。实际上他的性格非常阴险狡猾，经常暗中害人。

有一次，李林甫装出一副诚恳的样子对同僚李适之说："华山出产大量黄金，如果能够开采出来，就可大大增加国家的财富。可惜皇上还不知道。"

李适之以为这是真话，连忙跑去建议玄宗快点开采。玄宗听后非常高兴，立刻把李林甫找来商议，李林甫却说："这件事我早已知道了。华山是帝王'风水'集中的地方，怎么可以随便开采呢？别人劝您开采，恐怕是不怀好意。我几次想把这件事告诉您，只是不敢开口。"

玄宗被他这番话打动，认为他是一位忠君爱国的臣子，反而对李适之很不满意，逐渐疏远了李适之。

就这样，李林甫凭借这套特殊"本领"，高居相位长达十九年。

后来，宋朝司马光在编《资治通鉴》时评价李林甫，指出他是一个口蜜腹剑的人，这一评语非常符合实际。

◎ 经典例句

他奔走官府，深通世故，明知照他的主意办会将你置于死地，却偏要下书劝诱，这就是口蜜腹剑，佛面兽心。

——姚雪垠《李自成》

128

# 口若悬河

kǒu ruò xuán hé

释义：讲起话来像瀑布一样滔滔不绝。形容能言善辩，也比喻十分健谈。悬河：瀑布。

王衍每云："听象语，如悬河泻水，注而不竭。"
　　　　　　　　——《晋书·郭象传》

　　郭象，字子玄，晋代著名思想家。郭象年轻之时，就已经才华横溢，学问广博。

　　郭象对于日常生活中所接触的一些现象，尤其能够留心观察，然后再冷静地思考其中的道理。因此他的知识十分渊博，对于各种事情经常能有自己独到的见解。后来，他又潜心研究老、庄学说，并且对他们的学说有了深刻的理解。

　　当时，有不少人慕名而来，请他出去做官，他都一概谢绝，每天只顾埋头研究学问，或者和志同道合的人谈论哲理。

　　郭象恪守不做官、只做学问的人生原则，他认为只有这样，才能得到永恒的快乐，活得充实自在。

　　又过了些年，朝廷一再派人来请郭象出山做官，参与朝政。郭象再三推辞，实在推辞不掉，只得答应下来，到朝廷中做了一名"黄门侍郎"。

　　到了京城，由于他的知识非常丰富，所以无论对什么事情都能说得头头是道。再加上他的口才很好，而且又非常喜欢发表自己的见解，立论新颖，条理清楚，讲得深刻、生动，因此，每当人们听他谈论之时，都会觉得津津有味。

　　身任太尉的王衍非常注重人才，他十分欣

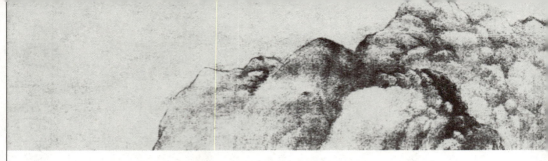

赏郭象的学识和口才，经常在别人面前赞扬郭象说："听郭象说话，就好象一条倒悬起来的河流，滔滔不绝地往下倾泻，永远没有枯竭的时候。"

郭象的辩才由此可知，而后人就以"口若悬河"形容人善于说话，一旦说起话来就像倒悬的河水，滔滔不绝，永远没有停止的时候。

◎ 经典例句

　　这位罗大方口若悬河，一说就是一套。

——杨沫《青春之歌》

〇 品画鉴宝　秋山观瀑图　（明）盛茂烨／绘　此图上为高山飞瀑，下瞰激流栈桥，画高山长水之势，意在寓地久天长。

公曰："得臣犹在，忧未歇也。困兽犹斗，况国相乎？"及楚杀子玉，公喜而后可知也，曰："莫余毒也已！"

——《左传·宣公十二年》

春秋时期，晋国发兵救援被楚国攻打的郑国，可是晋国大军抵达之时，郑国已经投降了楚军。这时中军主帅荀林父主张退兵，而副帅表示反对。副帅刚愎自用，率军渡河追击楚军。荀林父无奈之下只好率领三军渡河。但是晋军将帅之间意见分歧，最后被楚军打得溃不成军。

晋景公得知这一消息，很是气愤。晋军将领回国后，晋景公立即叫人把败军将领带上殿来，大声斥责，追究责任。那些将领看见国君大发雷霆，跪在一旁，不敢吱声。荀林父想到自己身为主帅，应当承担这一责任，于是上前说道："末将罪该万死，恳请主公赐我一死。"

景公盛怒之下，就想同意他的请求。这时，大夫士贞子上前阻止，不慌不忙地对景公说："主公万万不可如此！像当年晋楚城濮之战，文公大获全胜，晋国举国欢腾，但是文公面无喜色，反而心思重重。左右感到非常奇怪，就问文公：'现在我们击败了强敌，主公为何并不开心，反而忧心忡忡呢？'文公说道：'这次战斗，由于我们采取了正确的战略原则，击破了楚军的左、右两翼，使其中军主帅子玉完全被动，无法挽回败局，这才收兵而回。但是楚军虽败，主帅子玉尚在，我又怎可松懈下来？困兽犹斗，更何况子玉是一国宰相？'等到后来楚王杀了子玉，文公这才喜形于色，说道：'这下我再不担心子玉报复，可以高枕无忧了。'楚王杀了子玉，不啻于帮了我们晋国一个大忙。如果说楚军被先君打败是一次失败，那么楚王杀掉子玉则是再次失败。如今晋军大败，或许是上天警告我们晋国，现在主公却要杀掉荀林父，使得楚国获得另一场胜利……"

景公听了士贞子的话，恍然大悟，笑着说道："大夫不必再说，寡人已经明白，我杀了荀林父，岂不是帮了楚国的忙？"于是，景公当场赦免了荀林父等人，并让荀林父官复原职。

◎ 经典例句

你们逼得人家走投无路，不得不下死劲来反抗你们，你忘记了困兽犹斗么？

——茅盾《蚀·动摇》

# 滥竽充数

lǎn yú chōng shù

释义：指没有真才实学的人混在行家里充数，或是以次充好，有时也用作自谦之辞。

齐宣王使人吹竽，必三百人。南郭处士请为王吹竽，宣王说之，廪食以数百人。宣王死，湣王立，好一一听之，处士逃。

——《韩非子·内储说上》

战国时期，齐宣王非常喜欢听人吹竽，而且喜欢许多人一起合奏给他听，所以齐宣王派人到处搜罗善于吹竽的乐工，组成了一支三百人的吹竽乐队。而那些被挑选入宫的乐师，都能拥有特别优厚的待遇。当时，有一个游手好闲、不务正业的浪荡子弟，名叫南郭。南郭先生听说齐宣王有这种嗜好，就一心想混进乐队，于是设法求见宣王，向宣王吹嘘自己是一名了不起的乐师，博得了宣王的欢心，结果宣王把他也编入吹竽的乐师班里。

可笑的是，这位南郭先生根本不会吹竽。每当乐队给齐宣王吹奏的时候，他就混在队伍里面，学着其他乐工的样子，摇头晃脑，东摇西摆，装模做样地在那里"吹奏"。由于南郭先生学得维妙维肖，而且几百个人一起吹奏，齐宣王也听不出什么异样。就这样，南郭先生滥竽充数，混了好几年，不但没有露出一丝破绽，而且还和其他乐工那样，领到一份优厚的赏赐，过着舒适的生活。

后来，齐宣王死了，他的儿子齐湣（mǐn）王继位，湣王同样爱听吹竽。只有一点不同，他不喜欢合奏，而喜欢乐师一个个单独吹给他听。

南郭先生得知这一消息之后，吓得浑身冒汗，成天战战兢兢、如履薄冰。南郭先生心想，这回要是露出马脚，丢饭碗还是小事，要是落个欺君犯上的罪名，恐怕连脑袋都保不住了，不如溜之大吉。所以，趁着湣王还没叫他演奏，南郭先生就赶紧溜走了。

◎ 经典例句

若止靠着才气，摘些陈言，便不好滥竽充数了。

——清·文康《儿女英雄传》

# 狼子野心

lánɡ zǐ yě xīn

释义：狼崽虽小，却有凶恶的本性。原指凶残者本性难改。后比喻坏人用心狠毒。

楚司马子良，生子越椒。子文曰："必杀之！是子也，熊虎之状，而豺狼之声。弗杀，必灭若敖氏矣。谚曰：'狼子野心。'是乃狼也，其可畜乎？"

——《左传·宣公四年》

楚国令尹子文，为人公正，执法廉明，楚国属官和老百姓都很敬重他。子文的兄弟子良，当时担任司马，子良生了一个儿子名叫越椒。

这天正逢越椒满月，司马府宴请宾客，一时热闹非凡，显得喜气洋洋。

子文也应邀来到司马府，看到侄子越椒后，大吃一惊，急忙找来子良，并对他说："越椒这个孩子绝不可留。这个孩子拥有熊、虎的体格，而他啼哭的声音则像豺狼。如果现在不杀死他，他长大以后必然会让我们遭遇灭族之祸。谚语说：'狼崽虽小，却有凶恶的本性。'这是一条狼啊，又怎么可以养大他呢！"

子良听了这一番话，顿时吓得魂飞魄散。过了好一阵，他才断断续续地说："我是……是他的亲生父亲，怎能忍心亲手杀……杀了他呢？"

子文一再劝说，子良始终不肯听从。子文对此十分忧虑，在他临死的时候，把亲信族人叫到跟前，告诫他们说："千万不能让越椒掌权，一旦越椒得势，你们就赶快逃命吧，否则后果不堪设想。"

子文死后，他的儿子斗般当了令尹，越椒也接替父亲出任司马。公元前626年，越椒为了夺取令尹职位，百般讨好穆王，说尽斗般的坏话。楚穆王听信谗言，就让越椒当了令尹。后来，越椒趁着穆王之死发动叛乱，掌权之后就杀死了斗般和子文生前的亲信。

越椒"狼子野心"，一至于斯，实在是本性使然。

◎ 经典例句

这贼狼子野心！老爹恁般待他，他却一心恋着南边。

——明·冯梦龙《醒世恒言》

# 老当益壮

lǎo dāng yì zhuàng

释义： 形容年纪虽然老而志气更加豪壮。

转游陇汉间，常谓宾客曰："丈夫为志，穷当益坚，老当益壮。"因处田牧，至有牛马羊数千头，谷数万斛。既而叹曰："凡殖货财产，贵其能施赈也，否则守钱虏耳。"乃尽散以班昆弟故旧，身衣羊裘皮绔。

——《后汉书·马援传》

东汉名将马援，从小胸怀大志，他打算到边疆去发展畜牧业。马援长大以后，当了扶风郡的督邮。有一次，太守派他押送犯人前往长安。半路上，他觉得犯人非常可怜，不忍把他送去受刑，就把他给放了，而他自己也只好舍弃官位，逃亡到北方躲了起来。这时恰好赶上大赦，于是马援就安心搞起了畜牧业和农业生产，并且吸引了不少豪杰前来归附。他经常对那些宾客、朋友说："大丈夫立身处世，总要'穷当益坚，老当益壮'才行。"就是说，越是穷困，志向越要坚定；越是年老，志气越要壮盛。

不出几年，马援就成了一个大畜牧主和地主，他拥有牛羊几千头，粮食几万石。但是，马援对这种富裕生活并不满足，他说："一个人经

○ 品画鉴宝
竹根雕采药老人（清）  此器老人手提的花篮中，满盛着寿桃、灵芝和仙草，是"芝仙祝寿"之意。

营财产，发家致富之后，最可贵的就是能够救助他人，否则不过是个守财奴罢了！"于是他把自己积攒的财产、牛羊，都分送给他的亲族、朋友，自己只穿着羊皮衣服以及皮裤，从此走上了另一条道路。后来，马援成了东汉赫赫有名的将领，为光武帝立下了很多战功。

◎ 经典例句

他们现在都已七十多岁高龄，不但没有灰心，泄气，还老当益壮，百折不挠。

——谢晋《时代在向我们招手》

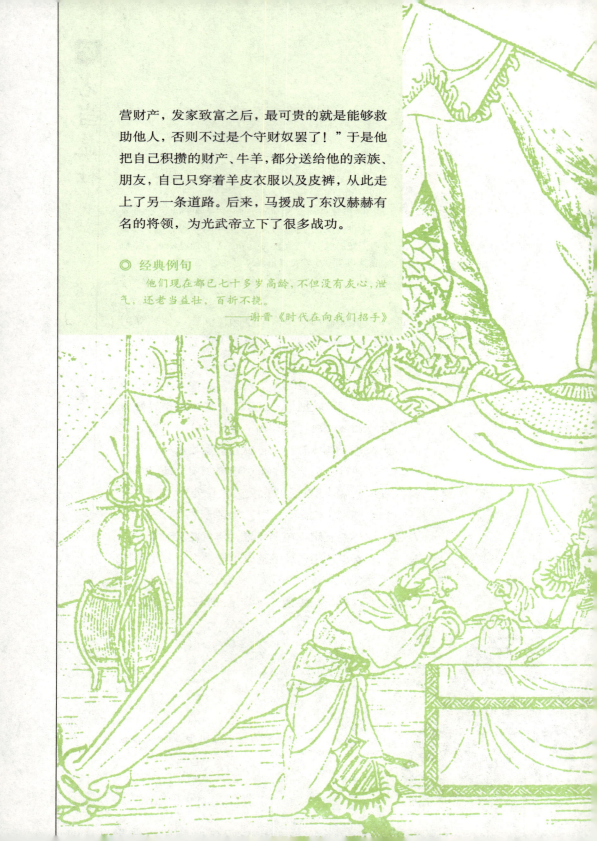

# 老马识途

lǎo mǎ shí tú

释义：老马认识道路。比喻有经验的人熟悉情况，能在某个方面起指引的作用。途：路。

管仲、隰朋从桓公伐孤竹，春往冬反，迷惑失道。管仲曰："老马之智可用也。"乃放老马而随之，遂得道。

——《韩非子·说林上》

齐桓公，春秋五霸之首，他在管仲辅佐之下，竖起尊王攘夷的旗帜，奠定了霸业。

当时北方少数民族经常入侵中原各国，位于东北部的燕国首当其中。齐桓公应燕国的要求，出兵攻打入侵燕国的山戎（今河北东部），相国管仲和大夫隰（xí）朋随同前往。

齐军赶到燕国时，山戎军队已经掠夺了许多财物，逃到东面的孤竹国去了。齐桓公本想就此收兵回国，但是管仲建议继续追击，一举攻灭孤竹国以保证北方的安全。齐桓公接受了他的建议，下令向东紧追。不料追到那里，山戎国和孤竹国的大王都吓得逃到他处。齐桓公率领大军继续追击，最后终于取得胜利。

齐军出征之时正值春天，凯旋而归之时却已经是冬天，草木变样，大军在崇山峻岭之间转来转去，最后迷失了道路。齐军虽然派出多批探子探路，但是仍然弄不清楚应当如何走出山林。时间一长，军队的给养发生了困难。

情况非常危急，如果再不找到出路，大军就会困死山陵之间。管仲思前想后，有了一个念头：既然狗离家很远也能寻回家去，那么军中的战马尤其是老马，也应拥有认识路途的本领。于是他对齐桓公说："大王，我认为老马能够记得来时的道路，可以让老马在前面领路，带引大军走出山谷。"

齐桓公同意尝试一下。管仲挑出几匹老马，解开缰绳，让它们在大军前面自由行走。说来也真神奇，这些老马都毫不犹豫地朝一个方向行进。大军紧跟着老马东走西走，最后终于走出山林，找到了返回齐国的大路。

◎ 经典例句

这条航线，过去我已经往返两趟，虽然算不得老马识途，可也并不感到激动和新鲜了。

——刘绍棠《敬柳亭说书》

137

# 乐不思蜀

lè bù sī shǔ

释义：快乐得不再思念蜀国，表示乐而忘返或乐而忘本。蜀：三国时的蜀国。

司马文王与禅宴，为之作故蜀技，旁人皆为之感怆，而禅喜笑自若。王谓贾充曰："人之无情，乃可至于是乎！虽使诸葛亮在，不能辅之久全，而况姜维邪？"充曰："不如是，殿下何由并之。"他日，王问禅曰："颇思蜀否？"禅曰："此间乐，不思蜀。"

——《三国志·蜀书·后主传》裴松之注引《汉晋春秋》

公元223年，蜀汉建立者刘备因病去世，十六岁的儿子刘禅即位，史称后主。刘禅昏庸无能，即位之初由于有丞相诸葛亮等人的辅佐，还能很好地治理国家。后来辅佐他的贤臣先后去世，而他自己又只知道玩乐，因此国家越来越糟糕，国势日趋衰弱。

公元263年，魏国大将邓艾攻下绵竹，大军直逼成都。刘禅投降，当了俘虏，蜀汉至此灭亡。魏帝曹奂命刘禅迁到魏国都城洛阳居住，并封他为安乐公，给他很多赏赐。刘禅对此非常满足，心安理得地在异国他乡重过享乐生活。

当时，魏国大权掌握在晋王司马昭手中。一天，司马昭宴请刘禅，席间特地为他表演蜀地歌舞。在场的蜀汉旧臣见状触景生情，十分难过，无不掉下眼泪，感喟不已。只有刘禅看得津津有味，乐不可支，全无亡国之恨。

司马昭看到这种情况，私下对大臣贾充说："一个人无情无义，竟然能够达到这种地步，真是不可思议。如此看来，即使诸葛亮依然在世，也不能保住他的江山，更何况是姜维呢！"

贾充听后，笑了笑道："若不是这样，殿下又怎么能够吞并蜀国呢！"

又有一次，司马昭故意问刘禅说："你是否非常思念蜀地吗？"

刘禅答道："我在这里非常快乐，并不思念蜀地。"

蜀汉故臣郤(xì)正得知此事之后，上门拜见刘禅，对刘禅说："今后大将军若再问您是否思念蜀地，您应该痛哭流涕地说：'我先

○ 品画鉴宝
青瓷鸟形灯盏（三国）在三国时，灯盏制成鸟形，还是目前仅见的一件宝物。

○ 品画鉴宝
孟蜀宫妓图（明）唐寅／绘
此图表露出宫廷富贵的生活
气息，作者借此披露孟蜀后
主的靡烂生活，有讽喻之意。

人的坟墓都远在陇、蜀之地，心中非常悲痛，没有一天不在思念蜀地。'然后闭上眼睛，装出痛心不已的样子。这样一来，您就有希望回到蜀地。"

不久，司马昭果然又问刘禅是否还在思念蜀地，刘禅就照郤正所教的那样回道，并且闭上了眼睛。司马昭听后问道："这话听起来怎么像是郤正说的！"

刘禅闻言大惊失色，睁大双眼，说道："确实如您所说的那样！"司马昭听后哈哈大笑，对刘禅的为人也就更了解了，也就不再防范他了。而刘禅则在北方过着安乐无忧的生活，最后死在北方。

◎ 经典例句
那时候，常有中国同志在苏联找爱人，苏方对此还十分支持。有的同志在那里结了婚，果然乐不思蜀，安心呆下了。

——伍修权《我的历程》

139

# 李代桃僵

lǐ dài táo jiāng

释义：比喻以此代彼或代人受过，或兄弟间互助互爱。僵：枯死。

桃生露井上，李树生桃傍。虫来啮桃根，李树代桃僵。树木身相代，兄弟还相忘。

——宋·郭茂倩编《乐府诗集·相和歌辞·鸡鸣》

我国古代有一音乐官署，称为"乐府"，主要掌管朝会宴请、道路游行时所用的音乐，同时也采集民间的诗歌和乐曲。

南北朝时，出现了许多乐府诗，也就是乐府配合音乐而演唱的歌辞。后人把它分为十二类，《相和歌辞》是其中一类，这一类乐府诗都是民间歌谣。《相和歌辞》中有一篇名叫《鸡鸣》，分为三段，第一段描写当时社会的太平繁荣景象，同时描述了当时一种特有的怪现象：出身低微的人一旦得势，就可以成为显赫一时的皇帝国戚。但是他们作威作福，最后又成为刀下之鬼。

第二段描述当时富贵人家的奢华排场。传说有兄弟五人，都是好吃懒做、游手好闲的浪荡子。一天，他们突然得到皇帝赏识，当上了侍中郎。从此，他们就富贵荣华起来了。他们住的宅第，宅门都用黄金镶造，屋顶上用黄琉璃瓦，看上去就像王府一样富丽堂皇。厅堂上时常摆着各种酒樽，以供他们整夜宴请宾客。宴饮之时，美丽的女乐工们为他们演奏音乐。宅第后花园的池塘里，还养着三十六对色彩鲜艳的鸳鸯，以供他们玩乐。每当朝官休假沐浴的日子到来，五兄弟在大批随从簇拥之下乘车回家。他们所骑的马，马络头都用黄金镶着，闪闪发亮。街道上挤满了看热闹的人。

第三段叙述五兄弟中有人犯了法，接受刑罚，其他兄弟为了保住自己的利益，不闻不问，甚至互相倾轧，弄得丑态百出。

该诗最后借老百姓之口唱了一首歌，用来讽刺这帮没有心肝的兄弟："桃树生长在露天的井旁，李树又生长在桃树边上。蛀虫啃咬桃树的根，李树为桃树感到悲伤，因此替代桃树枯萎而死。树木还能以身相代，而兄弟却互相遗弃。"

◎ 经典例句

这张相片，不知道与何家有什么关系，何太太却李代桃僵的把这张相片来抵数，这可有些奇怪了。

——张恨水《啼笑因缘续集》

庭院建筑图（东汉） 此图为东汉墓室壁画。画面展示鸟瞰建筑组群。建筑比例准确，透视技法熟练。

# 梁上君子

liáng shàng jūn zǐ

释义：原指窃贼，后亦用来比喻上不沾天、下不着地、脱离实际的人。

时岁荒民俭，有盗夜入其室，止于梁上。寔阴见之，……正色训之曰："夫人不可不自勉。不善之人未必本恶，习以性成，遂至于此，梁上君子者是矣！"
——《后汉书·陈寔传》

陈寔（shí），字仲弓，颍川郡许县（今河南许昌）人，汉桓帝时，曾任太丘长。陈寔出身低微，很能体谅劳动人民的疾苦。他平时经常微服私访，了解民情。他为人正直，居心公正，无论做什么事都严格要求自己，成为乡里人的表率和榜样，因此，人们都尊称他为"陈太丘"。

当时收成不好，人民生活极其困难，有些人由于日子实在过不下去，于是铤而走险，干起偷鸡摸狗的勾当。有天晚上，一个小偷钻进陈寔家中，躲在房梁之上，以便相机行事。陈寔偶然间发现了梁上的小偷，但他不动声色，起床把儿子、孙子都叫了进来，严肃地教训他们说："作为一个人，一定要时时刻刻地勉励自己，才能有出息。有一些为非作歹的人，他们的本质其实并不坏，只是因为染上了坏习惯，而自己又不懂得克服，不努力改过，只是一味地任其发展，从而积习难改，这才沦落到这种地步，现在这位梁上君子，就是这样的人啊。"

大家这才抬头去看，发现梁上果然有个小偷。小偷听了这一番话，感到非常惭愧，连忙爬了下来，向陈寔叩头认罪，陈寔说道："我看你模样并不像是坏人，你要记住我刚才所说的话，从此一心向善，不要再做偷鸡摸狗的事。不然，你将来必会愈来愈穷！"

陈寔说完，命人拿了两匹绢给小偷，并派家人送他回家。这件事传出之后，乡人更加敬佩陈寔。一些偷鸡摸狗之人，在陈寔的感化之下，也都纷纷改过自新。

◎ 经典例句

老朋友，你操的哪门子心呢？连你自己，至今还是个梁上君子，没着没落，结论也做不出，倒有闲情逸致，去过问完全不用你过问的事。
——李国文《冬天里的春天》

# 两败俱伤

liǎng bài jù shāng

释义：争斗的双方都受到损伤。俱：都。

庄子欲刺虎，馆竖子止之，曰："两虎方且食牛，食甘必争，争则必斗，斗则大者伤，小者死；从伤而刺之，一举必有双虎之名。"卞庄子以为然，立须之。有顷，两虎果斗，大者伤，小者死。庄子从伤者而刺之，一举果有双虎之功。

——《史记·张仪列传》

战国时期，韩国和魏国两国交战，相互攻打了一年多未分胜负。秦惠王想出兵干涉。他向大臣们征求意见，大臣们众说纷纭，有的说出兵对秦国有利，有的说出兵于秦不利。秦惠王听了难以决断。正好，楚国的陈轸（zhěn）出使秦国。陈轸是位游说之士，曾与现为秦国相国的张仪同为秦惠王做事。秦惠王知道陈轸也是个足智多谋的人物，便请他帮助定个计策。陈轸便向秦惠王讲了个卞庄子刺虎的故事。

"有一次，卞庄子（或作馆庄子，即旅舍中名庄子者）看见两只虎正撕咬一头牛，想拔剑去刺虎。旅店的伙计劝阻他：'这两只虎正在吃牛，吃得香必定要争食，争着争着就必然相斗，相斗的结果，必然是大虎受伤，小虎被斗死。那时，你去刺那只受伤的虎，一举就有杀死两只虎的威名了。'卞庄子听了觉得很对，就站着等虎斗。不一会儿，两只虎果然斗了起来，真的是小虎死了，大虎也被咬得伤痕累累。庄子举剑向那只负伤的大虎刺去，一举便立下了灭掉双虎的功劳。"

陈轸讲完故事，接着说："现在，韩、魏两国已交战了一年多，将来必定是小国被灭，大国也伤了元气。那时讨伐那力量已削弱了的大国，一举就赢了两国。这就像庄子刺虎一样啊！"

秦惠王听了大为赞赏，终于决定暂不出兵，坐山观虎斗。

◎ 经典例句
倘若大人再要回护他三人，将来一定两败俱伤，于大人反为无益。
——清·李宝嘉《官场现形记》

# 量力而行

liàng lì ér xíng

释义：是比喻办事要按照自己力量的大小。量：按照、估量。

君子谓郑庄公于是乎有礼。礼，经国家，定社稷，序人民，利后嗣者也。许无刑而伐之，服而舍之，度德而处之，量力而行之，相时而动，无累后人，可谓知礼矣。
——《左传·隐公十一年》

公元前712年，郑国国君庄公因为许庄公不听从周天子的命令，联合齐国和鲁国共同出兵讨伐许国。联军兵临许都城下，最后攻破许都，许庄公仓皇出逃卫国。

目标达成之后，三国商议如何处置许国。齐国国君釐（lí）公提出，应把许国交给鲁国来管辖，但是鲁国国君隐公表示不能接受。于是，齐釐公说："讨伐许国是郑国的主张，郑国所出兵力也最多。既然鲁国不能接受，那么就让郑国来管辖。"

郑庄公把许国分成东西两部分：东面交给许国的大夫百里，由他扶助许庄公的弟弟许叔管辖。西面交给自己的大夫公孙获助守，实际上是监督东面的许叔。

《左传》的作者在叙述了这一历史事件后评论说："郑庄公这样做合乎礼法。他是因为许国不合法度才讨伐它的。许国降服之后，他就原谅了它，并且根据各人的德行作了恰当的处理，还能按照自己力量的大小来行事。选择有利的时机采取行动，不连累后人，真可说是精通礼法了。"

◎ 经典例句

我们只打算慢慢地来，从无到有，从小到大，量力而行，逐步发展。

——巴金《随想录》

○ 品画鉴宝
金柄铁剑（春秋） 剑为纯金柄，铁质身，锋端上为柳叶状。

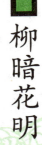

# 柳暗花明

liǔ ǎn huā míng

释义：比喻事态眼看已无发展余地，忽然又出现了转机。暗：浓渌的颜色。明：明丽的光色。

莫笑农家腊酒浑，丰年留客足鸡豚。山重水复疑无路，柳暗花明又一村。萧鼓追随春社近，衣冠简朴古风存。从今若许闲乘月，拄杖无时夜扣门。

——南宋·陆游《游山西村》

陆游被免职后，从隆兴取道回故乡山阴，在那里闲居了三年。

陆游素来忧心国事，闲居在家，自然有些抑郁。他想报效朝廷却又受到排斥，内心充满了痛苦，只得整天在家读书打发时间。差不多经过一年光景，陆游才逐渐放开怀抱，常到附近各处走走看看。他从小生活在农村，没有当官的架子，所以和乡民相处得非常融洽。

四月的某一天，春光明媚，陆游独自一人到二十里外的西山游览。要爬上这座山，需要翻过好几个小山头。陆游拄着手杖，顺着沿河的山坡向上行走。山，过了一重又一重；水，绕过一道又一道。走到一个去处，似乎到了尽头，再也没路可走。但是拐过一个弯后，却又发现前面不远的山谷里有一块空地，在成荫的绿柳和明艳的红花之间，有一个小村庄。陆游兴致勃勃地走向前面的山谷，来到那个小村庄。村民对远道而来的陆游非常友好，热情地接待了他。

回到家后，陆游对这次西山之行印象非常深刻，于是挥笔写下一首七言律诗《游山西村》："莫笑农家腊酒浑，丰年留客足鸡豚。山重水复疑无路，柳暗花明又一村。萧鼓追随春社近，衣冠简朴古风存。从今若许闲乘月，拄杖无时夜扣门。"

◎ 经典例句

"五反"结束后，像是风平浪静，舍舟登岸，柳暗花明，找到了方向，才了解斗争的意义。

——周而复《上海的早晨》

147

# 鹿死谁手

lù sǐ shuí shǒu

释义：意思是天下政权为谁所得；也可指谁能取得最后的胜利。鹿：这里指猎取对象，比喻为天下、政权。

勒因饮酒酣，笑曰："朕若逢高皇，当北面而事之，与韩彭竞鞭而争先耳。朕遇光武，当并驱于中原，未知鹿死谁手。"

——《晋书·石勒载记》

东晋时，中国的北方有匈奴、鲜卑、氐、羌、羯等五个少数民族，他们曾先后起兵对抗汉族政权，这便是历史上所称的"五胡乱华"。

那时，有个羯族人名叫石勒，他幼年时曾随同部落里的大人到洛阳贩卖货物，又曾经给别人做过长工。

晋惠帝末年，因为并州闹饥荒，二十多岁的石勒被并州刺史司马腾卖到山东一个名叫师欢的人家里作奴隶。师欢看到他相貌堂堂，与众不同，对他十分优待，不久便免了他的奴籍，让他当了佃客。后来，石勒聚集王阳、郭敖等十八人为骨干，与汲桑一起聚众起义。起义失败后，他便投奔匈奴族的酋长刘渊，成为刘渊部下的一员大将。

公元304年，刘渊称帝，建立汉国政权。过了几年，刘渊死了，他的儿子刘聪、侄子刘曜相继登位，刘曜改国号为赵（历史上称为前赵）。这时，石勒重用汉族人张宾为谋士，联合汉族中的地方豪强，发展成为割据一方的割据势力。

公元318年，石勒消灭了西晋在北方的残余势力。第二年，他断绝和前赵的君臣关系，自称为帝，但仍沿用赵国的名号，历史上称为后赵。一般来说，后赵的国势在五胡十六国中是最强盛的。

有一次，石勒在宴请自己臣僚的一次酒会上，曾经自我夸耀地说：

"假如我和高皇帝（即汉高祖，西汉开国皇帝刘邦）生在同一个时代，我自认为不如他，应当北面侍奉高祖，和韩信、彭越一样为他奋战疆场；但如果遇到光武帝（汉光武帝，东汉开国皇帝刘秀）那样的国君，我一定会和他在中原一较高下，到那时鹿死谁手还不一定呢！"

◎ 经典例句

如果她要角逐文联主席，还不知鹿死谁手。

——陈国凯《摩登阿Q》

148

伊尹（？—公元前1713年）

商初大臣。名伊，一说名挚。今莘县人。出仕前，曾在"有莘之野"躬耕务农。后为成汤重用，任阿衡，委以国政，助汤灭夏。他为商朝理政安民六十余载，治国有方，权倾一时，世称贤相，三代元老。

今王公大人中实将欲治其国家，欲修保而勿失，胡不察尚贤为政之本也？以尚贤为政之本者，亦岂独子墨子之言哉！此圣王之道，先王之书，距年（距年：老年人）之言也。《汤誓》曰："聿求元圣，与之戮力同心，以治天下。"则此言圣之不失，以尚贤使能为政也。故古者圣王唯能审尚贤使能为政，无异物杂焉，天下皆得其利。

——《墨子·尚贤中》

据传说，夏朝的末代君主桀是个凶狠残暴、荒淫无道的暴君。夏朝东面有个诸侯小国叫商，国君汤是一位贤明的君主。他见夏桀残酷地压迫人民，百姓怨声载道，就暗暗联络各地诸侯，积聚力量，准备推翻夏朝统治。为了辅助自己治理国政，实现灭夏的宏愿，他派人到处去寻访贤士。

一天，商汤的部下来报告说，隐居在莘国郊外的伊尹是一位大贤人。商汤听了非常高兴，马上派人带着厚礼去请，使臣去请了两次，伊尹没有答应。后来商汤亲自去请，恳切地表明了自己的诚意。伊尹被商汤的诚心感动，决心辅助商汤灭夏。

由于伊尹的辅佐，商的国力空前壮大，灭亡夏朝的时机成熟。在出师灭夏之前，商汤向全军发布誓师文告。他在文告中说："夏桀罪恶累累，天意决定把他消灭。上天命令我请来大圣人伊尹，要我和他同心合力，治理天下。你们要勇敢战斗，帮助我实现上天的旨意！"战斗开始后，商军勇猛无敌地冲向夏军，夏军毫无士气，四散溃逃。由于君臣同心合力，商汤终于在伊尹的辅助下，完成了灭夏的大业。

◎ 经典例句

众兄弟们务要戮力同心，为国家报仇雪耻，迎得二圣还朝，则岳飞死亦无恨也！

——清·钱彩《说岳全传》

# 洛阳纸贵

luò yáng zhǐ guì

释义：比喻著作风行一时，流传很广。

及赋成，时人未之重。……司空张华见而叹曰："班、张之流也。使读之者尽而有余，久而更新。"于是豪贵之家竞相传写，洛阳为之纸贵。

——《晋书·左思传》

左思是西晋时期的作家，他写文章非常认真，从不追求多产速成，因此，写出的文章质量很高。他曾用一年的时间，写了一篇《齐都赋》。

后来，因为他的妹妹被选入宫，全家迁居到京城洛阳，他被任为著书郎。

从这时起，左思开始计划写《三都赋》（三都，指魏、蜀、吴三国的都城）。他整天苦心构思，时时刻刻都在想着这篇文章。他在书房外的走廊里、庭院里，甚至厕所里挂上纸笔，每当有了佳句，不论一句半句，立刻记录下来。这样努力了十年，终于写成了《三都赋》。

《三都赋》一问世，由于在内容和形式上达到了空前的高度，艺术价值极高，左思自信该赋的水平不在前辈名家班固等人之下，但是考虑到自己地位不够，因此前去拜访当时的几位名士。皇甫谧、张载、张华等名家、重臣都极力推崇《三都赋》，于是当时洛阳城中凡是有地位的人都争着买纸抄写阅读，以致洛阳的纸张突然变得供不应求，价格大涨。

这就是"洛阳纸贵"的故事。

◎ 经典例句

人说洛阳纸贵，谁知今日闹到长安扇贵。

——清·李汝珍《镜花缘》

150

援请击匈奴曰："男儿当效死于边野，以马革裹尸还葬耳，何能卧床上，在儿女手中耶？"

——《后汉书·马援传》

马援，字文渊，东汉茂陵（在今陕西）人。有一次，他去讨伐割据的军阀隗嚣，打了胜仗回来，他的老朋友们都去向他道贺。光武帝刘秀也给他很丰厚的赏赐。可是马援却觉得自己的功劳太微薄了，不值得如此厚赏。

他认为，以前的伏波将军路博德开辟南越，建立了七个郡，只得到几百户封地，而自己功绩远不如他，却得到一个县的封地，实在过意不去，所以想再替国家立些功劳。

正好那时匈奴侵掠扶风县，马援便向光武帝要求再度出征。出发前，马援慷慨激昂地说："大丈夫应当效死疆场，有马革裹着尸首回来才光荣，怎能躺在病床上，靠儿女服侍呢？"

后来，洞庭湖一带又发生五溪蛮人作乱，光武帝曾派人去征讨，结果因不能适应那里的气候，全军都覆没了。马援知道后，主动向光武帝表示愿意领兵出征，光武帝想了想说："您的年纪太老了吧！"

"我虽然已经六十岁了，但仍能披甲上马，不能算老。"马援说完，穿好甲胄，一跃登上马鞍，表示自己仍是可用之将。光武帝看了，称赞他说："这位老人家，真是老当益壮啊！"

于是，光武帝便命他率军出征。马援在这次战役中，奋勇杀敌，斩杀了二千多蛮人，给敌人致命的一击。可是，就要凯旋回乡时，他不幸染上瘟疫，病死在军中，实现了他"马革裹尸"的壮志。

这个故事里，还引申出"老当益壮"这则成语，用来形容年纪虽老，志气却更豪壮。

马援（公元前14—49年）字文渊，扶风茂陵（今陕西兴平东北）人，东汉著名的军事家。

释义：指战死沙场后，用马皮把尸首包裹起来，形容英勇作战，献身疆场。

◎ 经典例句

只要战争在南方一起，我做军人的只有奔赴沙场马革裹尸。

——王火《战争和人》

151

# 马首是瞻

mǎ shǒu shì zhān

释义：指古代作战时看主将的马头方向而行动。后比喻一切听人指挥或乐意追随。瞻：看。

荀偃令曰："鸡鸣而驾，塞井夷灶，唯余马首是瞻。"

——《左传·襄公十四年》

春秋时，秦、晋两国虽有联姻，但为了各自的利益，却经常互相争斗。

公元前558年夏天，晋悼公派中军元帅荀偃，下军元帅栾黡（yǎn）率军攻打秦国，会同晋军一起攻打秦国的还有鲁、莒、郑、卫等国的军队。

大队人马来到泾水河边，各诸侯国的军队不肯渡河。晋国大夫为此去同鲁卿叔孙豹商量，叔孙豹表示鲁国的军队可以率先渡河。于是，莒国大夫叔向准备了船只，先让鲁国和莒国的军队渡过了泾水。接着各国的军队也都渡过了河。

大军渡过泾水以后，驻扎在泾水边上，秦国就在泾水上游放了毒药，毒死了各诸侯国的不少士兵。郑国的司马子蛲（jiǎo）十分生气，首先率领郑军向秦军出击，其他各国的军队也纷纷跟上去。

双方交战后，荀偃率各诸侯国的联军一直打到秦国境内榆林一带，可是秦军仍顽强阻击。于是，荀偃下令说："明天清晨鸡一叫全军就要驾好兵车，准备出击，用土填没汲水的井，铲平烧饭的灶，做好一切战斗准备，看着我的马头行动，我的马走向哪里，你们就跟向哪里！"

下军元帅栾黡感到荀偃的命令太专横独断了，他不服气地说："我率军打过无数次仗，从来没有接到过这样的命令，你要我看着你的马头行动，我偏不听！"

于是，栾黡带着自己率领的下军掉头向东，撤回晋国，荀偃考虑到剩下的人马打不赢秦国，也只得命令全军撤退了。

◎ 经典例句

此游作何期会，作何章程，愿惟命是听，惟马首是瞻，胜于在家穷愁也。

——清·龚自珍《与吴虹生书》

买椟还珠

mǎi dú huán zhū

楚人有卖其珠于郑者，为木兰之柜，重以桂椒，缀以珠玉，饰以玫瑰，辑以羽翠，郑人买其椟而还其珠。

——《韩非子·外储说左上》

春秋时代，楚国有一个珠宝商人，常常往来于楚国和郑国之间做生意。

有一次，他又准备带一批珠宝到郑国去卖，为了吸引顾客，他想了一个招揽顾客的办法。

首先，他选了一些上等的兰木，做成许多式样十分新颖的木匣，然后在匣子外面雕刻上精致的玫瑰花纹，四周还镶嵌了许多彩色的羽毛，同时还用名贵的香料把匣子薰得香喷喷的。他想，把珠宝放在这样的匣子里，郑国人一定会抢着买，他就可以好好的做一笔生意了。

于是，这个珠宝商做好了准备，就满怀希望动身到郑国去了。到了郑国以后，他选了一条最热闹的街市来展示他的珠宝。结果，果然不出所料，马上有许多人围拢来欣赏、观看，珠宝商看到客人这么拥挤，心中暗暗高兴，以为可以大赚一笔钱了。

可是他仔细一听顾客的对话，不由紧张起来。原来顾客们欣赏的是匣子的样式以及装饰的美丽，而对匣中的珠宝，却毫不在意。

珠宝商为了改变这个局面，高声推销匣子中的珠宝，可是顾客们感兴趣的只是那些匣子，甚至有人宁愿出很高的价钱只买匣子，而把珠宝无条件地还给那个珠宝商呢！

释义：是指把装珠宝的木匣买走，而把贵重的珠宝还给卖者。比喻舍本逐末，取舍失当。椟：木匣。

○ 品画鉴宝
画珐琅缠枝莲纹葵瓣式盒（清） 盒作葵花瓣形，直壁，平顶。以白色珐琅釉为底绘饰花纹，图案更见鲜明。

◎ 经典例句
今之治经者亦众矣，然而买椟还珠之蔽，人人皆是。

——宋·程颐《与方元囷手帖》

153

# 芒刺在背

māng cì zài bèi

释义：如同有芒刺在背上一样，比喻心中惶恐，坐立不安。芒刺：指植物茎叶、果壳上的小刺。

宣帝始立，谒见高庙，大将军光从骖乘。上内严惮之，若有芒刺在背。

——《汉书·霍光传》

公元前87年汉武帝死后，年仅八岁的小儿子刘弗陵即位，史称汉昭帝。按照武帝的遗诏，由大司马大将军霍光、御史大夫桑弘羊等辅政，掌握朝廷军政大权。

霍光忠于汉皇室，曾采取一系列措施，使西汉经济有了较大的发展。但他又利用手中的权力，排斥与自己意见不同的人，把桑弘羊等处死，甚至威逼反对他的一些皇亲国戚自杀，从而使他威名大震。

昭帝的寿命不长，二十一岁就死了。他没有儿子，于是霍光把武帝的孙子刘贺立为皇帝。后来，霍光发现刘贺生活放荡不堪，整天寻欢作乐，经与大臣们商量，把刘贺废掉，另立武帝的曾孙刘询为帝。这就是汉宣帝。

刘询的祖父刘据，是武帝的太子，后来涉及到一个事件，连同全家被杀。当时刘询还是婴儿，由于一个狱吏的营救，才幸免于难，后寄养在民间外祖母家。刘询因为从小在民间生活，所以懂得一些生活的艰难。

不过刘询也非常清楚，霍光的权势很大，自己的生死存废完全取决于他，因此对他很害怕。

刘询即位后做的一件大事，就是去谒见祖庙。到了那一天，宣帝乘坐一辆装饰华丽的马车，霍光就坐在马车一侧陪侍。皇帝见霍光身材高大，脸容严峻，不由自主地觉得非常畏惧，惶恐不安，就像有芒刺在背上那样难受。

此后，宣帝见到霍光，总是小心翼翼。公元前68年霍光病死，乘车时再也没有他来陪侍，宣帝才感到无拘无束，行动自由了。

◎ 经典例句

等候了十多分钟，还不见G来。我真是若芒刺在背。

——茅盾《腐蚀·十一月二十一日》

154

# 毛遂自荐

máo suì zì jiàn

释义：比喻自告奋勇，自我推荐去从事某项工作。毛遂：战国时赵国平原君的门客。自荐：自己推荐自己。

> 门下有毛遂者，前，自赞于平原君曰："遂闻君将合从于楚，约与食客门下二十人偕，不外索。今少一人，愿君以遂备员而行矣。"
>
> ——《史记·平原君列传》

公元前251年，秦国的军队包围了赵国的都城邯郸。赵王派相国平原君出使楚国，要求楚考烈王与赵国联合起来抗击秦国。

平原君打算从食客中挑出二十个智勇双全的人，随同他前往楚国。挑出十九人后，还有一个再也找不到合适的了。

有个名叫毛遂的食客，向平原君自我推荐道：

"听说您要带二十人前往楚国，现在尚缺一人，请您让我来凑满数吧。"

155

平原君不熟悉毛遂，问他道："先生到我门下有几年了？"

"已有三年了。"毛遂答道。

"一个有本事的人在世上，好比一把锥子装进口袋，马上可以看到锥尖戳破袋钻出来。你来这里三年，我从未听别人有称赞你的话。可见你一无所长，所以你不适合去，还是留下吧！"

"今天，我就请您把我当作锥子放进口袋。如果早放进口袋，那么不仅是锥尖钻出口袋，恐怕整个锥子会像禾穗那样挺出来呢。"

平原君听了毛遂的回答，同意他随同前往。

途中，同行的人在与毛遂交谈过程中，逐步发觉他是个了不起的人物，都很钦佩他。

不料，楚王不愿联合抗秦，平原君也说服不了他。

毛遂代表其他十九人上台去说服楚王。楚王听说毛遂是平原君门下的食客，怒气冲冲地要他下台去。毛遂按着剑走近楚王，大声说道："大王之所以敢当众斥责我，是因为楚国人多势众。但如今大王与我处于十步之内，楚国纵然强大，大王也倚仗不着，因为您的性命掌握在我毛遂的手里！"

楚王被毛遂勇敢的举动吓呆了。接着，毛遂又向楚王分析说，共同抗秦对赵、楚双方都有好处，道理是如此清楚、明白，没有理由反对。

毛遂的一席话，终于说服了楚王。楚王决定和平原君歃血为盟，联合抗秦。

○ 品画鉴宝

嵌绿松石柄短剑（春秋）该剑工艺考究，是少见的珍品。

◎ 经典例句

这事要发生在现在，消息一传出去，老徐住的宾馆房门就得被介绍对象的，毛遂自荐的挤破。

——邓友梅《兰英》

太史公曰：夫以汲、郑之贤，有势则宾客十倍，无势则否，况众人乎！下邽翟公有言，始翟公为廷尉，宾客阗门。及废，门外可设雀罗。翟公复为廷尉，宾客欲往，翟公乃大署其门曰："一死一生，乃知交情。一贫一富，乃知交态。一贵一贱，交情乃见。"汲、郑亦云，悲夫！

——《史记·汲郑列传》

西汉著名的史学家、文学家司马迁，曾经为汉武帝手下的两位大臣合写了一篇传记，这两位大臣就是汲黯和郑庄。

汲黯，字长孺，濮阳（今属河南省）人，景帝时曾任"太子洗马"，武帝时曾做过"东海太守"，后来又任"主爵都尉"。

郑庄，陈（今河南淮阳县）人，景帝时曾经担任"太子舍人"，武帝时担任"大农令"。

这两位大臣为官清正，刚直不阿，都曾位列九卿，声名显赫，权势既高，威望亦重，上他们家拜访的人络绎不绝，车如流水马如龙，十分热闹，谁都以能与他们结交为荣。

可是，由于他们过于刚直，武帝后来撤了他们的官职。他们罢官之后，失去了权势，于是就再也没人前去拜访他们。

司马迁在叙述了两人的生平事迹后，深为感慨地说：像汲黯、郑庄这样贤良的人，有势力时，客人很多；一旦失去权势，便门可罗雀，其他的人就更不用说了。

下邽（guī）翟公曾经有过同样的经历。翟公曾经当过廷尉（中央掌管司法的长官），在任之时，登门拜访的宾客十分拥挤，塞满了门庭。后来翟公罢官，于是再也没有宾客登门，结果门口冷落得可以张起网来捕捉鸟雀。官场多变，过了一个时期，翟公官复原职。于是，那班宾客又想登门拜访翟公。翟公感慨万千，在门上写了几句话："一生一死，乃知交情；一贫一富，乃知交态；一贵一贱，交情乃见。"汲黯和郑庄两人也说过类似的话，真是可悲啊！

◎ 经典例句

过去是高朋满座，笑语喧哗，现在却是门可罗雀，没人敢上门了。

——魏巍《地球的红飘带》

157

# 门庭若市

mén tíng ruò shì

释义：指门口和庭院里热闹得像集市一样。形容来的人多。

齐王乃下令："群臣吏民，能面刺寡人之过者，受上赏；上书谏寡人者，受中赏；能谤讥于市朝，闻寡人之耳者，受下赏。"令初下，群臣进谏，门庭若市。

——《战国策·齐策》

战国时，齐国有一位大夫名叫邹忌，人长得很英俊。有一天早晨，他穿好朝服，戴好帽子，对着镜子端详一番，然后问他的妻子说："我和城北徐公比较起来，谁长得英俊。"

"您英俊极了，徐公怎么比得上您呢？"妻子说。

徐公是齐国出名的美男子。邹忌听了妻子的话，并不太敢相信自己真的比徐公英俊，于是他又去问他的爱妾，爱妾回答说："徐公怎能比得上您呢？"

第二天，邹忌家中来了一位客人，邹忌又问了客人，客人说："徐公哪有你这样俊美呀！"

过了几天，正巧徐公到邹忌家来拜访，邹忌便乘机仔细地打量徐公，拿他来和自己比较。结果，他发现自己实在没有徐公漂亮。于是，他想："妻子说我英俊，是因为偏爱我；爱妾说我英俊，是因为惧怕我；客人说我英俊，是因为有求于我。其实我实在没有徐公漂亮啊！"

接着，他又从这件事联想到，齐威王身为一国之君，所受到的蒙蔽一定更多。第二天早朝，他就把发生在自己身上的事说给齐威王听，并劝谏说："现在齐国地方千里，城池众多，大王接触的人也比我多得多，所受的蒙蔽也一定更多。大王如能开诚布公地征求意见，一定对国家有益。"

齐威王听了，觉得很有道理，立刻下令说："无论是谁，能当面指出我过失的，给上赏；上奏章规劝我的，给中赏；在朝廷或街市中议论我的过失，并传到我耳中的，给下赏！"

命令一下，群臣前去进谏的，一时川流不息，朝廷门口每天像市场一样热闹。

◎ 经典例句

粉妆楼有许多朋友，一天到晚门庭若市。招弟便和这些人打成一气，托他们营救大赤包。

——老舍《四世同堂》

# 靡靡之音

□□
释义：原指亡国的音乐。现在一般指颓废、淫秽、低级趣味的音乐。靡靡：柔弱、萎靡不振。

mǐ mǐ zhī yīn

师旷曰："此师延之所作，与纣为靡靡之乐也。及武王伐纣，师延东走，至于濮水而自投。故闻此声者，必于濮水之上。先闻此声者，其国必削，不可遂。"

——《韩非子·十过》

春秋末年，晋平公花费大量的财力物力，在都城郊外建造了一座奢华的宫殿。落成后，各国诸侯都来参观道贺。

卫国新继位的灵公为了巴结晋国，也备了厚礼前往晋国祝贺。一行人来到濮水边，天色已晚，于是就在驿馆住下。

半夜时分，卫灵公忽然听到不知什么地方传来柔弱的琴声。琴声动听而又迷人，让人听了还想再听。于是他让人把随行乐官师涓召来，让他一边倾耳细听，一边记录乐谱。

师涓记下琴曲之后，当场弹奏了一遍。因为是初次弹奏，所以比较生疏。卫灵公想把这首琴曲献给晋平公，特意在驿馆多留了一天，以便涓乐师能够熟习乐曲。第三天卫灵公一行才继续赶路。

晋平公看到卫灵公亲自前来拜谒并且送礼，感到非常高兴，当即在新建的宫殿内设宴款待他们。席间，卫灵公起身对晋平公说，途中得到一首新曲，愿让乐师演奏助兴。晋平公自然非常赞同。

师涓上殿之后，晋平公叫他坐在晋国著名的乐官师旷旁边。师涓坐下之后，定了定神，弹奏起了在濮水边记录下来的琴曲。

一曲尚未终了，师旷就伸手按着琴弦，制止了师涓，并且说道："这是亡国之音，不可继续弹奏！"

晋平公对此非常不解，疑惑地问："你说这是亡国之音，那么究竟是什么时候创作的呢？"

师旷严肃地说："这是商朝末年乐官师延的作品，是专门为纣王而作的靡靡之音，也就是刚才师涓演奏的乐曲。纣王沉湎于这种令人萎靡不振的音乐之中，不理朝政，最后武王伐纣，灭了商朝。师延害怕受到处罚，于是向东逃往，来到濮水之畔，投水自杀。因此若说听到这首曲子，必然是在濮水之畔。听完这首曲子的人，他的国家就会逐渐削弱，所以绝不可以听完。"

但是，晋平公并未听从师旷的劝阻，执意要听完这首曲子。后来，晋平公更是整天沉湎在声色之中，不理朝政，不到三年，他就病死了。

○ 品画鉴赏

琵琶美人图（明）吴伟／绘 图中用简略笔墨勾出的人物，让人联想到唐朝诗人白居易《琵琶行》中的诗句："千呼万唤始出来，犹抱琵琶半遮面。"

◎ 经典例句

马即起舞，亦效白锦缠头，作靡靡之音。

——清·蒲松龄《聊斋志异·罗刹海市》

耕织图·入仓（南宋） 此图线条明快，色泽艳丽，塑像众多，神态各异，毫无雷同之感。

入仓

天寒牛在牢岁暮

粟入庾田父

有馀乐炙背

糠秕却慊催赋

租背吏来旁午

输官工事了索

饭兒呌怒

汉王数困荥阳、成皋，计欲捐成皋以东，屯巩、洛以距楚。食其因曰："臣闻之，知天之天者，王事可成；不知天之天者，王事不可成。王者以民为天，而民以食为天……"

——《汉书·郦食其传》

秦朝末年，有个名叫郦食其（lì yì jī）的读书人。他年届六十，穷极潦倒，却满口狂言，人们称他为"狂生"。

秦朝灭亡以后，刘邦与项羽为了夺取全国政权，展开了激烈斗争。在一次战斗中，刘邦的军队败退到荥阳、成皋一带。荥阳附近有一座小城，城内有许多储藏粮食的仓库，因地处敖山，所以称为"敖仓"。它是秦朝留下来的当时关东最大的粮仓。

刘邦与项羽的军队在荥阳一带激战。刘邦因抵挡不住，一时又调不来援兵，导致荥阳失守，于是，他打算把成皋以东的地区让给项羽。为此，特地找郦食其来商议这个问题。

郦食其听了刘邦的打算，沉思了一会儿表示反对。他说："称王的人以百姓为依赖，而百姓又以粮食为依赖。敖仓是储藏大量粮食的要害之处，如果放弃这要害之处，等于把它拱手让人，这对战局是非常不利的。"

刘邦听了点头称是，便问郦食其有何高见。郦食其说："将军可组织力量进兵，迅速收回荥阳，坚守敖仓，这样就能改变目前不利处境，争取一个有利的局面。"

刘邦采取了郦食其提出的战略，终于取得了胜利。

◎ 经典例句

国以民为本，民以食为天。

——古华《芙蓉镇》

163

# 名落孙山

míng luò sūn shān

释义：名次排在孙山的后面，表示投考没有录取。孙山：人名。

乡人问其子得失，山曰："解名尽处是孙山，贤郎更在孙山外。"

—— 宋·范公偁《过庭录》

宋朝时读书人要做官，必须参加科举考试。乡试（科举考试中地方上最高一级的考试）合格的称为举人。取得了举人的资格，就可以到京都参加最高一级的考试——会试了。

有一年秋天，省城里要举行乡试，当地有个名叫孙山的读书人，准备到省城去应试。

孙山能说会道，滑稽诙谐，人称"滑稽才子"，乡里人对他中举寄于厚望。临行前，乡里一位老人来拜访孙山，请孙山与他的儿子一起去应考，以便他儿子能得到一些照应。孙山爽快地答应了。

两人到省城后，很顺当地参加了考试，接着是等待发榜。

发榜那天，孙山怀着紧张的心情，到发榜处去观看。看榜的人很拥挤，孙山好不容易才挤到前面，一连看了几遍，都没有看到自己的名字。他灰心丧气，准备再看一遍，榜上确实无名字就离去。结果，竟在最后一行中见到了自己的名字，原来自己是以末名中举，顿时转忧为喜。一起来应试的乡人儿子的名字，则无论如何找不到，他肯定落选了。孙山回到旅舍，把发榜的情况向乡人儿子说了。对方听说自己榜上无名，闷闷不乐，表示想再在省城耽几天。孙山归心似箭，第二天一早就回乡了。孙山回到家里，乡邻们得知他中举，都向他表示祝贺。那老人见儿子未回来，问孙山他是否榜上有名。孙山没有正面回答，而是诙谐地念了两句诗："解名尽处是孙山，贤郎更在孙山外。"原来，当时中举后再去京城会试的，都由地方解送入试，所以乡试第一名称为解元，榜上的举人名字都称解名。这两句诗的意思是：举人的最后一名是我孙山，你儿子的大名还在我孙山之后呢！言下之意是他落选了。那老人听到很有才气的孙山也只考了最后一名，感到他的儿子比孙山差远了，榜上无名是很自然的，便平心静气地走了。

◎ 经典例句

最后口试，他应签之后一时兴起，从衣袋里抽出小簿，请考试委员一一签名留念，主考者勃然大怒，予以斥退，遂至名落孙山。

——梁实秋《雅舍小品·签字》

○ 品画鉴宝　人物故事图之一·局部　（明）仇英／绘　本页图题为『竹院品古』，描绘了文人的闲逸生活。

# 名正言顺

míng zhèng yán shùn

释义：表示名义正当，道理就讲得通。也表示作事理由正当充分，含有理直气壮的意思。

子曰："君子于其所不知，盖阙如也。名不正，则言不顺；言不顺，则事不成；事不成，则礼乐不兴；礼乐不兴，则刑罚不中；刑罚不中，则民无所措手足。故君子名之必可言也，言之必可行也。君子于其言，无所苟而已矣。"

——《论语·子路》

公元前501年，孔子五十一岁，这年孔子出任鲁国的中都宰。孔子在中都为官一年之后，政绩斐然，于是就被提升为主管国内建设工程的司空。不久，又转而为司寇，负责司法工作。这样，孔子参与政治的抱负终于实现了。

孔子五十六岁那年，又由大司寇代理相国职务。孔子执掌国政仅三个月，鲁国风俗就为之大变，民风淳朴，道不拾遗。

孔子代行相国职务之后，齐景公非常担心。于是齐景公特地挑选出八十个美貌的女子，让她们穿上华丽的衣服，教她们学会艳丽的舞蹈，加上一百二十匹骏马，一起送给贪图享乐的鲁定公，以此腐蚀他的意志。这一计果然奏效，鲁定公与执政沉湎于歌舞淫乐之中，不再过问政事。

孔子的学生子路见到这种情况，就对孔子说："老师，我们可以离开这里了吧！"

孔子回答说："鲁国现在就要举行郊祭，如果他们能按礼法把典礼后的烤肉分给各位大夫，那我还可以留下来。"

结果，鲁定公与执政一心享乐，在祭祀之后就去欣赏歌舞，并没有将烤肉分给各位大夫，于是孔子离开鲁国，来到了卫国。卫灵公问孔子，他在鲁国得到的俸禄是多少，孔子回答说是俸米六万斗。于是，卫灵公也给他这个数的俸米。

跟随孔子的学生们看到有了安身之处，都很高兴。子路尤其高兴，问孔子道："卫国的君主让您治理国政，你首先应采取什么措施？"

○ 品画鉴宝

孔子圣迹图 （清） 改琦／绘　此图题为"因膳去鲁"，描绘了孔子离开鲁国的原因。

孔子略为思索了一下，说道："我以为首先就要纠正名分。"

子路不客气地说："老师未免太迂腐了，名分还能如何纠正呢？"

孔子严肃地批评子路，他说："子路啊，你也太粗鄙了！君子对他所不知道的只存疑在心中。名分不正，道理就讲不通；道理不通，事情就办不成；事情办不成，国家的礼乐教化就兴办不起来；礼乐教化兴办不起来，刑罚就不会得当；刑罚不得当，老百姓就会不知如何是好，连手脚都不晓得往何处摆了。所以君子所用的名分，一定要有道理可以说得出来，所说的道理也一定要行得通。君子对他的言语，必然做到毫无苟且之处。"

◎ 经典例句

在这种时候，他看女儿是个会挣钱的东西，他是作爸爸的，跟她要钱是名正言顺。

——老舍《骆驼祥子》

# 明察秋毫

míng chá qiū háo

释义：目光敏锐，可以看清秋天鸟兽新生的细毛。原意比喻只能看到小处，不能看到大处。现在一般表示人很精明，对很小的事情也能察看得清清楚楚。

（孟子曰）："有复于王者，曰'吾力足以举百钧'，而不足以举一羽；'明足以察秋毫之末'，而不见舆薪。则王许之乎？"（齐宣王）曰："否。"

——《孟子·梁惠王上》

孟子来到齐国，齐宣王向他询问春秋时齐桓公和晋文公怎样称霸的事。孟子没有正面回答，而是大谈如何用道德的力量统一天下的问题，齐宣王不解地问道："怎样的道德才能统一天下？"

孟子回答道："确保百姓生活安定，然后统一天下，这样一来，什么力量都抵御不了。"

齐宣王问道："像我这样的国君，可以使百姓生活安定吗？"

孟子回答道："可以。"

齐宣王问道："你凭什么知道我可以呢？"

孟子对齐宣王说："你不忍杀掉一头发抖的牛，而下令用一只羊来代替。这样的善心就足以统一天下。百姓都认为您很吝啬，而我知道您是因为不忍心。不过百姓说您吝啬，您也不必奇怪，他们怎么能体会到您是出于仁爱呢？如果只是因为怜悯无罪，那么牛和羊又有什么不同呢？所以我知道大王并非出于吝啬之心，而是出于仁慈之心。因为大王亲眼看见了那头牛，却没有看见那头羊。君子对

○ 品画鉴宝

王子午鼎（春秋） 此器颈内收，束腰，腹略鼓，平底，蹄足底圈较夸张。鼎腹内壁铸有装饰性极强的铭文，记王子午铸此鼎。此王子午应为楚庄王之子——子庚。

168

于禽兽，只喜欢看到它们生长发育，却不忍心看到它们被杀；听到亲手被杀时的哀鸣，就不忍心去吃亲手之肉。因此，君子往往都会远离厨房和厨师。"

孟子接着又说："如果有人向大王报告说，'我力大无比，可举起三千斤重的东西'，结果却拿不起一根羽毛，又说，'我视力很好，可以清楚地看见秋天鸟兽新长的绒毛的末梢，结果却看不见眼前的一车柴草'。这样的人，您还愿意任用吗？"

齐宣王马上回答说："当然不愿。"

孟子说："如今您的仁德能使禽兽沾光，而不能使百姓得到实惠，这到底是什么原因呢？其实，举不起一根羽毛，是因为不愿使用力气；没有见到一车柴草，是因为没用眼睛观看。百姓得不到安定的生活，是因为您不愿施与恩惠。所以，您不用道德统一天下，是您不愿那样去做，而不是不能那样去做。"

◎ 经典例句

　　不想相爷神目如电，早已明察秋毫，小人再不敢隐瞒。

——清·石玉昆《三侠五义》

释义：明智的人不参与危及自身的事。现一般用来形容一种处世态度，即只求保住个人利益，回避原则斗争。明哲：明智，通达事理。

　　肃肃王命，仲山甫将之。邦国若否，仲山甫明之。既明且哲，以保其身。夙夜匪解，以事一人。

——《诗经·大雅·烝民》

　　周宣王时，有个大臣名叫兮甲，字伯吉甫，因为他担任的官职是尹，史书上称他为尹吉甫。

　　当时，西北方和南方的一些部族经常进犯西周的领地。周宣王就派尹吉甫和另一个大臣仲山甫一起前去征讨。尹吉甫在和仲山甫共事的过程中，发现仲山甫很有才能，对周宣王赤胆忠心，因此十分钦佩。两人相处得十分融洽。尹吉甫和仲山甫同心协力，为抵御外族入侵、巩固周王朝的统治，立下了不少汗马功劳。

　　有一次，周宣王派仲山甫前往齐地修筑城池，以防御外族的入侵。仲山甫接受王命后，尽管知道齐地十分艰苦，筑城任务十分艰巨，还是毫不犹疑地动身去了。临行之前，尹吉甫写了一首名叫《烝民》的诗送给仲山甫，赞美他的道德和才能，诗中有一段这样写道："肃肃王命，仲山甫将之。邦国若否，仲山甫明之。既明且哲，以保其身。夙夜匪解，以事一人。"意思是说：严肃的王命，仲山甫一人承担。国家如果有了什么不顺，仲山甫一人就能晓谕天下。仲山甫不仅明于事理，而且智慧通天，同时也能保证自己的安康、太平。他日夜操劳，毫不懈怠，兢兢业业地忠于君王。后来，人们从"既明且哲，以保其身"中，引申出成语"明哲保身"。这则成语原来是褒义，指明智的人不参与可能危及自身的事。但在使用过程中语义逐步转化为贬义，用以形容不顾集体，只想保持个人利益，回避原则斗争的那种庸俗作风。

◎ 经典例句

　　一个做到首相地位的人，开会不说话，一味假寐，真是懂得明哲保身之道。

——梁秋实《雅舍小品·睡》

# 明珠暗投

míng zhū àn tóu

释义：原意是说把闪闪发光的珍珠投在地上，行人见了都不敢去拿，后来比喻稀有的贵重物品落到了不识货的人手里，得不到赏识或珍爱。

臣闻明月之珠，夜光之璧，以暗投人于道路，人无不按剑相眄者。何则？无因而至前也。

——《史记·鲁仲连邹阳列传》

汉景帝即位后，没有马上立太子。他的弟弟梁孝王很想自己有朝一日能够继任皇位，为此，他常和亲信羊胜、公孙诡两人秘密策划，如何收买朝廷权臣，如何刺探宫中隐事，甚至密谈如何在必要时发动政变。

梁孝王有个门客，名叫邹阳，他是一个很有才学的人。梁孝王想利用他的文名提高自己的声誉，所以把他收在门下。邹阳听到梁孝王经常与羊胜等人密谋叛逆，几次向梁孝王晓以利害，劝他不要轻举妄动，造成祸害。羊胜、公孙诡对他非常疑忌，怂恿梁孝王将他关进监狱之中。

邹阳知道自己受到了诬陷，就在狱中给梁孝王写了一封信。信中引用了许多史实，说明自古以来忠臣义士无辜受屈之事层出不穷，他不过是其中之一罢了。信中给人印象最深刻的是这一段话："我听说世间最罕见的宝物是明月珠和夜光璧，如果暗中把它们投在路上，人们都会按着剑，斜着眼看它，不敢去拿。这是因为谁也不知道它突然出现的原因。"

这段话的含意是，如果没有亲信帮

漢景帝
風俗移易人民富庶
蕃濟黎伶常永終譽

你说话，即使你提出了很好的意见，也不会受到重视，还有可能惹出祸来。梁孝王看懂了信里隐含的意思，立即释放了他。

不久，景帝采纳大臣爰盎等人的建议，立了太子。梁孝王恨爰盎坏了他的大事，就派人刺死了爰盎。景帝料想是梁孝王指使的，于是接二连三派遣使者前去责问，并要他交出主谋抵罪。梁孝王被逼之下，只好迫令羊胜、公孙诡自杀，但是使者还是要追查下去。最后，梁孝王还是请邹阳进京活动，请景帝宠爱的王美人向景帝讨情，这件事才不了了之。

◎ 经典例句

又在扬州商家见有虞山客携送黄杨翠柏各一盆，惜乎明珠暗投。

——清·沈复《浮生六记·闲情记趣》

173

今者臣来，见人于太行，方北面而持其驾、告臣曰："我欲之楚。"臣曰："君之楚，将奚为北面？"曰："吾马良。"臣曰："马虽良，此非楚之路也。"曰："吾用多。"臣曰："用虽多，此非楚之路也。"曰："吾御者善。"此数者愈善，而离楚愈远耳。

——《战国策·魏策四》

战国后期，一度称雄天下的魏国国力渐衰，可是国君魏安釐王仍想出兵攻伐赵国。

谋臣季梁本已奉命出使邻邦，听到这个消息，立刻半途折回，风尘仆仆地赶来求见安釐王，劝阻伐赵。

季梁对安釐王说："今天我在太行道上，遇见一个人坐车朝北而行，但他告诉我要到楚国去。楚国在南方，我问他为什么去南方反而朝北走？那人说：'不要紧，我的马好，跑得快。'我提醒他，马好也不行，朝北不是到楚国该走的方向。那人指着车上的大口袋说：'不要紧，我的路费多着呢。'我又给他指明，路费多也不济事，这样到不了楚国。那人还是说'不要紧，我的马夫最会赶车'。这人真是糊涂到家了，他的方向不对，即使马跑得特别快，路费带得特别多，马夫特别会赶车，这些条件越好，也只能使他离开目的地越远。"

说到这儿，季梁把话头引上本题："而今，大王要成就霸业，一举一动都要取信于天下，才能树立权威，众望所归。如果仗着自己国家大、兵力强，动不动进攻人家，这就不能建立威信，恰恰就像那个要去南方的人反而朝北走一样，只能离成就霸业的目标越来越远！"

魏安釐王听了这一席话，深感季梁给他点明了重要的道理，便决心停止伐赵。

以上史事，形成成语"北辕适楚"，后来在流传过程中，人们习惯说作"南辕北辙"，并引申出另一个成语"背道而驰"，意义和"南辕北辙"相同。

174

◎ 经典例句

　　更有一回，司机以为我是人生地不熟的外来客，南辕北辙的大兜圈子。

——梁实秋《雅舍小品·计程车》

○ 品画鉴宝

彩绘马车（秦）此为古代车制中的安车，前驾四马，单辕双轮。此为秦始皇皇陵二号车马，其制造工艺复杂精细，由三千四百六十二个部件组成，是研究古代车制最为重要的实物资料之一。

山中常相聞貝由
高篆窑棲花野草荒
年者賦雜閒事持今秋
使骨松車
半如對別畫一千
午子記於

○品画鉴宝 松林书屋图 （清）龚贤／绘 图中书屋若隐若现于葱茏松林间，传达出了古代文人沉静的读书态度。

# 难兄难弟

nán xiōng nán dì

释义：比喻兄弟才德都好，难分高下。后来多比喻两人同样坏。

陈元方子长文，有英才，与季方子孝先，各论其父功德，争之不能决。咨于太丘，太丘曰："元方难为兄，季方难为弟。"

——《世说新语·德行》

颍川有个叫陈寔的人，自幼好学，办事公道。后来出任县官，更是廉洁奉公，百姓很佩服他。他的大儿子叫元方，小儿子叫季方，也有很高的德行。

后来朝廷任命元方为中侍中，又想让他担任司徒，但是他拒绝了，朝廷又封他为尚书令。

因为陈寔、元方、季方的声望极高，当时豫州的城墙上，都画着他们父子三个的图像，让百姓们学习他们的品德。

元方有个儿子叫长文，季方有个儿子叫孝先。有一天，他们为自己父亲的功德争论起来，都说自己的父亲功德高，争来争去没有结果，便一同来请祖父陈寔裁决。

陈寔想了一会儿，对两个孙子说："元方难为兄，季方难为弟。他们二人的功德都很高，难以分出上下啊！"

两个孙子满意而去。

◎ 经典例句

（日本）其以半殖民地的风貌出现于世界也，和我们实在是难兄难弟。

——郭沫若《革命春秋·创造十年续编》

177

# 鸟尽弓藏

niǎo jìn gōng cáng

释义：鸟给打光了，打鸟的弹弓就被收藏起来。比喻事成之后，功臣被废弃或遭害。

范蠡遂去，自齐遗大夫文种书曰："蜚（同"飞"）鸟尽，良弓藏；狡兔死，走狗烹。越王为人长颈鸟喙，可与共患难，不可与共乐。子何不去？"

——《史记·越王勾践世家》

春秋末期，吴、越争霸，越国被吴国打败，屈服求和。

越王勾践卧薪尝胆，任用大夫文种、范蠡整顿国政，十年生聚，十年教训，使国家转弱为强，终于击败吴国，洗雪国耻。

吴王夫差兵败出逃，连续七次向越国求和，文种、范蠡坚持不允。夫差无奈，把一封信系在箭上射入范蠡营中，信上写道："兔子捉光了，捉兔的猎狗没有用处了，就被杀了煮肉吃；敌国灭掉了，为战胜敌人出谋献策的谋臣没有用处了，就被抛弃或铲除。两位大夫为什么不让吴国保存下来，替自己留点余地呢？"

文种、范蠡还是拒绝议和，夫差只好拔剑自刎。

越王勾践灭了吴国，在吴宫欢宴群臣时，发觉范蠡不知去向，第二天在太湖边找到了范蠡的外衣，大家都以为范蠡投湖自杀了。

可是过了不久，有人给文种送来一封信，上面写着："飞鸟打尽了，弹弓就被收藏起来；野兔捉光了，猎狗就被杀了煮来吃；敌国灭掉了，谋臣就被废弃或遭害。越王为人，只可和他共患难，不宜与他同安乐。大夫至今不离他而去，不久难免有杀身之祸。"

文种此时方知范蠡并未死去，而是隐居了起来。他虽然不尽相信信中所说的话，但从此常常告病不去上朝，日久引起勾践疑忌。

一天，勾践登门探望文种，临别留下佩剑一把。文种见剑鞘上有"属镂"二字，正是当年吴王夫差逼忠良伍子胥自杀的那把剑。他明白勾践的用意，悔不该不听范蠡的劝告，只得引剑自尽。

◎ 经典例句

其实他们在当时昧了良心努力讨好清廷，结果还是'鸟尽弓藏，兔死狗烹'，真是愚不可及。

——鲁迅《且介亭杂文末编·"立此存照"》

○品画鉴宝 殿堂图（西魏） 此图是敦煌莫高窟壁画，图中表现小邦国的一切事务由坐于殿上的国王主持打理。

# 宁为玉碎，不为瓦全

大丈夫宁可玉碎，不能瓦全。

——《北齐书·元景安传》

公元550年，北朝东魏的孝静帝被迫将帝位让给专横不可一世的丞相高洋。从此，北齐代替了东魏。高洋心狠手辣，次年又毒死了孝静帝及其三个儿子，来个斩草除根。

高洋当皇帝第十年六月的一天，出现了日食。他担心这是一个不祥之兆，自己篡夺的皇位快保不住了。于是，把一个亲信召来问道："西汉末年王莽夺了刘家的天下，为什么后来光武帝刘秀又能把天下夺回来？"

那亲信说不清这是什么道理，随便回答说："陛下，这要怪王莽自己了，因为他没有把刘氏宗室人员斩尽杀绝。"

残忍的高洋竟然相信了那个亲信的话，马上又大开杀戒，把东魏宗室近亲四十四家共七百多人全部处死，连婴儿也无一幸免。

消息传开后，东魏宗室的远房宗族也非常恐慌，生怕什么时候高洋的屠刀会砍到他们的头上。他们赶紧聚集起来商量对策。有个名叫元景安的县令说，眼下要保命的唯一办法，是请求高洋准许他们脱离元氏，改姓高氏。

元景安的堂兄景皓，坚决反对这种做法。他气愤地说："怎么能用抛弃本宗，改为他姓的办法来保命呢？大丈夫宁可做玉器被打碎，不愿做陶器得到保全。我宁愿死而保持气节，不愿为了活命而忍受屈辱！"

元景安为了保全自己的性命，卑鄙地把景皓的话报告了高洋。高洋立即逮捕了景皓，并将他处死。元景安因告密有功，高洋赐他姓高，并且升了官。

但是，残酷的屠杀不能挽救北齐摇摇欲坠的政权。三个月后，高洋因病死去。再过十八年，北齐王朝也寿终正寝了。

◎ 经典例句

常言道：宁为玉碎，不为瓦全。受朝廷招安，连瓦全也说不上，是忘了先人累世的仇，忘了普天下小民的苦，反而做无道朝廷的鹰犬。

——姚雪垠《李自成》

níng wéi yù suì bù wéi wǎ quán

释义：宁可做玉器被打碎，不愿做陶器完整保全。比喻宁愿保持高尚的气节死去，而不愿屈辱地活着。

181

182

# 怒发冲冠

nù fà chōng guān

释义：愤怒得头发直竖，顶起帽子。比喻极度愤怒。冠：帽子。

相如视秦王无意偿赵城，乃前曰："璧有瑕，请指示王。"王授璧，相如因持璧却立，倚柱，怒发上冲冠……
——《史记·廉颇蔺相如列传》

赵惠文王得到一块稀世的璧玉。这块璧是春秋时楚人卞和发现的，所以称为和氏璧。不料，这件事被秦昭王知道了，便企图仗势把和氏璧据为己有。于是他假意写信给赵王，表示愿意用十五座城池来换取这块玉璧。

赵王怕秦王有诈，不想把和氏璧送去，但又怕他派兵来犯。同大臣们商量了半天，也没有商量出什么结果，也找不到一个能随机应变的使者，到秦国去交涉这件事。

正在这时，有人向赵王推荐了蔺相如，说他有勇有谋，可以出使。赵王立即召见，并首先问他是否可以同意秦王要求，用和氏璧交换十五座城池。

蔺相如说："秦国强，我们赵国弱，这件事不能不答应。"

"秦王得到了和氏璧，却又不肯把十五座城给我，那怎么办？"秦王问到。

"秦王已经许了愿，如果赵国不答应，就理亏了。而赵国如果把玉璧送给秦王，他却不肯交城，那就是秦王无理。两方面比较一下，宁可答应秦王的要求，让他承担不讲道理的责任。"

就这样，蔺相如带着和氏璧出使秦国。秦王得知他来后，没有按照正式的礼仪在朝廷上接见他，

183

而是非常傲慢地在一个临时居住的宫室里召见蔺相如。他接过璧后，非常高兴，看了又看，又递给左右大臣和姬妾们传看。

蔺相如见秦王如此傲慢无礼，早已非常愤怒，现在又见他只管传看和氏璧，根本没有交付城池的意思，便上前道："这璧上还有点小的毛病，请让我指给大王看。"

蔺相如把璧拿到手后，马上退后几步，靠近柱子站立。他极度愤怒，头发直竖，顶起帽子，激昂地说："赵王和大臣们商量后，都认为秦国贪得无厌，想用空话骗取和氏璧，因而本不打算把璧送给秦国。听了我的意见后，斋戒了五天，才派我送来。今天我到这里，大王没有在朝廷上接见我，拿到璧后竟又递给姬妾们传观，当面戏弄我，所以我把璧取了回来。大王如要威逼我，我情愿把自己的头与璧一起在柱子上撞个粉碎！"

在这种情况下，秦王只得道歉，并答应斋戒五天后受璧。但蔺相如预料秦王不会交城，私下让人把璧送归赵国。秦王得知后，无可奈何，只好按照礼仪送蔺相如回国。

◎ 经典例句

穷乡僻壤，有这样读书君子，却被守钱奴如此凌虐，足令人怒发冲冠！

——清·吴敬梓《儒林外史》

呕
心
沥
血

ǒu xīn lì xuè

释义：形容苦思苦想，费尽心血。多用来表示文艺创作的艰辛不易。

遇有所得，即投书囊中。及暮归，太夫人使婢受囊出之，见所书多，辄曰："是儿要当呕出心乃已尔。

——唐·李商隐《李长吉小传》

剜肝以为纸，沥血以书辞。

——唐·韩愈《归彭城》诗

李贺，字长吉，唐代著名诗人。他天才早熟，七岁能写诗作文，十余岁便名扬文坛。当时大文学家韩愈和友人皇甫湜（shí）曾亲自去李贺家探试李贺诗才，他们当场出题，要李贺即席赋诗。李贺一挥而就，再试再赋，无不精彩。两人大惊，始信李贺诗名不虚。

相传李贺作诗不先立题，而是注重到生活中去发掘素材。他每次外出总是骑一匹瘦马，带一名小童，背一个锦囊，边走边思索，吟得佳句，就用随身所带笔砚，在马上写成纸卷，投入锦囊。有时他满载而归，囊中鼓鼓的；有时终日穷思苦索，竟无佳句可得，囊空如洗。他母亲等他回家，倾囊检视纸笔，发现写得很多，常常爱怜地埋怨他说："你这孩儿，难道要把心血都呕出来，才肯罢休呀！"

李贺的确倾注全部心力于诗歌创作。许多代代相传的名句，如"天若有情天亦老"、"黑云压城城欲摧"、"雄鸡一声天下白"、"石破天惊逗秋雨"等，都出自李贺笔下，是他精心锤炼得来的。他作诗太刻苦，损坏了健康，只活到二十七岁便去世了，却给后世留下不少具有独特艺术风格的诗篇，为中国诗坛增放异彩。

李贺（公元790－816年）
中国唐代诗人。字长吉。祖籍陇西，生于福昌昌谷，后世称李昌谷。青少年时，才华出众，名动京师。父名晋肃，因避父讳（晋、进同音），终不得登第。一生愁苦抑郁，体弱多病，只做过三年奉礼郎，卒时仅二十七岁，后人称其为"诗鬼"。

◎ 经典例句
    我把这些呕心沥血的诗作送给他并郑重地写上题签请他拜读。

——陈国凯《儒士衣冠》

185

# 疲于奔命

pí yú bēn mìng

释义：形容忙于奔走而筋疲力尽。也形容事务繁杂，应付不过来。疲：疲备，劳累。奔命：奉命令奔走。

> 子重、子反杀巫臣之族……巫臣自晋遗二子书曰："尔以谗慝贪惏事君，而多杀不辜，余必使尔罢于奔命而死。"
>
> ——《左传·成公七年》

春秋时，有一次楚国战胜宋国，大将子重居功向楚庄王提出要求，把北部两处地方封赏给他。楚庄王本想答应，但大臣申公巫臣极力反对，说把这两处地方封掉，晋国和郑国就要来侵犯。结果，楚王没有将这两处地方封赏给子重。子重为此十分仇恨巫臣。

楚国还有一个大臣，名叫子反。他很想娶美丽的夏姬，但巫臣说夏姬命相不好，不能娶她。可是后来巫臣却娶了夏姬，与她一起逃到晋国去。这样，子反也非常仇恨巫臣。

楚庄王死后，楚共王即位。这时，巫臣已在晋国当了大夫。子重和子反为了报仇，合伙杀了巫臣的家族，瓜分了他们的财产和妻妾。巫臣得知这个消息后，十分愤怒，决心复仇。他托人捎了一封信给子重、子反两人。

信中写道："你们二人怀着邪念，向国君进谗言，贪得无厌，杀了那么多无辜的人，实在太可恶了。我一定要叫你们忙碌奔走，疲竭而死！"

为了实现自己的诺言，巫臣带了一些战车和军士来到吴国，帮助吴军训练驾车射箭；又鼓动吴人反抗楚国，唆使吴王派军队不住地侵袭楚国边境。

在巫臣的精心训练下，吴国的军队逐渐强大起来。于是吴军不断出兵，逐个攻击楚国东边的属国，把它们并入吴国版图，从而使自己的实力越来越强大。这样，告急的文书经常传到楚国都城。楚王每次接到告急军书，总是派子重、子反率军前往救援。

由于吴国对楚国及其属国的侵袭经常不断，以致子重、子反刚平定一处战争归来，还未得到休息，又奉命出兵平定另一处战事。一年之中，两人率领大军往返奔波，竟达七次之多，被弄得筋疲力尽。巫臣终于达到了复仇的目的。

◎ 经典例句

此值初夏，日头则冒出原顶，田野一片柔媚。骒马高扬着脖颈，吆犁人扶着犁把儿疲于奔命。

——陈忠实《白鹿原》

# 萍水相逢

píng shuǐ xiāng féng

释义：萍水相逢比喻素不相识的人偶然相遇。萍：在水面上浮生的一种蕨类植物。

天高地迥，觉宇宙之无穷；兴尽悲来，识盈虚之有数。望长安于日下，指吴会于云间。地势极而南溟深，天柱高而北辰远。关山难越，谁悲失路之人？萍水相逢，尽是他乡之客。

——唐·王勃《滕王阁序》

王勃（公元649—675年）唐代诗人。字子安。绛州龙门人。与杨炯、卢照邻、骆宾王以诗文齐名，并称『初唐四杰』。青年时期南下探亲，渡海溺水，惊悸而死。其诗力求摆脱齐梁的绮靡诗风，文也有名，著名的《滕王阁序》就出自他之手。

王勃，字子安，是初唐著名的文学家。他少年时便很有才学，六岁时就能写文章，而且写得又快又好。十四岁时，已能即席赋诗。王勃与杨炯、卢照邻、骆宾王以文辞齐名，合称"初唐四杰"。他十五岁应举及第，曾经担任参军（将军府的重要幕僚），后因罪免官。

公元676年，王勃去交趾（在今越南境内）探望做县令的父亲。途经洪都（今江西南昌）时，都督阎伯屿因重修的滕王阁落成，定于九月九日重阳节，在那里宴请文人雅士和宾客朋友。他的女婿吴子章很有文才，阎伯屿叫他事先写好一篇序文，以便到时当众炫耀。王勃是当时有名文士，也在被请之列。

宴会上，阎伯屿故作姿态，请来宾为滕王阁作序。大家事先都无准备，所以都托辞不作。请到王勃时，他却并不推辞，当场挥毫疾书，一气呵成，写就了著名的《滕王阁序》。各宾客看了一致

称好。阎伯屿读后也深为钦佩，认为这篇序文比自己女婿写的要高明得多，也就不再让吴子章出场著文了。

《滕王阁序》构思精绝，文气通顺畅达，而又纵横交错。序文在铺叙盛会胜景的同时，也流露出王勃壮志难酬的感慨："关山难越，谁悲失路之人？萍水相逢，尽是他乡之客。"这几句的意思是：关山重重，难以攀越，有谁为失路的人悲哀？今天与会的人像萍浮水面，偶然相遇，都是他乡之客。表达了他生不逢时，慨叹自己命运不佳的心情。

不久，王勃离开洪都，前往交趾。不幸的是在渡海时遇难，死时才二十六岁。

◎ 经典例句

　　我们虽然萍水相逢，可是我觉得你是个了不起的有意志的姑娘。

——杨沫《青春之歌》

# 破釜沉舟

pò fǔ chén zhōu

释义：砸破烧饭用的锅子，凿沉船只，比喻拼死一战。釜：锅。舟：船。

> 项羽乃悉引兵渡河，皆沉船，破釜甑，烧庐舍，持三日粮，以示士卒必死，无一还心。
>
> ——《史记·项羽本纪》

秦朝末年，秦二世派大将章邯攻打赵国。赵军不敌，退守巨鹿（今河北平乡西南），被秦军团团围住。楚怀王封宋义为上将军，项羽为副将，派他们率军去救援赵国。

不料，宋义把兵带到安阳（今山东曹县东南)后，接连四十六天停滞不进。项羽忍不住，一再要求他赶紧渡江北上，赶到巨鹿，与被围赵军来个里应外合。但宋义另有所谋，想让秦、赵两军打得精疲力竭再进兵，这样便于取胜。他严令军中，不听调遣的人，不管是谁都要杀。与此同时，宋义又邀请宾客，大吃大喝，而士兵和百姓们却忍饥挨饿。

项羽忍无可忍，进营帐杀了宋义，并声称他勾结齐国反楚，楚王有密令杀他。将士们马上拥戴项羽代理上将军。项羽把杀死宋义的事及原因报告了楚怀王，楚怀王只好正式任命他为上将军。

项羽诛杀宋义的事，震惊了楚国，并在各国有了威名。他随即派出两名将军，率二万军队渡河去救巨鹿。在获悉取得小胜并接到增援的请求后，他下令全军渡河救援赵军。

项羽在全军渡河之后，采取了一系列果

项王

断的行动，把所有的船只凿沉，击破烧饭用的锅子，烧掉宿营的屋子，只携带三天的干粮，以此表示决心死战，没有一点后退的打算。

这支有进无退的大军到了巨鹿外围，立即包围了秦军。经过九次激战，截断了秦军的补给线。负责围攻巨鹿的两名秦将，一名被活捉，另一名投火自焚。

在这之前，来援助赵国的各路诸侯虽然有几路军队在巨鹿附近，但都不敢与秦军交锋。楚军拚死决战并取得了胜利，大大地提高了项羽的声威。

从此，项羽率领的军队成了当时反秦力量中最强大的一支武装。

后来，"皆沉船，破釜甑"演化为成语"破釜沉舟"，用来比喻拚死一战，决心很大。

项羽也成了当时农民起义军的著名领袖人物，并在不久和刘邦的起义军一起，推翻了秦朝的统治。

◎ 经典例句

小昭，你干么老往歧路上想？未必就非破釜沉舟不可，也还有个办法。

——茅盾《腐蚀·十一月十六日》

# 破镜重圆

pò jìng chóng yuán

释义：比喻夫妻离散或破裂后重新和好、团圆。破：敲破、破碎。镜：镜子。圆：团圆。

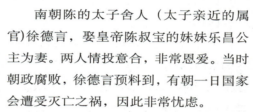

徐德言之妻，封乐昌公主。时陈政方乱，德言知不相保，乃破一镜，各执其半。及陈亡，德言出半镜以合之。

——唐·孟棨《本事诗·情感》

○ 品画鉴宝

鸟兽纹镜（唐）圆钮。主题纹饰为对称分布的神兽、凤鸟，间饰四株花草及云纹。边缘饰有一周云纹。

南朝陈的太子舍人（太子亲近的属官）徐德言，娶皇帝陈叔宝的妹妹乐昌公主为妻。两人情投意合，非常恩爱。当时朝政腐败，徐德言预料到，有朝一日国家会遭受灭亡之祸，因此非常忧虑。

一天，他愁容满面地对妻子说："天下大乱的事马上就会发生，到时我们夫妻将被拆散。但只要我们姻缘未尽，总会再次团圆。为此要先留下一件东西，作为将来重见的凭证。"

乐昌公主同意丈夫的看法和建议。徐德言当即取来一面圆形的铜镜，把它一破为二，一块自己留下，一块交给妻子，嘱她好好保存，并对她说："如果离散后，就在每年正月十五日那天，托人将这半面镜子送到市场上去叫卖。只要我还活着，我一定前去探听，以我的半面镜子为凭，与你团聚。"

不久，已经统一中国北方的隋文帝杨坚，果然发兵攻取了陈的都城建康（今江苏南京），陈国灭亡。灭陈有功的大臣杨素不仅加封为越国公，而且得到许多赏赐，其中包括乐昌公主。徐德言被迫逃亡。
后来，徐德言打听到妻子已经到了隋
的京都大兴（今陕西西安），便长途跋
涉赶到那里，打听妻子的下落。每当夜
深人静，取出半面镜子思念爱妻。乐昌
公主虽然过着非常奢侈的生活，但内
心一直惦着丈夫，也经常抚摸半面镜
子，回忆往事。

正月十五终于来到了。徐德言到热
闹的市场，看见一个老人以高价出售半
面铜镜，经察看，果然是妻子的那半块。
原来他是杨府的仆人，受乐昌公主委托
来卖镜找夫的。于是徐德言写了一首
诗，交给仆人带回。诗写道："镜与人俱
去，镜归人未归。无复嫦娥影，空留明
月辉。"意思是镜子与人都去了，但如今
镜子归来而人却没有归来。正好比月中
没有嫦娥的身影，只空留明月的光辉。

乐昌公主见到丈夫保存的半面铜
镜和诗后，终日哭泣，茶饭不思。杨素
知道实情后，非常感动，把徐德言叫
来，叫他把乐昌公主带回江南，同时还
赐给他们许多东西。

◎ 经典例句

若是她真还有心在樊先生身上，我若把
她二人弄得破镜重圆，她二人应当如何感激
我哩。

——张恨水《啼笑因缘》

192

上谓侍臣曰："吾闻西域贾胡得美珠，剖身以藏之。"侍臣曰："有之。"上曰："人皆知彼之爱珠而不爱其身也。"

——《资治通鉴·唐太宗贞观六年》

　　一个西域胡商搞到了几颗极为名贵的珍珠，打算到长安卖个好价钱。他怕路上遭到抢劫，考虑再三，最后用小刀剖开自己的肚皮，把珍珠藏在里面，然后出关上路，前往长安。不知过了多少艰难险阻，这胡商才到达长安。他找了一家旅店，关上门，再用小刀剖开腹部，从中取出珍珠。由于路途过于劳累，没有很好休息，再次剖开肚皮取珠时，流血过多，倒地死去。

　　这件事很快传进宫里，唐太宗问侍臣道："我听说西域有个胡商得到了明珠，就剖开肚皮藏在里面，再带到长安来卖，真有这件事吗？"

　　侍臣回答说真有这件事。唐太宗于是叹道："人们都知道，这是他光爱自己的珍珠而不爱自己的身体。有些官吏贪赃枉法，结果家破人亡，不是同那胡商一样可笑吗？"

◎ 经典例句

　　跌了灯值钱呢，是跌了人值钱？……就失了手也有限的，怎么忽然又变出这"剖腹藏珠"的脾气来！

——清·曹雪芹《红楼梦》

唐太宗（公元 599 – 649 年）
唐朝第二位皇帝，伟大的军事家，卓越的政治家，著名的理论家、书法家和诗人。堪称"千古一帝"。其在位二十三年，期间国泰民安，社会安定，经济发展繁荣，军事力量强大。后人称他在贞观年间的统治为"贞观之治"。

# 扑朔迷离

开我东阁门，坐我西阁床。脱我战时袍，着我旧时装。当窗理云鬓，对镜贴花黄。出门看伙伴，伙伴皆惊惶。"同行十二年，不知木兰是女郎。"雄兔脚扑朔，雌兔眼迷离。双兔傍地走，安能辨我是雄雌？

——北朝·无名氏《木兰诗》

《木兰诗》是我国古代的一首民歌，诗中叙述的是我国古代一位智勇双全的孝顺女子代父从军的经过。

在古代，有个姑娘名叫花木兰，他的父亲原是朝廷的武将，后来年纪大了，退休在家。花木兰小时候曾经跟父亲习武，十八般武艺，样样精通。

有一年，国家发生战争，朝廷征召民众出来为国家效力，花木兰的父亲也在被征召之列。花木兰看到父亲年纪大了，身体又不好，而弟弟年龄还小，不能代父从军，于是就想自己扮男装，代父亲前去从军。

她把自己的想法给父母说了，她的父亲起先坚决不肯，但后来被她的孝心所感动，并且一时之间也没有办法可想，最后终于同意了。

花木兰辞别了父母，随着大军辗转到边疆去作战。她虽然是个女子，但武艺高强，反应灵敏，聪明机智，在战场上表现得十分英勇，屡次建立了奇功。这样经过十年的苦战，花木兰终于和她的战友们一起打败了敌人，凯旋荣归。

因为在漫长的战争中，花木兰的功劳最大，皇上在奖励有功人员时，一定要封花木兰为兵部尚书。可是，她却再三辞谢，说："谢谢皇上的恩典，但我不想做兵部尚书，只求皇上赐给一匹千里马，让我早日回家和父母团圆。"

〇品画鉴宝

兔形尊（周）兔背上负尊筒，造型别致。

194

不久，花木兰如愿以偿地回到家里。当她脱下战袍，重新穿上女装时，她那些一起征战多年的伙伴才大吃一惊地说："同行十二年，竟然不知木兰是女郎！"

这首诗的最后几句用比兴的手法写道："雄兔脚扑朔，雌兔眼迷离；双兔傍地走，安能辨我是雄雌。"以分不出兔的雌雄，来比喻穿上了战袍，分不出男女，分辨不出木兰是男的还是女的。

◎ 经典例句

张学海听秦妈妈摆事实讲道理，像是把一团没头没尾的乱麻，暂时理出个头绪来，分析的头头是道，令人信服，使她的眼睛把扑朔迷离的现象看得清清楚楚了。

——周而复《上海的早晨》

# 七步之才

qī bù zhī cái

释义：走七步能作成诗的才能。比喻文思敏捷，才气过人。

文帝尝令东阿王七步中作诗，不成者行大法。应声便为诗曰："煮豆持作羹，漉菽以为汁。萁在釜下燃，豆在釜中泣；本自同根生，相煎何太急！"帝深有惭色。

——《世说新语·文学》

曹植是曹操第三个儿子、魏文帝曹丕的同母弟弟。他从小受到良好的文学薰陶，有非凡的文学才华。曹操曾几次打算把他立为魏世子，继承自己的事业。

曹操第二个儿子曹丕一心想当魏世子，一些拥护他的人一再在曹操面前说他的好话，最后终于促使曹操改变主意，立曹丕为魏世子。

为了稳住自己的地位，曹丕想尽方法使曹操对曹植反感。曹植生性随便，不注意遵守禁令，几次遭到曹操处罚，从而没有机会使曹操改变对他的看法。

汉献帝延康元年（公元220年），曹操因病去世，曹丕继任丞相。就在这一年，曹丕废献帝自立为帝（即魏文帝）。

曹丕称帝后，借口曹植在父丧期间礼仪不当，把他拿下问罪。这罪犯得很重，当时要被处死。在审问的时候，曹丕指责他依仗自己有才学，故意蔑视礼法，接着说："父亲在世时，常夸你的诗文，我一直怀疑有人为你代笔。今天限你七步成诗一首，如若不成，休怪我问你死罪！"

曹植点点头，说："请皇上赐题。"

"就以兄弟为题，但不许出现兄弟二字。"

曹植略一思忖，便迈开脚步，走一步吟一句："煮豆持作羹，漉菽以为汁。萁在釜下燃，豆在釜中泣。本自同根生，相煎何太急？"

这几句诗的意思是：要煮豆子作豆豉，抱来豆梗当柴烧。豆梗在锅下呼呼燃烧，豆子在锅里被煮得又哭又叫："咱俩都是一条根上

兄逼弟曹植赋诗　紫玄佛史

长出来的，为什么这样狠心地对我不轻饶？"

　　曹植吟完，正好走了七步。曹丕听了，羞愧难当，免去了他的死罪，将他贬为安乡侯。曹植七步成诗的事很快传开，人们也因此而称赞他有"七步之才"。

◎ 经典例句

　　实有大通文理之人，学贯五经，七步之才，自持有才不肯屈志于人，好高使气，不肯去营求钻刺，反受饥寒寂寞之苦。

——明·周楫《西湖二集》

# 七纵七擒

qī zòng qī qín

释义：正确运用策略，使对方心悦诚服。

亮至南中，所在战捷。闻孟获者，为夷、汉所服，募生致之。既得，使观于营陈（即"阵"）之间，问曰："此军何如？"获对曰："向者不知虚实，故败。今蒙赐观看营陈，若只如此，即定易胜耳。"亮笑，纵使更战，七纵七禽（即"擒"），而亮犹遣获。获止不去，曰："公，天威也，南人不复反矣。"
——《三国志蜀书·诸葛亮传》裴松之注引《汉晋春秋》

公元225年，蜀汉丞相诸葛亮为了巩固后方，率领军队南征。正当大功告成准备撤兵的时候，南方彝族的首领孟获，纠集了被打败的散兵来袭击蜀军。

诸葛亮得知，孟获不但作战勇敢，意志坚强，而且待人忠厚，在彝族中极得人心，就是汉族中也有不少人钦佩他，因此决定把他争取过来。

孟获虽然勇敢，但不善于用兵。第一次上阵，见蜀兵败退下去，就以为蜀兵不敌自己，不顾一切地追上去，结果闯进埋伏圈被擒。

孟获认定自己要被诸葛亮处死，因此对自己说，死也要死得像个好汉，不能丢人。不料诸葛亮亲自给他松绑，好言劝他归顺。

孟获不服这次失败，傲慢地加以拒绝。诸葛亮也不勉强他，而是陪他观看已经布置过的军营，之后特意问他："你看这军营布置得怎么样？"

孟获观看得很仔细，他发现军营里都是些老弱残兵，便直率地说："以前我不知道丞相的虚实，输给了丞相，现在看了你们的军营，如果就是这样子，要赢丞相并不难！"

诸葛亮也不作解释，笑了笑就放孟获回去。他料定孟获今晚一定来偷营，当即布置好埋伏。

孟获回去后，得意洋洋地对手下人说，蜀军都是些老弱残兵，军营的布置情况也已经看清楚，没有什么了不起的。今夜三更去劫营，定能逮住诸葛亮。

诸葛亮
王佐奇才儒者气象
伊吕之间管乐之上

当天夜里，孟获挑选了五百名刀斧手，悄悄地摸进蜀军大营，什么阻挡也没有。孟获暗暗高兴，以为成功在即，不料蜀军伏兵四起，孟获又被擒住。

孟获接连被擒，再也不敢鲁莽行事了。他带领所有人马退到泸水南岸，只守不攻。蜀兵到了泸水，没有船不能过去，天气又热，困难重重。诸葛亮下令造了一些木筏子和竹笼子，一面派少量士兵假装渡河，但到了河心一碰到对岸射来的箭立即退了回来，随后再去渡河；一面将大军分成两路，绕到上游和下游的狭窄处，渡过河去包围孟获据守的土城。后来，孟获又被擒住。

孟获虽然第三次被擒，但他仍然不服气。诸葛亮还是不杀他，款待他后又放他回去。将士中有人对诸葛亮的这种做法不理解，认为他对孟获太仁慈宽大了，诸葛亮向大家解释说："我军要彻底平定南方，必须重用孟获这样的人。要是他能心悦诚服地联络南人报效朝廷，就能抵得上十万大军。你们现在辛苦些，以后就不必再到这里来打仗了。"

孟获这次被擒又释放后，下决心不再跟蜀兵作战。但时间一长，营里快断粮了，他派人向诸葛亮借粮，诸葛亮同意了，但要孟获亲自出来，与蜀军大将一对一比武。孟获接连打败了几名蜀将，但刚到大堆粮食旁，被绊马索绊倒被擒。蜀将当即传达诸葛亮的命令，让孟获回去，并把粮食搬走。

在这种情况下，孟获终于从心里佩服诸葛亮。为了让各部族都归顺蜀国，他把各部族首领请来，带着他们一起上阵。结果又被蜀兵引进埋伏圈，一网打尽，蜀营里传出话来，让孟获等回去，不少部落首领请孟获做主，究竟怎么办。孟获流着眼泪说："作战中七纵七擒（即七次放回七次逮住），自古以来没有听说过。丞相对我们仁至义尽，我没有脸再回去了。"

就这样，孟获等终于顺服蜀汉，听从管辖。

◎ **经典例句**

那敬德鞭无虚举，举无不中。你便要一冲一撞，登时间早将你七纵七擒。

——元·无名氏《小尉迟》

○ 品画鉴宝

青瓷熏炉（三国） 青瓷盅形器，与青瓷香薰同时出土于孙将军邻的墓中，可单独使用，可相叠，盅形器装燃烧料，在青瓷器中属罕见。

201

# 奇货可居

qí huò kě jū

释义：把珍奇的货物囤积起来，等高价出售。指囤积、垄断，挟持某种东西或技艺，以备将来博取名利。奇货：珍奇的货物。居：存，囤积。

子楚为秦质子于赵，秦数攻赵，赵不甚礼子楚。子楚秦诸庶孽孙，质于诸侯，车乘进用不饶。居处困，不得意。吕不韦贾邯郸，见而怜之，曰："此奇货可居。"

——《史记·吕不韦列传》

卫国的大商人吕不韦到赵国的都城邯郸做买卖，碰到在那里做人质的秦国公子异人。他觉得异人是个稀有的"货物"，可以收买下来，搞个政治投机，有朝一日换取名利。

回家后，吕不韦问父亲："农民种田，一年能得几倍的利益？"

"可得十倍的利益。"父亲回答说。"贩卖珠宝能得几倍的利益？""可得几十倍的利益。""要是拥立一个国君，能得几倍的利益？""那就无法算得清楚了。"

于是吕不韦说起秦国公子异人的事，并表示要设法把他弄到秦国去做国君，做个一本万利的大买卖。父亲非常赞成。

异人是秦昭王的孙子、太子安国君的儿子。安国君宠爱华阳夫人，而讨厌异人的母亲夏姬，因此异人被送到赵国当人质。吕不韦告诉异人，愿意为他回国出钱出力。一旦秦昭王去世、安国君即位，他就可以成为太子，将来继任国君。异人自然非常高兴，再三道谢，并表示一旦成为国君，就把秦国一半的土地封给吕不韦。政治交易达成后，吕不韦带了大量财宝去秦国，托人向华阳夫人献上厚礼。华阳夫人马上召见吕不韦。吕不韦玩弄巧舌，说服没有生过儿子的华阳夫人认异人作为自己的亲生儿子，并通过她要求安国君将异人接回秦国，改名为子楚。此后，华阳夫人一再在安国君面前说子楚的好话，并要求立他为太子。安国君答应了，还让吕不韦当他的老师。几年后，秦昭王去世，安国君做了国君，即秦孝文王。孝文王即位时年纪已经很大了，一年后就去世了，于是子楚如愿以偿，继任国君，称为秦庄襄王。吕不韦是头号功臣，当上了丞相，享受十万户的租税。他收买下来的奇货经过囤积，终于换来了无法估量的名利。

# 杞人忧天

qǐ rén yōu tiān

释义：杞国有人担忧天塌下来，比喻缺乏根据和不必要的忧虑。忧：担忧。

> 杞国有人忧天地崩坠，身亡所寄，废寝食者。又有忧彼之所忧者，因往晓之……其人舍然大喜，晓之者亦舍然大喜。
>
> ——《列子·天端》

《列子》里面有很多寓言故事，其中有一则就是杞人忧天的故事。

春秋时，杞国有一个人整天担忧天会塌下来，地会陷下去，害怕自己没有容身之处，弄得吃不下饭，睡不好觉。另有一个人却为这杞国人的忧虑而担忧，便去开导他说："天，不过是积聚的气体罢了，没有一个地方没有气，你一举一动，一呼一吸，整天都在天中活动，为什么还担忧天会塌下来呢？"

杞国的那个人说："如果天真是由气体积聚起来的，那么日月星辰，不都要掉下来吗？"

开导他的人说："日月星辰，也是气体积聚而成的，只不过它会发光罢了，即使掉下来，也不会打伤人的。"

杞国的那个人又说："地要陷落怎么办呢？"

开导他的人说："地，不过是堆积起来的土块罢了，到处都是，没有一个地方没有土块。你践踏行走，成天的在地上活动，为什么还要担忧它会陷落下去呢？"

这个杞国人听了，才抛掉了忧愁，高兴起来。开导他的人，也放心了。

## ◎ 经典例句

在雯青却一面庆幸着同学少年，各膺重寄，正盼他们互建奇勋，为书生吐气；一面又免不了杞人忧天，代为着急，只怕他们纸上谈兵，终无实际，使国家吃亏。

——清·曾朴《孽海花》

千里送鹅毛，礼轻情意重。

——徐谓《路史》

有一个地方官，偶然得到了一只稀有的飞禽——天鹅，便派一位名叫缅伯高的心腹拿去向皇帝进贡。缅伯高抱着天鹅，走到沔（miǎn）阳湖边时，忽然觉得应该停下来给天鹅洗个澡，就小心翼翼地将天鹅放入水中。不料，天鹅却振翅飞走了，只掉下一根鹅毛。缅伯高没有办法去捉，只好拿着这根鹅毛面见皇帝。他害怕皇帝处罚自己，就编了一首顺口溜，大意是这样的：

"我来向您朝贡，经过了万水千山，可到了沔阳湖时天鹅飞走了。我悲痛欲绝，今天上复天子，请您饶了缅伯高。再说，千里送鹅毛，礼轻情意重。"

皇帝听了这一番话，就饶恕了缅伯高。

◎ 经典例句

他这礼物虽觉微末，俗语说得好：千里鹅毛，礼轻人意重。只好备个领谢帖儿，权且收了。

——清·李汝珍《镜花缘》

# 前车之鉴

qián chē zhī jiàn

释义：前面的车子翻了，后面的车子可引以为鉴。比喻先前的失败，可作其后的教训。

鄙谚曰"前车覆，后车鉴"，秦民所以亟绝者，其辙迹可见，然而不避，是后车又将覆也。

——《汉书·贾谊传》

贾谊是西汉时的洛阳人。他从小就有天才儿童的美誉。当他十八岁的时候，他所写的文章就已经远近驰名了。

汉文帝听说贾谊很有才学，于是他就特别派人把贾谊请到京都担任博士。那时，贾谊才二十岁。

有一次，贾谊上书给汉文帝，讲述治理国家的道理说："秦朝的时候，宦官赵高教导秦始皇的次子胡亥，单教他怎样去处决囚犯，所以胡亥所学习的，不是斩杀犯人，就是怎样灭族。秦始皇死后，胡亥当上了皇帝。他在即位的第二天就杀人，有人用忠言劝告他，他认为是诽谤；有人向他呈送治国安民的计策，他认为是妖言。他杀起人来，简直就像割草一样。那么，难道胡亥天生就是这样残暴的吗？不是的。这完全是教导他的人教得不合理，才造成的恶果呀！俗语说：'不熟悉做官的，只要看看他所办的公事成绩如何，就可以知道了！'

"俗语又说：'前车之覆，后车之鉴。看到前面的车子倒下来，后面的车子就应该作为警戒！'

"秦朝灭亡的前车之覆，应该作为我们的后车之鉴呀！"

汉文帝看了上书，认为贾谊讲得很有道理，不久便把贾谊升为大夫。后来，汉文帝想继续提拔贾谊，却遭到绛侯周勃等人的反对。于是汉文帝派贾谊出任长沙王太傅，后又调任梁王太傅。

贾谊一直郁郁不得志，死时年仅三十二岁。

贾谊（公元前200—前168年）

又称贾太傅、贾长沙、贾生。洛阳人。西汉初年著名的政治家、文学家。其著作主要有散文和辞赋两类。

◎ 经典例句

　　而这位新拳师来教徒弟时，却以他的先生和自己为前车之鉴，就一定留一手，甚而至于三四手。

——鲁迅《南腔北调集·作文秘诀》

前功尽弃

qián gōng jìn qì

释义：以前的功劳和努力全部白费。尽：全。

今破韩、魏，扑师式，北取赵蔺、离石者，公之功多矣。今又将兵出塞，过两周，倍韩，功梁，一举不得，前功尽弃。公不如称病而无出。

——《史记·周本纪》

战国后期，秦昭王为了一统天下，重用大将白起。白起经常带兵出征，先后打败了韩国和魏国。斩杀韩、魏两军的首级达二十四万颗之多。此后几年，秦军又经常在韩、魏的国土上出现，占领许多城池，夺去无数人的性命，使韩、魏两国百姓不得安宁。

公元前281年，秦昭王又派白起去攻打魏国的都城大梁（今河南开封）。有个名叫苏厉的游说之士得知这个消息后，对周赧（nǎn）王说："如果大梁被秦攻占，周朝就将危险了！"

周赧王是东周的国王。当时周已分裂为东周、西周两个小国。赧王名义上是天子，实则寄居西周，各诸侯国根本不把他放在眼里。而对周威胁最大的就是秦国。赧王听苏厉这样说，惊慌不已，忙问他该怎么办。苏厉献计道："为今之计，应派人去劝阻秦将白起发兵。"赧王赶紧向他请教，应该怎样劝说白起。苏厉胸有成竹地说："可以派人这样对白起说：您大破韩、魏之师，杀了魏国的大将师武，又在北方夺取了赵国的蔺和离石（均在今山西境内)等地，立下的战功可说够大够多的了。现在您又将经过韩国去攻打魏国，这样有危险。如果一旦攻打失利，那么就会前功尽弃。所以劝您还是称病不出的好。"

白起听了，果然停止了进攻魏国的军事行动。

白起最后的命运很可悲：他因与秦王、相国范雎的意见不合，反对攻打赵国都城邯郸，被逼自杀。

◎ 经典例句

他们是乌合之众，十个人有十条心，嘴头子又松，要是事情给他们泄了密，那可不是前功尽弃？

——高云览《小城春秋》

209

# 前倨后恭

qián jù hòu gōng

释义：原先傲慢，后来恭顺。形容前后态度不同。倨：傲慢。

（苏秦）将说楚王，路过洛阳，父母闻之，清宫除道，张乐设饮，郊迎三十里。妻侧目而视，倾耳而听；嫂蛇行匍伏，四拜自跪谢。苏秦曰："嫂何前倨而后卑也？"嫂曰："以季子之位尊而多金。"苏秦曰："嗟乎！贫穷则父母不子，富贵则亲戚畏惧。人生世上，势位富贵，盍可忽乎哉！"

——《战国策·秦策》

战国时，有个著名的纵横家名叫苏秦，是当时极负盛名的大政治家。他曾和魏国人张仪一起拜鬼谷子为师学习所谓的"纵横之术"。

可是，当他还没有成名以前，他曾出外游说了几年，却一事无成。当他穿着褴褛的衣衫，穷苦潦倒地回到家里，他的父母、兄嫂，甚至于妻子都认为他没出息，没有一个人看得起他。尤其是他嫂嫂，更是常以白眼相向，骂他是个游手好闲、不务正业的人，并断言他今生今世永无出头之日。

苏秦十分气愤，发愤读书，潜心苦学。他自觉学有所成以后，又出外游说，后来，他终于以"合纵"学说游说成功，说服燕国和赵国联合起来，再由他去说服其他四国，一起对付强大的秦国。他被燕文公拜为相国，又被赵肃侯封为武安君，挂宰相印。并赐给他兵车一百辆，锦缎一千匹，黄金二十万两。接着，他又准备到楚国去游说。

在去楚国的路上，他途经洛阳。他的父母知道后，便立刻洒扫庭院，陈设酒席，并特地来到洛阳城郊三十里的地方迎接他。他的妻子不敢正眼看他，而只敢侧耳倾听；他的兄弟更是连看也不敢看他，低着头侍奉他；至于他的嫂子，则伏在地上拜了四拜，向苏秦承认自己从前的过错。

苏秦见了，踌躇满志地笑着对他的嫂子说："嫂嫂，你为什么从前那样傲慢自大，而今天却又这样的卑微谦恭呢？"

苏秦的嫂嫂被他这么一问，真是又愧又怕，便连连叩头求饶，说："那是因为小叔现在职位高、金钱多啊！"

苏秦听了，不禁长叹一声，说："唉！同是我苏秦，富贵的时候亲戚怕我，贫贱的时候连父母也不把我当儿子看待。人世间，不以贫贱富贵来待人的人实在太少了！"

◎ · 经典例句

帝以媪前倨后恭，诘之，曰："公贵不可言也。"

——宋·孙光宪《北梦琐言》

○ 品画鉴宝

四杰四景图·妻不下机 （明）谢时臣／绘　此图表现战国时代苏秦潦倒归家，而妻子不下织机相迎的故事，将故事与春景融为一体，列具匠心。

# 前事不忘，后事之师

qián shì bù wàng hòu shì zhī shī

释义：不忘记以前的事，以后的事就好办了。表示汲取过去的经验教训，可作为今后借鉴。师：师表，榜样，引申为鉴戒。

张孟谈对曰："君之所言，成功之美也。臣之所谓，持国之道也。臣观成事，闻往古，天下之美同，臣主之权均之能美，未之有也。前事不忘，后事之师。君若弗图，则臣力不足。"

——《战国策·赵策一》

战国初，晋国的卿大夫（国王及诸侯分封的臣属，掌握国政和统兵之权）知伯，在率领韩、赵、魏三卿灭掉晋卿中行氏之后，向韩、赵、魏三家索取疆土。韩、魏两家因害怕知伯，都给了他土地，但赵襄子不肯给。于是，知伯又会合韩氏和魏氏的军队攻赵。

赵襄子采用大夫张孟谈的计谋，暗中与韩、魏两国联络，说如果赵国被攻灭，对他们是不利的。最后，韩、魏与赵的军队秘密联合起来，偷袭知伯的军队，把知伯活捉了。

在这场争斗中，张孟谈为赵国立下了大功。可是事成之后，他却向赵襄子提出辞呈，不再为赵襄子干下去了。

赵襄子觉得很奇怪，问张孟谈为什么要功成身退。张孟谈回答说："从前有人说，春秋五个霸主之所以能很好地治理天下，那是因为国君都能驾驭臣子，而绝不为臣子所驾驭。如今我作为臣子，名声显达，地位高尊，权力重大，信服的人太多了，所以应该放弃功名，削掉权势。"

赵襄子不高兴地说："我听说凡是能辅佐国君的，名声才能显达；功劳大的，地位才能高贵；对国家能负责任的，才能委以重任；只要自己忠诚，众人便会信服。先圣之所以能安邦定国，就因为这样做的缘故。你为什么要辞离呢？"

张孟谈说："大王所说的是成功所必须的东西，而我说的是巩固国家政权的道理。我听说，从前君臣一起打天下，最后取得成功，这是常有的事。但成功之后君臣权力平等，臣子结局美好的，那是没有的。不忘记以前的事，以后的事也就好办了。大王即使不同意我辞离，我也没有力量来帮助您做事了。"

赵襄子见他说到如此程度，知道无法挽留，只好同意他辞离。

## ◎ 经典例句

我们的古人也懂得"前事不忘，后事之师"。今天却有人反复地在我们耳边说："忘记，忘记！"

——巴金《随想录》

# 黔驴技穷

qián lǘ jì qióng

释义：黔地的驴子用尽了本领。比喻本领有限，并且已经使完。黔：地名，今贵州一带。技：技能、本领。穷：尽，完了。

驴不胜怒，蹄之。虎因喜，计之曰："技止此耳！"
——柳宗元《三戒·黔之驴》

从前，贵州一带没有驴子，有个好奇的人就用船运来了一头毛驴。因为不知它有什么用场，便把它放牧在山脚下。

山里的老虎发现了这头毛驴，觉得它看上去很高大，不知道它有些什么本领，不敢靠近它，只是远远地躲在树林里，偷偷地观察它的动静。

过了一些时间，老虎放大了胆子，走出树林，一点一点地靠近毛驴，再仔细地瞧瞧它，但仍然不知道它究竟是什么东西。

一天，毛驴突然大叫一声，把老虎吓得一大跳，以为它要来吃自己了，急忙逃得远远的。可是，结果并非如此。过了几天，老虎又靠近毛驴，发现它并没有什么特别的本领，对它的叫声也听惯了。于是，向毛驴靠得更近些，在它面前转来转去，结果还是平安无事。后来，老虎靠毛驴更近了，甚至碰撞毛驴的身子，故意冒犯它。毛驴终于被惹得发怒，用蹄子去踢老虎。

这一来，老虎反而高兴起来了。它估计驴的技能也就这么一点儿，没有什么可怕的，便大吼一声，猛扑上去，咬断了毛驴的喉管，美美地吃个饱，才高高兴兴地离去。

柳宗元（公元773—819年）字子厚。唐代文学家、哲学家和政治家，唐宋八大家之一。祖籍河东。与韩愈共同倡导唐代古文运动，并称韩柳。世称柳河东或柳柳州。柳宗元一生留诗文作品达六百余篇，其文的成就大于诗。其作品由唐代刘禹锡保存，并编成集。有《柳河东集》。

◎ 经典例句

大军阀技艺高超，分化收买令人叹为观止；小军阀拼命挣扎，走投无路，真可谓黔驴技穷。
——魏巍《地球的红飘带》

214

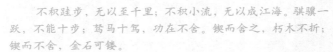

释义：不停地镂刻，比喻持之以恒，坚持不懈。锲：镂刻。舍：停止。

不积跬步，无以至千里；不积小流，无以成江海。骐骥一跃，不能十步；驽马十驾，功在不舍。锲而舍之，朽木不折；锲而不舍，金石可镂。

——《荀子·劝学》

荀子，名况，战国末期赵国人，是我国古代著名的哲学家。他反对天命，不信鬼神，认为大自然的运行是有它的规律的，人的力量可以制服天；并主张因地制宜，使天时为农业服务，发挥人的才能，促使万物增长变化。这些见解在当时是非常进步的。

荀子又是一位有名的教育家。他写过一篇名叫《劝学》的文章，运用许多确切的比喻，来劝导人们坚持不懈地认真学习。其中许多议论精辟透彻，富有启发性。

文章一开始就写道，人接受教育、寻求学问，是不可废弃的，靛青这种染料是在蓝草中提炼出来的，但它的颜色却比蓝草更深。这是他用来比喻学生胜过老师，或者后人胜过前人的名句。这就是所谓"青出于蓝，而胜于蓝"。

荀子又用镂金石来比喻学习要持之以恒，坚持不懈。他写道，刻一下就停下来，烂木头也刻不断。不停地刻下去，即使是坚硬的金属和石头，也可以把它们刻穿。所以人们要用"锲而不舍"的精神来学习，这样就一定能取得成功。

荀子在《劝学》篇中还写道，"不积跬步，无以至千里；不积小流，无以成江海"。意思是不一步一步地走，不会到千里之远；不是一条一条小河的水汇合起来，不会成为江海。它用来比喻学习是一个由少到多、日积月累的过程。高深的学问和渊博的知识，是一点一滴积累起来的。他的这些见解，现今还常被人们在教育中引用。

◎ 经典例句

他锲而不舍，穷追不放，终于把歌声撵到了这片树林最偏僻最幽静的角落。

——刘绍棠《二度梅》

215

# 倾国倾城

qīng guó qīng chéng

释义：形容女子的容貌特别漂亮。又作「倾城倾国」。倾：使……倾倒。

延年侍上起舞，歌曰："北方有佳人，绝世而独立。一顾倾人城，再顾倾人国。宁不知倾城与倾国，佳人难再得。"上叹息曰："善！世岂有此人乎？"

——《汉书·外戚传》

我国从秦朝起，国家就设立了音乐官署，称为乐府。到汉武帝时，乐府的规模已经很大，掌管朝会宴请、道路游行时所用的音乐，同时收集民间的诗歌和乐曲。当时有位名叫李延年的宫廷乐师，他父母兄弟都当乐工，妹妹也是一位歌伎。

李延年很受武帝的赏识，经常在武帝面前边唱歌边跳舞。有一次，他动情地唱道："北方有佳人，绝世而独立。一顾倾人城，再顾倾人国。宁不知倾城与倾国，佳人难再得。"

歌词的意思是，北方有个非常漂亮的姑娘，她是绝代佳人，全城、全国的人看了她，都为之倾倒。这种倾城倾国的美人再也难能见到。

汉武帝听了很感兴趣地问李延年："难道世上真有这样的绝代佳人？"

李延年还未回答，武帝的姐姐平阳公主笑着说道："有这样的佳人啊，她就是李乐师的妹妹呀！"

武帝立即传令，把这位佳人带进宫来。一看，其美貌果然举世无双，于是将她留在身边，称为李夫人。李夫人不仅漂亮，而且能歌善舞，很受武帝宠爱。

不幸的是，李夫人在武帝身边的时间不长，就患绝症去世了。武帝非常悲痛，把她的画像悬挂在宫里，以示怀念。

◎ 经典例句

相貌其实平常，然而顾影弄姿，自以为倾国倾城。

——茅盾《清明前后》

○ 品画鉴宝

调梅图（明）陈洪绶／绘 此图描绘明代妇女主仆三人，围在火炉旁调梅的情景。调梅，指用盐梅调味，使食物味美。

# 请君入瓮

qǐng jūn rù wèng

释义：请你进入瓮中。比喻以其人之道，还治其人之身。君：您。瓮：一种瓦器。

或告文昌右丞周兴与丘神勣通谋，太后命来俊臣鞫之。俊臣与兴，方推事对食，谓兴曰："囚多不承，当为何法？"兴曰："此甚易耳，取大瓮，以炭四周炙之，令囚入中，何事不承？"俊臣乃索大瓮，火围如兴法，因起谓兴曰："有内状推兄，请兄入此瓮。"兴惶恐叩头伏罪。

——《资治通鉴·唐纪》

武则天是中国历史上唯一的一位女皇帝，她为了维护自己的统治，采取高压的恐怖政策，并且奖励告密。假如告密者所举发的事是真的，武则天就给他升官晋级；如果是诬告，也不会受到处分。因此，告密的人越来越多。

也正因为武则天采取这种政策，所以她手下的一些酷吏，便想尽办法诬陷政敌，并不断改进刑具来逼迫犯人认罪。这些酷吏中，最有名的要数大臣周兴和来俊臣了。然而，武则天对这些酷吏也不过是加以利用，当他们没有利用价值时，便也劫数难逃。

有一次，酷吏周兴被人密告伙同别人谋反，武则天便派来俊臣去审理这件案子，并且定下期限要得到结果。来俊臣一向和周兴关系不错，感到很棘手，他苦苦思索，终于想出一个办法。

一天，来俊臣故意请周兴来他衙中聊天，说："唉！最近审问犯人老是没有结果，不知老兄可有什么新的绝招？"

周兴一向对刑具很有研究，时常研究出一些稀奇古怪的酷刑来逼供。这一次他也没想到来俊臣是针对自己而发，所以，便很得意地告诉来俊臣说："我最近发明一种新方法，你只要准备一个大瓮，四周放满炭火烧红，再把犯人放进去，无论他们多么狡猾，也受不了这个滋味，一定会招认的。"来俊臣听了，便吩咐手下人去抬来一个大瓮，照着刚才周兴所说的方法，生上火，等大瓮已经被炭火烧得通红以后，他便站起身，突然把脸一扳，阴鸷地对周兴说："有人告你谋反，现在太后命我来审问你，如果你不老老实实招认的话，那么我只好请你进这个大瓮了！"

周兴听了大惊失色，知道这次自己绝对无法抵赖，只好俯首认罪。

◎ 经典例句

掬西江之水，为尔洗肠，即烧东壁之床，请君入瓮。

——清·蒲松龄《聊斋志异》

217

qìng zhú nán shū

释义：砍尽竹林制成竹简，也难写完。比喻罪恶太多，无法写完。罄：空，尽。竹：指竹简。书：写。

罄南山之竹，书罪未穷；决东海之波，流毒难尽。
——《旧唐书·李密传》

　　隋朝末年，炀帝杨广残暴统治，荒淫奢侈，大兴土木。又连年对外用兵，使百姓无法活下去，迫使他们揭竿而起，从而到处掀起农民起义。

　　在众多的农民起义军中，有一支是翟让领导的义军。它以瓦岗寨（今河南滑县南）为根据地，称为瓦岗军。起义军中有许多是渔猎手，勇敢善战。翟让骁勇而有胆略，队伍很快发展到万余人。

　　早在炀帝大业九年（公元 613 年），越国公杨玄感就乘农民起义纷起的时候，起兵反隋，但不久即败死。他的手下李密，在失败后被捕，但在押送途中逃脱。大业十二年，他投奔瓦岗起义军，游说翟让联合附近各起义军，取得对隋军的作战胜利，从而取得了翟让的信任。次年，李密取得全军领导权，称魏公。

　　李密取得大权后，为了进一步联合各路起义军，以及吸引隋朝的文武官员来投奔他，便在进攻隋都洛阳的时候，发布了一篇讨伐炀帝的檄文（一种用以晓喻、征召、声讨等的文书），号召各方人士推翻隋朝的统治。檄文在历数炀帝残暴统治、祸国殃民的十大罪状之后写道："用尽南山所有的竹子制成竹简，也写不完杨广的罪过；决出东海的水，也冲洗不清他的罪恶。"

　　翟让后被李密所杀，这对瓦岗军起了严重的破坏作用。大业十四年，炀帝在江都（今江苏扬州）被禁军将领宇文化及等缢杀。同年，李密入关降唐，但不久因反唐而被杀。

◎ 经典例句

　　旧的东西大抵可爱，惟旧病不可复发。诸如夜郎自大的脾气，奴隶制度的残余……以及罄竹难书的诸般病症，皆以早去为宜。
——梁实秋《雅舍小品·旧》

# 秋毫无犯

大王之入武关，秋毫无所害，除秦苛法，与秦民约法三章耳，秦民无不欲得大王王秦者。于诸侯之约，大王当王关中，关中民咸知之。大王失职入汉中，秦民无不恨者。今大王举而东，三秦可传檄而定也。

——《史记·淮阴侯列传》

汉初的诸侯王韩信在未发迹时，被人认为懦弱无能。后来他投奔项梁领导的抗秦起义军，一直默默无闻。改归项羽部下后，多次向项羽献计，都没有被采纳，于是他脱离项羽，投奔汉王刘邦。刘邦派他管理粮饷，同样不重视他。后来在丞相萧何的一再推荐下，刘邦才拜他为大将。

拜将仪式结束后，刘邦问韩信道："丞相一再谈起将军，不知将军有什么高见指教？"

韩信谦虚了几句后，反问刘邦道："大王自己估计一下，您在勇敢、仁厚和兵力各方面同项王比，谁强？"

刘邦沉默了好半天，才回答说："我各方面都不如他。"

于是，韩信具体地分析了项羽的特点，以及项羽的致命弱点，证明项羽名义上虽然称霸天下，实际上却不得人心，没有老百姓的支持。最后，韩信提出了进兵计划："现在大王如能采取和项王相反的办法，任用天下勇武能干的人，有什么地方不能讨平呢？把天下的城池分封给有功的部属，有什么人会不心服呢？我们的军事行动符合将士们要求打到东方去的愿望，有什么敌人打不败呢？再说，大王进入武关的时候，纪律严明，对老百姓秋毫无犯，还取消了秦朝苛刻的法令，和他们约定的只不过是不许杀人、伤人和盗窃这三条法律罢了。关中的老百姓没有不希望大王在那里做王的。现在大王如果带兵东进，关中地区只要发一道布告，就可以收复了！"

刘邦听了韩信这番话，非常高兴，只恨太迟遇到他，立即采纳他的计划，议定各路将领进兵攻击的目标。

◎ 经典例句

士豪进城，秋毫无犯，恩恩百姓大悦，争出牛酒犒师，登时大定。

——清·夏敬渠《野叟曝言》

# 曲突徙薪

qū tū xǐ xīn

释义：把烟囱改砌成弯曲的，把柴薪搬到远处去。比喻对可能发生的事故应防患于未然，消除产生事故的因素。突：烟囱。徙：迁移。薪：柴草。

臣闻客有过主人者，见其灶直突，傍有积薪，客谓主人："更为曲突，远徙其薪，不者且有火患。"主人默然不应。俄而家果失火，邻里共救之，幸而得息。于是杀牛置酒，谢其邻人，灼烂者在于上行，余各以功次坐，而不录言曲突者。人谓主人曰："向使听客之言，不费牛酒，终亡火患。今论功而请宾，曲突徙薪亡恩泽，焦头烂额为上客耶？"主人乃寤而请之。

——《汉书·霍光传》

汉宣帝时，有个叫徐福的人几次上书，提醒宣帝限制大司马、大将军霍光的权力，以防他的家人谋反。霍光死后，他的家人果然谋反。幸亏有人及时告发，才未酿成大乱。事后，宣帝对告发的人大加赏赐，而对早就劝告他应限制霍光权力的人却没有一点赏赐。有位大臣觉得不公平，特地向宣帝上书。在上书中，这位大臣特地举了"曲突徙薪"的事作例子：有个人到朋友家作客，见主人家的烟囱是直的，灶边又堆了不少柴薪，觉得这样很危险，向主人建议说："你这烟囱要改砌成弯曲的，柴薪要搬到远处去，不然容易发生火灾啊！"

主人不以为然，没有作声。不久，主人家果然失火，亏得邻居及时赶来把火扑灭，才没有造成更大的损失。

事后，主人杀牛摆酒，酬谢前来救火的邻居。他特地请那些被火烧得焦头烂额的人坐在上首，其他的则按照出力大小安排座次，偏偏没有请不久前建议他改砌烟囱、搬走柴薪的那位客人。

席间，有人对主人说："如果当时你听从那位客人的话，把烟囱改砌成弯曲的，并把柴薪搬到远处，那么就不会失火，也就不必杀牛摆酒了。今天你论功请客，却把你那位客人忘了，这岂不是曲突徙薪亡（没有）恩泽，焦头烂额为上客了吗？"

主人听了这番话，顿时省悟过来，马上把那客人请来，并奉他为上宾。

汉宣帝看到这里，明白了这位大臣的意思，马上重赏了徐福。

◎ 经典例句

曲突徙薪，吾谋弗用；焦头烂额，彼何人哉！

——柳亚子《辛亥革命外史》

223

# 趋炎附势

qū yán fù shì

释义：形容奔走权门，或奉承和依附有权势的人。炎：权势兴盛，比喻有权势之人。趋、附：迎合、依附。

今已老大，见大臣不公，常欲面折之，焉能趋炎附势，看人眉睫，以冀推挽乎？

——《宋史·李垂传》

宋真宗时，聊城（今属山东）人李垂考中进士，先后担任著作郎、馆阁校理（汇编时事、校勘书籍等的官职）等官员。他曾写了三卷《导河形胜书》，对治理旧河道提出了许多有益的建议。

李垂很有才学，为人正直，对当时官场中奉承拍马的庸俗作风非常反感，因此得不到重用。当时的宰相丁谓，就是用阿谀奉承的卑劣手法获取真宗欢心的。他玩弄权术，排挤异己，独揽朝政。许多想升官的人都不住地吹捧他。有人对李垂不走丁谓的门道不理解，问他为何从未去拜谒过丁谓。李垂说："丁谓身为宰相，不但不公正地处理事务，而且仗势欺人，有负于朝廷对他的重托和百姓对他的期望。这样的人我为什么要去拜谒他？"

这话后来传到了丁谓那里，丁谓非常恼火，借故把李垂贬到外地去当官。

宋仁宗即位后，丁谓倒了台，被贬到遥远的地方去任职，而李垂却被召回京都。一些关心他的朋友对他说："朝廷里有些大臣知道你才学过人，想推举你当知制诰（为皇帝起草诏书等的官员）。不过，当今宰相还不认识你，你何不去拜见一下他呢？"

李垂冷静地回答说："如果我三十年前就去拜谒当时的宰相丁谓，可能早就当上翰林学士（皇帝最亲近的顾问兼秘书官，可升任宰相）了。我现在年纪大了，见到有的大臣处事不公正，就常常当面指责他。我怎么能趋炎附势，看别人的眼色行事，借以来换取他们的荐引和提携呢？"

他的这番话不久又传到了宰相耳里。结果，他再次被排挤出京都，到外地去当州官。

## ◎ 经典例句

现在常有人骂议员，说他们收贿，无特操，趋炎附势，自私自利。

——鲁迅《华盖集·通讯》

225

# 曲高和寡

qǔ gāo hé guǎ

释义：曲调越高雅，跟着唱的人就越少。用来比喻知音难得。又被用来比喻说话、写文章不通俗，能理解的人很少。

客有歌于郢中者，其始曰《下里》、《巴人》，国中属而和者数千人；其为《阳阿》、《薤露》，国中属而和者数百人；其为《阳春》、《白雪》，国中属而和者数十人；引商刻羽，杂以流徵，国中属而和者，不过数人而已。是其曲弥高，其和弥寡。

——宋玉《对楚王问》

宋玉是战国时楚国著名的文学家，在楚襄王手下做事。有一次，楚襄王问他："先生最近有行为失检的地方吗？为什么有人对你有许多不好的议论呢？"

宋玉若无其事地回答说："嗯，是的，有这回事。请大王宽恕我，请听我讲个故事。

"最近，有位客人来到我们郢都（在今湖北江陵西北）唱歌。他开始唱的，是非常通俗的《下里》和《巴人》，城里跟着他唱的有好几千人。接着，他唱起了还算通俗的《阳河》和《薤（xiē）露》，城里跟他唱的要比开始的少多了，但还有好几百人。后来他唱格调比较高雅的《阳春》和《白雪》，城里跟他唱的只有几十个人了。最后，他唱出格调高雅的商音、羽音，又杂以流利的徵音（商、羽、徵各为我国古时五音之一），城里跟着唱的人更少，只有几个人了。"

说到这里，宋玉对楚王说："由此可见，唱的曲子格调越是高雅，能跟着唱的也就越少。"

为了进一步说明这个问题，宋玉又用动物的活动来打比方："凤凰能在九霄云外展翅翱

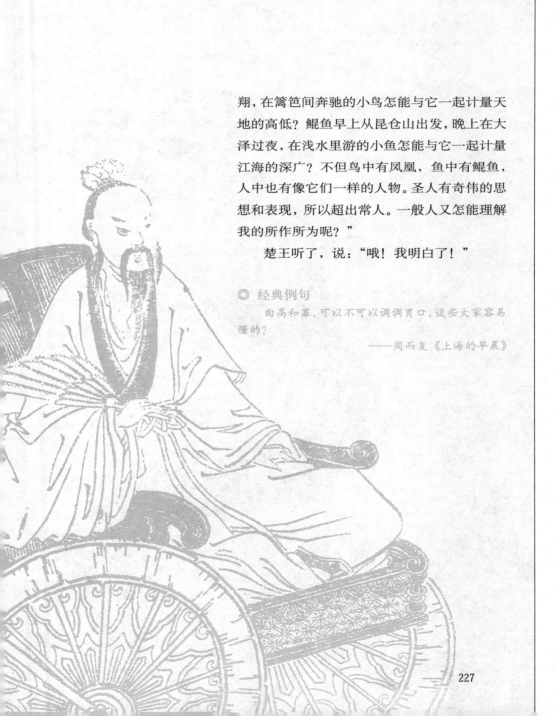

翔，在篱笆间奔驰的小鸟怎能与它一起计量天地的高低？鲲鱼早上从昆仑山出发，晚上在大泽过夜，在浅水里游的小鱼怎能与它一起计量江海的深广？不但鸟中有凤凰，鱼中有鲲鱼，人中也有像它们一样的人物。圣人有奇伟的思想和表现，所以超出常人。一般人又怎能理解我的所作所为呢？"

楚王听了，说："哦！我明白了！"

◎ 经典例句

曲高和寡，可以不可以调调胃口，谈些大家容易懂的？

——周而复《上海的早晨》

# 如鱼得水

rú yú dé shuǐ

释义：就如鱼儿得到了水一样，比喻得到了与自己情投意合的人或很适合自己的环境。

> 先主于是与亮情好日密。关羽，张飞等不悦。先主解之曰："孤之有孔明，犹鱼之有水也。愿诸君勿复言。"羽、飞乃止。
>
> ——《三国志·蜀书·诸葛亮传》

　　诸葛亮，字孔明，阳都（今山东）人。刘备，字玄德，涿县（河北）人。东汉末年，天下大乱，豪杰纷起，群雄争霸，刘备为实现自己统一天下的宏愿，多方搜罗人才，特意拜访隐居在隆中卧龙岗的诸葛亮，请他出山。他连去了两次都未能见着，第三次去，才见到了诸葛亮。刘备说明来意，畅谈了自己的宏图大志，诸葛亮推心置腹，提出了夺取荆州、益州，与西南少数民族和好，东联孙权，北伐曹操的战略方针，预言天下今后必将成为蜀、魏、吴三足鼎立的局面。刘备听后大喜，于是拜孔明为军师。

　　孔明竭力地辅佐刘备，而刘备对孔明的信任和重用，却引起了关羽、张飞等将领的不悦。他们不时在刘备面前，表现出不满的神色，秉性耿直的张飞，更是满腹牢骚。

　　刘备耐心地作了解释，他形象地把自己比做鱼，把孔明比做水，反复说明，孔明的才识与胆略，对自己完成夺取天下大业之重要。他说："我有了孔明，就好像鱼儿得到了水一样，希望大家不要再多说了。"

　　从此以后，刘备在孔明的辅佐下，东联北伐，战荆州，取益州，军事上节节胜利，势力不断扩大，最终与魏、吴成了三足鼎立之势。

## ◎ 经典例句

　　也只有在那么什么有用的事都可以不作，而什么白费时间的事都必须作的文化里，像在北平的文化里，无聊的天才才能如鱼得水的找到一切应用的工具。

——老舍《四世同堂》

刘备（公元161－223年）

字玄德、涿郡人，汉景帝之子中山靖王刘胜的后代，为三国蜀汉开国君王。三顾茅庐始得诸葛亮辅佐。后与孙权联合大败曹操于赤壁，取得益州与汉中，自立为汉中王。公元221年，于成都即位称帝，国号汉，年号章武。伐东吴兵败，损失惨重，退回白帝城，因病崩逝，享年六十二，谥号昭烈帝。

# 孺子可教

rú zǐ kě jiào

释义：这小孩子是可以教诲的，后形容年轻人有出息，可以造就。孺子：小孩子。教：教诲。

张良（？—公元前186年）字子房，汉初三杰之一。战国晚期韩国人。传为汉初城父人。先世原为韩国贵族。汉朝建立，封留侯。刘邦曾赞其『运筹帷幄之中，决胜于千里外，子房功也』。

> 良尝闲从容步游下邳圯上，有一老父，衣褐，至良所，直堕其履圯下，顾谓良曰："孺子，下取履！"良愕然，欲殴之，为其老，强忍，下取履。父曰："履我！"良业为取履，因长跪履之。父以足受，笑而去。良殊大惊，随目之。父去里所，复还，曰："孺子可教矣！后五日平明与我会此。"良因怪之，跪曰："诺。"
>
> ——《史记·留侯世家》

　　张良，字子房。他原是韩国的公子，姓姬，后来因为行刺秦始皇未遂，逃到下邳（pī）隐匿起来，改名为张良。

　　有一天，张良来到下邳附近的圯（yí）水桥上散步，在桥上遇到一个穿褐色衣服的老人。那老人的一只鞋掉在桥下，看到张良走来，便叫道："喂！小伙子！你替我去把鞋拣起来！"

　　张良心中很不痛快，但他看到对方年纪很老，便下桥把鞋捡了起来。那老人见了，又地张良说："来！给我穿上！"

　　张良很不高兴，但转念想鞋都拾起来了，又何必计较，便恭敬地替老人穿上了鞋。老人站起身，一句感谢的话也没说，转身走了。

　　张良愣愣地望着老人的背影，猜想这老人一定很有来历，果然，那老人走了里许路，返身回来，说："你这小伙子很有出息，值得我指教。五天后的早上，请到桥上来见我。"张良听了，连忙答应。

230

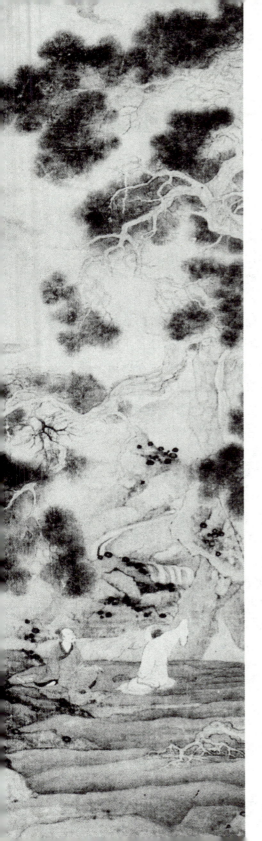

　　第五天早上，张良赶到桥上。老人已先到了，生气地说："跟老人约会，应该早点来。再过五天，早些来见我！"

　　又过了五天，张良起了个早，赶到桥上，不料老人又先到了，老人说："你又比我晚到，过五天再来。"

　　又过了五天，张良下决心这次一定比老人早到。于是他刚过半夜就摸黑来到桥上等候。天刚蒙蒙亮时，他看到老人一步一挪地走上桥来，赶忙上前搀扶。老人这才高兴地说："小伙子，你这样才对！"

　　老人说着，拿出一部《太公兵法》交给张良，说："你要下苦功钻研这部书。钻研透了，以后可以做帝王的老师。"

　　张良对老人表示感谢后，老人扬长而去。后来，张良研读《太公兵法》很有成效，成了汉高祖刘邦手下的重要谋士，为刘邦建立汉朝立下了汗马功劳。

◎ 经典例句

　　时予方以两髦执笔砚，陪其吟咏，皆曰："孺子可教。"

　　　　——唐·刘禹锡《澈上人文集纪》

# 入木三分

释义：笔力深入木板三分。形容书法笔力强劲，也比喻见解、议论十分深刻、恰切。

rù mù sān fēn

晋帝祭北郊，王羲之书祝版，工人削之，笔入木三分。

——唐·张怀瓘《书断》

王羲之，字逸少，晋朝时会稽（今浙江绍兴）人。他是我国历史上著名的书法家，因为他曾经做过右军将军，所以后人又称他为王右军。

王羲之的书法，可以称得上冠绝古今。他的字秀丽中透着苍劲，柔和中带着刚强，后代的许多书法家，没有一个能比得上他的。所以，学习书法的人很多都以他的字作范本。现今在他留下来的书贴中最著名的有《兰亭集序》、《黄庭经》等。

王羲之的字写得这样好，固然与他的天资有关系，但最重要的还是由于他的刻苦练习。他为了把字练好，无论休息还是走路，心里总是想着字体的结构，揣摩字的架子和气势，而且不停地用手指头在衣襟上划着。所以时间久了，连身上的衣服也划破了。

他曾经在池塘边练习写字，每次写完，就在池塘里洗涤笔砚。时间一久，整个池塘的水都变黑了。由此我们可以知道，他在练习书法上所下的功夫之深。

据说他很爱鹅，平时常常望着在河里戏水的鹅发呆，后来竟然从鹅的动作中领悟出运笔的原理，因而对他的书法技艺大有助益。

有一次，他到一个道观去玩，看到一群鹅非常可爱，便要求道士卖给他。观里的道士早就钦慕他的书法，便请他写部《黄庭经》作为交换。王羲之实在太喜欢那些鹅了，便同意了。于是王羲之给观里写了部《黄庭经》，道士便把那些鹅都送给了他。

还有一次，当时的皇帝要到北郊去祭祀，让王羲之把祝辞写在一块木板上，再派工人雕刻。雕刻的工人在雕刻时非常惊奇，王羲之写的字，笔力竟然渗入木头三分多。他赞叹地说："右军将军的字，真是入木三分呀！"

## ◎ 经典例句

旧戏里有一个小丑曾说过这样一句话："树小墙新画不古，此人必是内务府。"挖苦暴发户，入木三分。

——梁实秋《雅舍小品·暴发户》

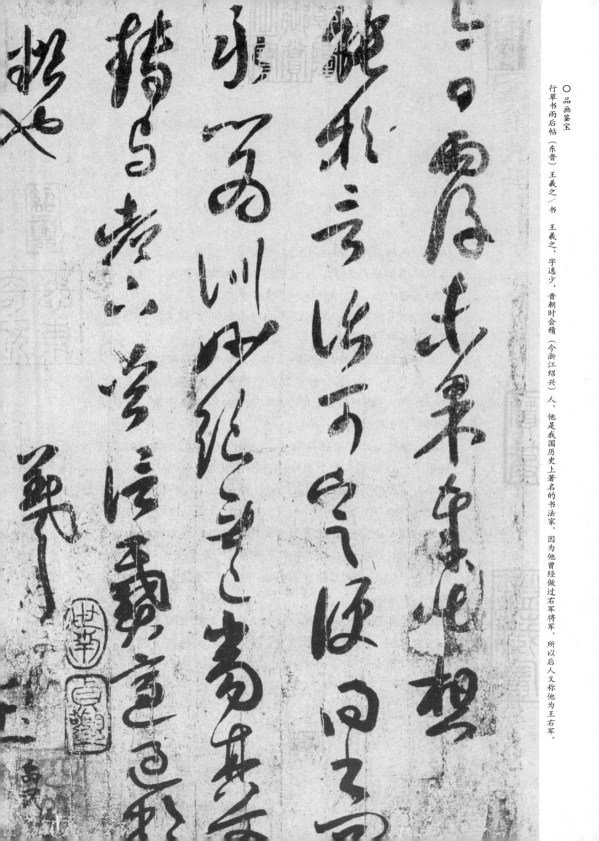

○ 品画鉴宝

行草书雨后帖（东晋）王羲之／书　王羲之，字逸少，晋朝时会稽（今浙江绍兴）人。他是我国历史上著名的书法家，因为他曾经做过右军将军，所以后人又称他为王右军。

# 塞翁失马

sài wēng shī mǎ

释义：比喻遭到暂时的损失，可能因此而得到好处。也指世事多变，坏事可以变成好事。塞：边疆险要之处。翁：老头儿。

近塞上之人，有善术者，马无故亡而入胡，人皆吊之。其父曰："此何遽不为福乎？"居数月，其马将胡骏马而归，人皆贺之。其父曰："此何遽不能为祸乎？"家富良马，其子好骑，堕而折其髀，人皆吊之。其父曰："此何遽不为福乎？"居一年，胡人大入塞，丁壮者引弦而战，近塞之人，死者十九，此独以跛之故，父子相保。故福之为祸，祸之为福，化不可极，深不可测也。
——《淮南子·人间训》

从前，在西北某个要塞附近，住着一个老翁。一天，他儿子的一匹马忽然逃到塞外去了，无法去寻找，为此很懊丧。附近的人知道后，都来安慰他，劝他别懊丧得闹出病来。

可是，失主的父亲却毫不在乎地对大家说："逃失了一匹马，怎么知道不是一件好事呢？"

大家对他这话的意思不理解，也不便询问，只好离去。

过了几个月，发生了一件意想不到的事：逃失的马忽然回来，并且带来一匹高大的骏马。附近的人知道了，纷纷来庆贺，并认为老翁先前讲的话很有道理。

不料，老翁对此并不感到高兴，反而冷冷地说："逃失的马回来了，还带来一匹骏马，但怎么知道这不会成为一件坏事呢？"

大家听了，心里都纳起闷来：这老翁太怪了，明明是件好事，怎么又去想到坏事呢？

老翁的话又讲对了。儿子很喜爱那匹骏马，经常去骑它。不料一次不慎摔下，跌折了脚骨，带来了不幸。附近的人都上门去慰问。想不到老翁又说了大家不能理解的话："跌折了脚骨，又怎么知道不会成为一件好事呢？"

果然，一年后，塞外的匈奴兴兵入侵。老翁家附近的青壮年都应征入伍去作战，结果大多数战死，家里的老人没人照顾，有的因此而死去。而老翁的儿子因为脚跛，未被应征入伍，从而和老翁都保全了性命。

◎ 经典例句

这才叫作"塞翁失马，安知非福？""运贸"倒台，倒让咱们捞了便宜！
——刘玉民《骚动之秋》

234

庞葱与太子质于邯郸，谓魏王曰："今一人言市有虎，王信之乎？"王曰："否。""二人言市有虎，王信之乎？"王曰："寡人疑之矣。""三人言市有虎，王信之乎？"王曰："寡人信之矣。"庞葱曰："夫市之无虎明矣，然而三人言而成虎。今邯郸去大梁也远于市，而议臣者过于三人矣，愿王察之矣。"王曰："寡人自为知。"于是辞行，而谗言先至。后太子罢质，果不得见。

——《战国策·魏策二》

魏国的太子将到赵国都城邯郸去当人质，魏王决定派大臣庞葱陪同前往。

庞葱一直受到魏王信用，怕去赵国后有人背后说他坏话，魏王不再信任他。为此，临行时特地到王宫里对魏王说："大王，如果有人向您禀报说，街市上有老虎，您相信不相信？"

魏王立刻回答说："我当然不相信。"

庞葱接着问："如果第二个人也向您禀报说，街市上有老虎，您相信不相信？"

魏王迟疑了一下说："我将信将疑。"

庞葱紧接着问："要是第三个人也向您报告说，街市上有老虎，您相信不相信？"

魏王一边点头，一边说："我相信了。"

庞葱分析说："街市上没有老虎，这是明摆着的事。但三个人都说

那里有虎，便成为有虎了。如今我陪太子去邯郸，那里离开我们魏国的都城大梁，比王宫离街市要远得多，再说背后议论我不是的，恐怕也不止三个人。希望大王今后对这些议论加以考察，不要轻易相信。"

魏王很勉强地说："我明白你的意思了，你放心陪公子去吧！"

庞葱去赵国不久，果然有人在魏王面前说他坏话。开始魏王不信，后来说他坏话的人多了，魏王竟然相信了。庞葱从邯郸回来后，便果真失去了魏王的信任，再也没被魏王召见。

◎ 经典例句

正是积毁成山，三人成虎。到开皇二十年十月，隋主御武德殿，宣诏废勇为庶人。

——清·褚人获《隋唐演义》

子曰："志士仁人，无求生以害仁，有杀身以成仁。"

——《论语·卫灵公》

有一次，孔子的弟子向孔子请教说："先生，您讲的仁德、忠义都是极好的。人人相爱，以仁义待人，确实是一种美德。仁德我很想得到，但活在世界上也是我的欲望。假如仁德与生命两者发生了冲突，该怎样处理呢？"孔子严肃地回答说："这还有什么可犹豫的呢？凡是真正的志士仁人，都不会因为贪生怕死而损害仁义，应该为了成全仁德，可以不顾自己的生命。"弟子恭敬地给孔子施礼，表示敬服。这时，孔子的学生子贡又问先生说："仁德一定是很难得到的吧？我们应当怎样去培养它呢？"孔子回答说："培养仁德可以从头做起。比如说，工匠要做好他的活计，必须先有得心应手的工具。对于一个国家来说，应该选择那些大夫中的贤者去敬奉他。对于自己来说，就应该挑选那些士人当中的仁者交朋友。这样，才会培养起仁德来。"

释义：为了成全仁德，可以不顾自己的生命。或为了维护正义事业而牺牲生命。

○ 品画鉴宝　孔子圣迹图（清）焦秉贞/绘

◎ 经典例句

钱先生是地道的中国人，而地道的中国人，带着他的诗歌，礼义，图画，道德，是会为一个信念而杀身成仁的。

——老舍《四世同堂》

# 神机妙算

shēn jī miǎo suàn

释义：灵巧的心机已达到神奇的程度，比喻计谋高明。

> 船到岸时，周瑜已差五百军在江边等候搬箭。孔明教于船上取之，可得十万余枝，都搬入中军帐交纳。鲁肃入见周瑜，备说孔明取箭之事。瑜大惊，慨然叹曰："孔明神机妙算，吾不如也。"
>
> ——《三国演义》第四十六回

公元208年，曹操率领二十余万大军南下，准备一举消灭孙权和刘备的势力，统一全国。刘备派诸葛亮去东吴联合孙权，共同对付曹操。

东吴的大都督周瑜是位名将，但他嫉妒诸葛亮的才能，总想借机把他除掉。诸葛亮很了解周瑜的心思，可是为了顾全大局，只好与周瑜一起共事。

有一次，诸葛亮接受了三天内造出十万支箭的任务，并且立下军令状，到时交不出十万支箭，就要被斩首。

周瑜暗暗高兴，料定诸葛亮不能完成这个任务，到时就可以毫不费力地把他除掉。他还暗中吩咐造箭军匠故意拖延时间，不给诸葛亮准备所需要的材料。

但是，诸葛亮胸有成竹，自有妙计。他私下向大将鲁肃要了二十只快船，每只船上配置三十名士兵；船上都用青布做帐幕，每只船上扎放了一千多个草人。

一天、两天都没有动静，周瑜认为这次诸葛亮必死无疑。不料到了第三天凌晨，诸葛亮趁江面上笼罩着大雾，下令将草船驶近曹军水寨。他和鲁肃一面在船中饮酒，一面命令士兵在船上擂鼓呐喊，装作攻打曹军的样子。

曹操听到江面上鼓声、呐喊声大作，以为敌军趁大雾前来袭取水寨，慌忙命令曹军不要出击，奋力用箭射向对方。霎时间，曹操水陆两军一万多弓箭手一齐朝江中射箭。

等到太阳初开、雾散之后，诸葛亮下令各船迅速

周瑜（公元175—210年）
三国时期吴国将领，杰出的军事家。字公瑾，庐江舒县（今安徽庐江西南）人。美姿容，精音律，多谋善断，胸襟广阔，人称周郎。公元208年赤壁之战中大败曹军，奠定三分天下基础。后图进中原，不幸早逝。

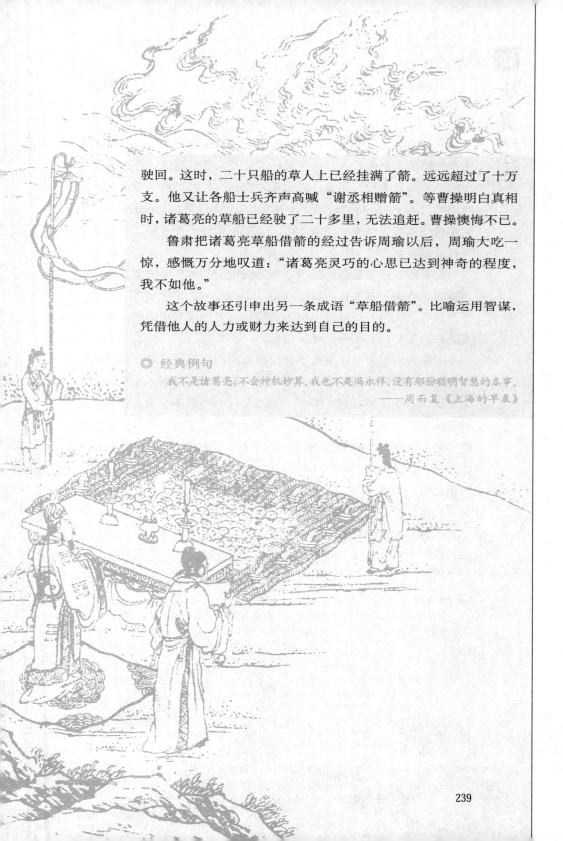

　　驶回。这时，二十只船的草人上已经挂满了箭。远远超过了十万支。他又让各船士兵齐声高喊"谢丞相赠箭"。等曹操明白真相时，诸葛亮的草船已经驶了二十多里，无法追赶。曹操懊悔不已。

　　鲁肃把诸葛亮草船借箭的经过告诉周瑜以后，周瑜大吃一惊，感慨万分地叹道："诸葛亮灵巧的心思已达到神奇的程度，我不如他。"

　　这个故事还引申出另一条成语"草船借箭"。比喻运用智谋，凭借他人的人力或财力来达到自己的目的。

◎ 经典例句

　　我不是诸葛亮，不会神机妙算。我也不是冯永祥，没有那份聪明智慧的本事。

——周而复《上海的早晨》

239

# 生灵涂炭

天降丧乱，羌胡猾夏，先帝晏驾贼庭，京师鞠为戎穴，神州萧条，生灵涂炭。

——《晋书·载记·符丕》

十六国时期，前秦在符坚的统治下，加强中央集权，注意农业生产，增加了财政收入，逐步统一了北方大部分地区，并夺取了东晋的一小部分土地。但是，由于连年用兵，百姓负担沉重，加深了境内的阶级矛盾。特别是建元十九年（公元383年）符坚征调九十万大军攻伐东晋，结果在淝水大败，使国家元气严重受损，各族首领乘机反秦自立。

两年后，前秦受到后燕和后秦的攻伐，都城长安被困。符坚被迫退到五将山，不久被后秦王姚苌（chāng）的军队活捉，囚禁在一个寺庙里。姚苌威逼符坚交出玉玺，符坚不仅坚决拒绝，而且痛骂姚苌。于是姚苌下令处死了符坚。

前秦的幽州刺史王永得知这个消息后，立即派人通知符坚的儿子符丕，并拥立他即皇帝位。第二年，符丕大封群臣，王永被加封为左丞相。王永就任后，写了一篇檄文（一种用于晓谕、征召、声讨等的文书），号召前秦在各地的武装力量联合起来，讨伐后秦的首领姚苌和后燕的首领慕容垂。檄文中写道："先帝不幸在贼人控制的地方被害，京师长安成为敌人的巢穴，国家凋败，百姓生活在泥沼、炭火之中，痛苦不堪。各地文武官员见到本檄文后，要马上派兵马前来会师，准备作战。"

尽管如此，但由于后秦兵力强大，王永指挥的各地兵马实力不强，终于失败。公元394年，前秦被后秦攻灭。

## ◎ 经典例句

黄昏以后，他正感到束手无策，知县张我翼和一群士绅父老又来见他，请他速作决定，免使一城生灵涂炭。

——姚雪垠《李自成》

# 升堂入室

子曰："由也升堂矣，未入于室也。"

——《论语·先进》

shēng táng rù shì

释义：学习所达到的境地有程度深浅之别，现一般用来赞扬人在研究学问或钻研技术方面已深得老师的传授。

我国古代伟大的思想家、政治家和教育家孔子，在四十多年的办学中，共招收了三千多名弟子，其中著名的弟子有七十二人。子路便是七十二名弟子中的一个。

子路为人直率，却好生事，入学前还跟孔子捣乱过。他向孔子表示，我像一根笔直的竹竿，生来可做一支好箭，还读书干什么。孔子开导他说，读了书就有了学问，好比在竹箭尾部装上羽毛，前面又安上锋利的金属头，这样箭就更有用了。子路听孔子说得很有理，便拜孔子为师。

有一次，子路在孔子家里弹瑟。他人很刚勇，弹出的声音也像打仗一样充满着杀气。孔子是主张"仁"和"中庸之道"的，自然觉得这声音不平和，不满意地说："他为什么要在我家里弹瑟呢？"

孔子的弟子听了老师这话，琢磨出这是老师对子路弹瑟作的不好的评论，对子路的看法顿时有了改变，言语中有些不尊敬。

孔子知道后，就对大家解释说："子路弹瑟的本领已经登上厅堂，但尚未进入内室。他已经有了一定的成就，只是还没有达到高深的境地。"

弟子们听了孔子的解释，才知道子路在音乐方面已有了相当的水平，连老师也给予了相当的肯定，便改变了对他的态度，不再不尊敬他了。

◎ 经典例句

由文法而进窥古人之文章，则升堂入室，有如反掌。

——孙中山《知难行易》

# 失之毫厘，差之千里

释义：稍微相差一点点，结果会造成很大错误。失：错失。差错。毫、厘：微小的长度计量单位。

shī zhī háo lí chā zhī qiān lí

> 失此二策，羌人致散为逆，失之毫厘，差之千里，是既然矣。
>
> ——《资治通鉴·汉记》

赵充国，是西汉时代的上邽(今甘肃清水县)人。有一次他奉汉宣帝的命令去西北地区平定叛乱。

到了那儿，一看形势，叛军的力量较大，但军心不齐。他就决定采取招抚的办法，避免兵士遭受重大伤亡。

经过他的努力，果然有一万多叛军前来投诚。赵充国便打算撤回骑兵，只留一小部分部队开垦土地，等待叛军全部归顺。

可是还未等到他把情况上报皇帝，皇帝却已下达了限时全面攻击叛军的命令。经过再三考虑，赵充国决定还是按照自己原来的打算去做招抚叛军的工作。

赵充国的儿子赵卯听到这个消息，急忙派人劝他父亲接受命令，省得因违抗皇帝命令而遭杀身之祸。反正是皇帝命令出兵，打胜仗还是打败仗，都由皇帝负主要责任。

事实也确实如此。赵充国曾向皇帝建议让酒泉太守辛武贤去驻守西北边境，但皇帝却采纳了丞相、御史们的建议，派了不懂军事的义渠安国带兵，结果被匈奴人杀得大败。

有一年，金城、湟中粮食大丰收，谷子的价钱很便宜。赵充国向皇帝建议收购三百万石谷子存起来，那么边境上的那些人见到军队的粮食充裕，人心归顺，他们想叛变也不敢动了。

可是后来耿中丞只向皇帝申请买一百万石，皇帝又只批四十万石，义渠安国又轻易地耗费了二十万石。正由于做错了这两件事，才发生了这样大的动乱。

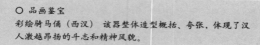

○ 品画鉴宝
彩绘骑马俑（西汉） 该器整体造型概括、夸张，体现了汉人激越昂扬的斗志和精神风貌。

　　赵充国想到这些，深深地叹了口气说："真是'失之毫厘，差之千里'啊！如今战事未停，危机四伏，我一定要用生命来坚持我的正确主张，替皇帝扭转这个局面。我想，明达的皇帝是可以对他讲真心话的。"

　　于是赵充国把他撤兵、屯田的设想奏报皇帝，宣帝接受了他的主张，最后招抚了叛军，达到了安邦定国的结果。

◎ 经典例句

　　失之毫厘，差之千里，原来老田想的和我牛耘想的，相距霄壤。

——从维熙《落红》

# 识时务者为俊杰

shí shí wù zhě wéi jùn jié

释义：能认清形势或潮流的人才是英雄豪杰。时务：指形势或潮流。

○品画鉴宝　诸葛亮读书图轴　（明）朱有燉／绘

三国时蜀汉的政治家和军事家诸葛亮，年幼时父亲就去世，依靠叔父诸葛玄过活。十七岁那年叔父也去世，于是在襄阳城西的隆中置了一点田产，盖了几间屋子，一面耕种，一面读书。诸葛亮在隆中住了十年。这期间他读了大量经史和诸子百家的著作，获得了丰富的政治、军事、历史等方面的知识。他又注意研究当时的政治形势，逐步形成了一套政治见解。当时，刘备正依附荆州牧刘表。他觉得要成大事，必须有智谋的人辅佐，因此一直在物色有见识的人才。后来，刘备听说司马徽在襄阳很有名声，便去拜访他，并问他对当今天下大势的看法。司马徽说："平庸的书生文士怎么会认清天下大势？能认清天下大势的人才是杰出人物。这里的卧龙和凤雏才是识时务的俊杰。"刘备详细询问此二人是谁，司马徽说："是诸葛孔明和庞士元。"

◎ 经典例句
　　年轻人儿心眼真是发死，"识时务者为俊杰"，我看你们还是转移阵地吧，何必吊死在这一棵树上？
　　　　　　——梁斌《红旗谱》

释义：形势就像劈竹子，头几节劈开以后，下面各节就顺着刀势分开了。形容节节胜利，毫无阻碍。如：像。

预曰："昔乐毅藉济西一战以并强齐，今兵威已振，譬如破竹，数节之后，皆迎刃而解，无复著手处也。"

——《晋书·杜预传》

杜预，字元凯，是西晋一位著名的将领，就在他被封为镇南大将军、都督荆州军事后不久，他又向晋武帝建议出兵彻底消灭吴国。晋武帝犹豫未决，便召集大臣们一起商议，结果有不少大臣表示反对。他们认为吴国是一个强敌，加上当时正值盛暑，河水泛滥，很容易发生瘟疫，对不适应在沼泽地区打仗的北方士兵来说，是很不利的，不容易取胜。因此他们建议等到明年春天再发兵，那时才有比较大的取胜把握。

可是，杜预却坚持自己的主张，他说："战国时代的燕国大将乐毅，在洛西一战，一口气攻下了齐国七十多座城池，这除了指挥有方以外，主要是士气旺盛。而现在我们已经灭掉了蜀国，将士的士气正在旺盛的时候，在这样的情况下发兵去攻打吴国，就像是劈竹子一样，等劈裂几节以后，剩下的便会迎刃而解，而不会有任何阻碍了。"

晋武帝听了，同意了杜预的意见。于是，杜预立刻出兵，他在不到十天的时间里，攻占吴国的许多城池，还俘虏了吴国都督孙歆和文武高级官员两百多人。接着，杜预率大军势如破竹地向吴都建业进发，很快攻下了建业，灭掉了吴国。

◎ 经典例句

他是著名善于用兵的……也许就此反守为攻、势如破竹，直捣那方面的巢穴呢。

——叶圣陶《潘先生在难中》

245

○ 品画鉴宝
桃源图部分（明）仇英／绘　图中景物诸如坡岸小溪，苍松杂木，
青山屋宇等均用细削笔法描绘，设色精丽雅逸，有仙境氤氲之感，
体现了画家独特的个人绘画个性和审美追求。

世外桃源

shì wài táo yuán

释义：比喻不受外界影响的地方或理想中的美好地方。

> 晋太元中，武陵人捕鱼为业，缘溪行，忘路之远近，忽逢桃花林……自云先世避秦时乱，率妻子邑人，来此绝境不复出焉，遂与外人间隔。
>
> ——晋·陶渊明《桃花源记》

晋朝的大文学家陶渊明，曾经写过一篇有名的《桃花源记》，内容是描写晋朝湖南武陵一个捕鱼人所遇到的奇事。

有一天，这个渔夫驾着小船，溯河而上。他不知划了多远，忽然发现在河岸青翠的草地旁，有一座长满了艳丽花朵的桃花林。由于他从未看到过这么美的景色，不由得看呆了。

接着，他又继续向前划，不久看到前面有一座小山，在山腰处有一个小洞口，渔夫好奇地下了船，从那洞口爬进去，想看个究竟。

他刚进入洞口时，里面又狭又窄，十分阴暗，可是大约走了十几步后，道路忽然宽阔起来，并且在山洞的尽头，有一片平坦的土地。

他来到里面，只见一排排房屋十分整齐，房前屋后，有很多桑树和竹子。肥沃的田野里，种着各种各样的植物。田中的道路，东西南北交错着，四通八达。田野里有不少耕作的人，孩子们则在田间快乐地游戏。

当那些人见到渔夫时，起初都感到很惊奇，但不一会儿就很热情地和他闲谈。这些人告诉渔夫说，他们的祖先原是为了逃避秦朝的战乱，才率领村人隐居到这里来的。渔夫把朝代的变更告诉了他们，他们听了都十分惊异。

几天后，渔夫在接受村人的热情招待以后，依依不舍地跟大伙告辞，他回去以后，把这件奇事报告给太守，太守就派人和他一起沿着原路去找，但却怎么也找不着，反而迷失了方向，从此以后，便再也没有人见过这处桃花源了。

◎ 经典例句

　　那个神秘的山里小镇，当然不是世外桃源，但它能帮我回到文学的伊甸园。

——刘醒龙《孤独圣心》

# 守株待兔

shǒu zhū dài tù

释义：守着树桩等待兔子跑来撞死。比喻死守片面的经验，或妄想不经过主观努力而侥幸得到成功。株：树桩。

宋人有耕田者，田中有株，兔走触株，折颈而死。因释其耒而守株，冀复得兔。兔不可复得，而身为宋国笑。

——《韩非子·五蠹》

　　宋国有个种庄稼的人，一天在田里干活，忽然看到有只野兔从远处奔过来。只见它狂奔乱闯，最后撞在一个树桩上。他走近一看，那野兔已折断头颈死去了。

　　农夫高兴极了，把那只死兔拾了起来，带回家去美美地吃了一顿。

　　第二天，农夫放下农具，再也不下田干活了。他就坐在那个树桩边，等待着再发生野兔撞树桩而死的事，以便还能白白地拣到死兔。

　　一天、两天过去了，十天、半个月过去了，农夫再也没有等到第二只撞到树桩的野兔，而田里的庄稼却荒芜了。人们都取笑他的这种行为，并且很快地传遍了宋国。

　　其实，野兔撞在树桩上死去，这是非常偶然的事，它并不意味着，别的野兔也一定会撞死在这个树桩上。可是，这个农夫竟然以偶然当作必然，不惜放下农具，任其耕田荒芜，专等偶然的收获，真是太愚蠢了。

◎ 经典例句

　　妹子心事，与二姐姐一般。但二姐已有成言，只须守株待兔，妹子全无巴鼻，何如海底捞针？空自望梅，终成画饼，是所忧耳。

——清·夏敬渠《野叟曝言》

○ 品画鉴宝 ·

松兔图（明）周之冕／绘 此图为松、兔、梅、兰、水仙合幅的中堂画。画面细腻，显示了画家对生活仔细观察和写实能力。

# 熟能生巧

释义：意思是说明任何工作只要反复实践，坚持不懈地努力，都能掌握熟练的技巧，找到窍门。

shú néng shēng qiǎo

乃取一葫芦置于地，以钱覆其口，徐以杓酌油沥之，自钱孔入而钱不湿。因曰："我亦无他，惟手熟尔。"

——宋·欧阳修《卖油翁》

　　北宋有个名叫陈尧咨的人，很会射箭。当时在他生活的那个地方，确实没有人能比得上他，他因此十分得意，觉得自己很了不起。一次，他在家中园内练习射箭，几乎箭箭都命中靶子，看的人无不为之叫好。可是却有个卖油的老汉放下肩挑的油担，用一种轻视的眼光看他射箭，似乎对他的箭术很不以为然，只是偶尔点几下头。老汉对周围的人说："这没什么稀奇！"

　　陈尧咨听到了，很是不满，便问他："难道你也懂得射箭？难道我的箭术不高明吗？"

　　老汉笑了笑，说道："你的箭法好，我也不会射箭，但这并不稀罕，不过是手熟罢了。"

欧阳修（公元1007－1072年）
北宋时期政治家、文学家、史学家和诗人。字永叔，号醉翁、六一居士。吉州永丰（今属江西）人，自称庐陵人。卒谥文忠。其于政治和文学方面都主张革新，既是范仲淹庆历新政的支持者，也是北宋诗文革新运动的领导者，为"唐宋八大家"之一。

　　陈尧咨更生气了，心想："这不是小看我的箭术，又是什么呢？这个人说话这么大口气，难道他也有绝顶的本事？"

　　他正想发问，只见老汉坦然地说道："以我的酌油技巧，我就可以知道这一点。"

250

　　老汉不慌不忙地取出一个葫芦，又取出一个铜钱盖在葫芦口上，然后用木勺在油桶里舀起一勺油，慢慢地将油倒下。油从铜钱的方孔中，像一条直线似的直往葫芦里灌，一勺子油全部倒完，葫芦口的铜钱居然没沾半点油。这时，老汉抬起头，对陈尧咨说："我也没什么特别的本领，只不过熟能生巧罢了。"

　　陈尧咨看着老汉酌油的熟练手法，心里明白了许多，笑了笑，把老汉送出了家园。

◎ 经典例句

　　再说买来稿子您总得看，不光看还要抄。熟能生巧，没有三天力巴，慢慢自己也就会写了。

——邓友梅《那五》

# 水滴石穿

shuǐ dī shí chuān

释义：水滴不断地滴，可以滴穿石头。比喻坚持不懈，集细微的力量也能成就难能的功劳。

乖崖援笔判曰："一日一钱，千日千钱，绳锯木断，水滴石穿。"

——宋·罗大经《鹤林玉露》

宋朝时，有个叫张乖崖的人，在崇阳县担任县令。

当时，崇阳社会风气很差，盗窃成风，甚至县衙的钱库也经常发生钱、物失窃的事件。张乖崖决心要抓住一个机会，好好杀一杀这股歪风。

有一天，他终于找到了一个机会。这天，他在衙门周围巡行，忽然看到一个管理县衙钱库的小吏，慌慌张张地从钱库中走出来。张乖崖急忙把库吏喊住，问："喂！你这么慌慌张张干什么？"

"没什么。"那库吏回答道。

张乖崖联想到钱库经常失窃，判断库吏可能监守自盗，便让随从对库吏进行搜查。结果，在库吏的头巾里搜出一枚铜钱。

张乖崖把库吏押回大堂审讯，问他一共从钱库偷了多少钱。

库吏不承认另外偷过钱，张乖崖便下令拷打。

库吏不服，怒冲冲地乱叫："偷了一枚铜钱有什么了不起，你竟然这样拷打我？你也只能打我罢了，难道你还能杀我？"

张乖崖看到库吏竟敢这样顶撞自己，也不由十分震怒，他毫不犹豫地拿起朱笔，宣判说："一日一钱，千日千钱；绳锯木断，水滴石穿。"

意思是说，一日偷盗一枚铜钱，一千日就偷了一千枚铜钱。用绳子不停地锯木头，木头就会被锯断；水滴不停地滴，能把石头滴穿。

判决完毕，张乖崖吩咐衙役把库吏押向刑场，斩首示众。

这个判决起到了很强的震慑作用。从此以后，崇阳县的偷盗风被刹住，社会风气也大大地好转了。

◎ 经典例句

我总是这样想：从事文化建设的工作，要有水滴石穿数十年如一日的决心，单靠"拼搏"是不够的。

——巴金《随想录》

○品画鉴宝

人物龙凤图（战国）图绘一位侧面姿态优美的女子，两手前伸，合掌施礼，头上左前方画有一龙一凤在搏斗，巧妙地将现实和幻想结合起来。

shuǐ shēn huǒ rè

释义：好像掉进深水和烈火之中一样难熬。比喻人民生活极端痛苦。

以万乘之国伐万乘之国，箪食壶浆，以迎王师，岂有他哉？避水火也。如水益深，如火益热，亦运而已矣。

——《孟子·梁惠王下》

战国时，燕王哙改革国政，把君位让给国相子之，将军市被和公子平不服，起兵攻打子之，爆发内战。

燕国大乱，齐国乘虚而入，齐宣王派大将匡章率兵十万攻燕。燕国百姓对内战不满，不愿出力抵抗齐军，出现"士卒不战，城门不闭"的局面，有些地方燕国百姓反而给齐军送饭递水表示欢迎。匡章只用了五十天工夫，就攻下了燕国国都。

齐军攻占燕国后，并无撤回之意。匡章又不管束军队，士卒欺凌百姓，燕人纷纷起来反抗。

这时，齐宣王向正在齐国游说的孟子请教，问道："有人劝我不要吞并燕国，有人劝我吞并它，到底该怎么办？"

孟子回答说："如果吞并燕国，当地百姓反而很高兴，那就吞并它。古人有此先例，周武王便是。"这是指周武王讨伐商纣，救民于水火之中，灭商而建立西周王朝。

"如果吞并燕国，当地百姓并不高兴，"孟子又说，"那就不要吞并它。古人也有先例，周文王便是。"这是指周武王的父亲文王，当初虽已三分天下有其二，但他认为商王朝还没有丧尽人心，仍事奉商朝，不急于灭掉它。

孟子举了这两个例子后指出："当初齐军攻入燕国，燕人送饭递水表示欢迎，那是因为燕国百姓想摆脱苦日子。而今如果齐国吞并燕国，给燕人带来亡国的灾难，使他们陷入水深火热之中，那他们必然会转而盼望别国来解救了！"

齐宣王对孟子的这番忠告并不重视，一心要吞并燕国，结果不但引起燕国百姓的反抗，其他国家也纷纷表示要救助燕国，进攻齐国。齐宣王无奈，被迫从燕国撤军。

◎ 经典例句

近五年来，中国的四万万老百姓在水深火热之中，熬过了他们一辈子当中最痛苦的日子。

——欧阳山《三家巷》

智擒孟闳漠
中地

侣梅轩主

sī mǎ zhāo zhī xīn

释义：比喻人所共知的阴谋、野心。『司马昭之心』与『路人所知』、『路人皆知』连用。

帝见威权日去，不胜其忿。乃召侍中王沈、尚书王经、散骑常侍王业，谓曰："司马昭之心，路人所知也。吾不能坐受废辱，今日当与卿等自出讨之。"
——《三国志·魏书·高贵乡公纪》裴松之注引《汉晋春秋》

三国后期，魏国的大权逐步被司马氏掌握。

司马懿（yì）死后，他的儿子司马师继任大将军的官职，独专国政。公元254年，司马师废掉曹芳，立曹髦（máo）为帝。司马师死后，他的弟弟司马昭又继任大将军，朝廷大权仍然掌握在司马氏的手里。

曹髦见曹氏的权威日渐失去，司马昭又越来越专横，内心非常气愤，于是写了一道题为《潜龙》的诗。诗中写道，受伤被困的龙不能跃出深渊，自由自在的上天入地。就好比龙蟠居在井底，看着泥鳅、鳝鱼在面前手舞足蹈，只能藏起牙齿伏在爪甲。真可恶，我处于同样的境地！

司马昭见到这首诗，勃然大怒，在殿上大声斥责曹髦说："我司马氏对魏建有大功，你为什么把我们比作泥鳅和鳝鱼？"

曹髦听了，吓得浑身发抖。司马昭见他不敢作答，冷笑一声离去。

曹髦回到后宫，觉得司马昭有篡夺帝位之心，所以敢于当众侮辱他。这样的日子无论如何过不下去了，必须采取果断措施，除掉司马昭。于是召集侍中王沈、尚书王经、散骑常侍王业等大臣密谋对策。他愤怒地对他们说："司马昭企图篡夺帝位的野心，是人所共知的。我不能坐着受废黜的侮辱，今天要与你们一起去讨伐他。"

尚书王经提出，司马昭重权在握已非一日，只靠少数人马是对付不了他的，希望曹髦慎重考虑。曹髦把讨伐司马昭的诏书抛在地上，激动地说："我已经下了决心，即使死，也没有什么可怕，何况也不一定死！"

侍中王沈和散骑常侍王业怕祸及自身，准备一出宫就向司马昭

司马懿（公元179－251年）

字仲达，河内温县孝敬里（公元河南温县招贤镇）人，三国时期魏国杰出的政治家、军事家，权臣。多次率军对抗诸葛亮，以其功著，封宣王。其孙司马炎称帝后，追尊为晋宣帝。

报告。曹髦等不及了，拔出宝剑，登上马车，带领宫中侍卫、仆从等三百多人，向司马昭的府第进发。

途中，遇到司马昭的亲信贾充，正带了数千卫兵过来。曹髦以为他们是来杀自己的，便冲到前面高声喊道："我是天子，你们想弑君吗？"

卫兵不敢阻止，也不知应该采取什么行动，便向后退却，贾充马上对卫兵大声喊道："司马公养你们，就是为了今天之事啊！"

卫兵们听他这一喝，顿时明白过来，一齐挥戈，当场将曹髦杀死。

曹髦死后，司马昭立曹奂为帝，即魏元帝。曹奂完全听命于司马昭，不过是个傀儡皇帝而已。公元265年，司马昭死去，他的长子司马炎继位任晋王。仅过了几个月，司马炎就逼曹奂让出帝位，由他称帝，建立晋朝。

◎ 经典例句

　　曾笑着对家蘧说："你看到了吧？谢元蒿说的话，司马昭之心，路人皆知，他真像《打渔杀家》中的那个教师爷了！"

——王火《战争和人》

# 四海之内皆兄弟

sì hǎi zhī nèi jiē xiōng dì

释义：表示天下的人都像兄弟一样。四海：指天下、全国。

司马牛忧曰："人皆有兄弟，我独亡。"子夏曰："商闻之矣：死生有命，富贵在天。君子敬而无失，与人恭而有礼，四海之内，皆兄弟也。君子何患乎无兄弟也？"

——《论语·颜渊》

孔子的弟子司马牛，有一次向孔子请教怎样做君子。孔子对他说："君子不忧愁，不害怕。"

司马牛不懂这话的意思，问道："不忧愁，不害怕，就叫做君子了吗？"

孔子说："君子经常反省自己，所以内心毫无愧疚，还有什么可忧愁、可害怕的呢？"

司马牛告辞孔子后，见到了他的师兄子夏。他忧愁地说："人家都有兄弟，多快乐呀，唯独我没有。"

子夏听了安慰他说："我听说过：'一个人死与生，要听从命运的安排，富贵则是由天来安排的。'君子对工作谨慎认真，不出差错。和人交往态度恭谨而合乎礼节。那么普天之下到处都是兄弟，君子何必担忧没有兄弟呢？"

◎ 经典例句

我说了声"谢谢！"他笑道："谢什么，四海之内皆兄弟。丁同志，我真的要感谢你呢。"

——陈国凯《难得糊涂》

259

# 四面楚歌

sì miàn chǔ gē

释义：四面八方传来楚国人的歌声。比喻四面受敌，处于孤立无援、走投无路的绝境。楚歌：楚国人的歌声。

项王军壁垓下，兵少食尽，汉军及诸侯兵围之数重。夜闻汉军四面皆楚歌，项王乃大惊曰："汉皆已得楚乎？是何楚人之多也！"

——《史记·项羽本纪》

公元前206年，楚霸王项羽与汉王刘邦之间，开始了长达五年的楚汉战争。战争初期互有胜败，但后来刘邦联合各地反对项羽的势力和项羽相争。公元前202年，刘邦等率军合围楚军。到年底，项羽败退到垓（gāi）下，被汉军团团围住。

这时，项羽的兵力已被消灭的差不多了，粮食也已吃完，而刘邦的军队兵强马壮，粮食充足，把楚军包围了好几重，项羽很难突破重围。

为了彻底瓦解楚国的斗志，刘邦运用心理战，叫汉军唱起楚地的歌曲，使楚军以为汉军已经尽占楚地。这步棋下得特别成功。

一天夜里，项羽听到四面都响起了楚地的歌声，不由得自言自语起来："难道说汉军已经完全占领楚地了吗？唉，这里的楚人为什么这么多！"

项羽深感大势已去，焦虑万分。他命人在营帐中摆酒，痛饮解愁。他心爱的妃子虞姬随军陪伴他，此刻被他叫来陪饮。项羽还有一匹青白杂色的好马，名叫骓，也是他最喜爱的。败局已定，人将战死，最放不下的便是这虞姬和骓马。想到这里，他一边饮酒，一边悲哀激昂地唱道："力拔山兮气盖世，时不利兮骓不逝。骓不逝兮可奈何，虞兮虞兮奈若何！"

唱了几遍，又让虞姬舞着剑跟他唱。项羽唱得热泪盈眶，在旁的随从人员也跟着哭泣，谁也不忍心抬起头来看这悲惨的景象。

当天夜里，项羽率领八百多名骑兵，拚死突破重围，向南逃去。几经辗转，最后身边只剩二十八名骑兵，而追来的汉军有好几千人。项羽走投无路，在乌江拔剑自杀而死。

## ◎ 经典例句

这几乎成了"四面楚歌"的局面，开垦的工作不得不暂时中止。为了商量对付方法，冰如召开教职员会议。

——叶圣陶《倪焕之》

虞姬　　霸王

范增

# 太公钓鱼，愿者上钩

释义：意思是姜太公用直钩不挂鱼饵钓鱼，愿意上钩的鱼，就自己上钩。比喻心甘情愿地上圈套。

> 姜尚因命守时，直钩钓渭水之鱼，不用香饵之食，离水面三尺，尚自言曰："负命者上钩来！"
> ——《武王伐纣平话》

太公姓姜名尚，又名吕尚，是辅佐周文王、周武王灭商的功臣。他在没有得到文王重用的时候，隐居在陕西渭水边的一个地方。那里是周族领袖姬昌（即周文王）统治的地区，他希望能引起姬昌对自己的注意，建立功业。

太公常在磻（pán）溪旁垂钓。一般人钓鱼，都是用弯钩，上面挂着有香味的饵食，然后把它沉在水里，诱骗鱼儿上钩。但太公的钓钩是直的，上面不挂鱼饵，也不沉到水里，并且离水面三尺高。他一边高高举起钓竿，一边自言自语道："不想活的鱼儿呀，你们愿意的话，就自己上钩吧！"

一天，有个打柴的来到溪边，见太公用不放鱼饵的直钩在水面上钓鱼，便对他说："老先生，像你这样钓鱼，一百年也钓不到一条鱼的！"

太公举了举钓竿，说："对你说实话吧！我不是为了钓到鱼，而是为了钓到王与侯！"

太公奇特的钓鱼方法，终于传到了姬昌那里。姬昌知道后，派一名士兵去叫他来。但太公并不理睬这个士兵，只顾自己钓鱼，并自言自语道："钓啊，钓啊，鱼儿不上钩，虾儿来胡闹！"

姬昌听了士兵的禀报后，改派一名官员去请太公来。可是太公依然不答理，边钓边说："钓啊，钓啊，大鱼不上钩，小鱼别胡闹！"

姬昌这才意识到，这个钓者必是位贤才，要亲自去请他才对。于是他吃了三天素，洗了澡换了衣服，带着厚礼，前往磻溪旁聘请太

周武王（？—公元前1043年）周文王姬昌次子。中国周朝第一代帝王。他继承父亲遗志，于公元前二世纪消灭殷商王朝，夺取全国政权，建立了西周王朝，表现出卓越的军事、政治才能，成为中国历史上一代名君。

262

公。太公见他诚心诚意来聘请自己，便答应为他效力。

后来，姜尚辅佐文王，兴邦立国，还帮助文王的儿子武王姬发，灭掉了商朝，被武王封于齐地，实现了自己建功立业的愿望。

◎ 经典例句

美国人在北平，在天津，在上海，都洒了些救济粉，看一看什么人愿意弯腰拾起来。太公钓鱼，愿者上钩。嗟来之食，吃下去肚子要痛的。

——毛泽东《别了，司徒雷登》

# 谈何容易

tán hé róng yì

释义：形容事情做起来并不像嘴上说的那么容易。

先生曰："於戏！可乎哉？可乎哉？谈何容易！夫谈有悖于目拂于耳谬于心而便于身者，或有说于目顺于耳快于心而毁于行者，非有明王圣主，孰能听之？"

——《汉书·东方朔传》

汉武帝即位不久，下令全国推荐人才。年轻的东方朔到京都长安向武帝上书自荐，被任命为常侍郎。

武帝要把长安附近一大块土地划为上林苑，东方朔竭力反对，他认为这样做对国家对百姓都不利。但是，武帝不听从他的正确意见。后来，东方朔又上书提出耕战强国的建议，也未被采纳。为了讽谏汉武帝，东方朔写了一篇题为《非有先生论》的文章。文中虚构了这样一个故事：从前有个非有先生，在吴国当了三年官，默默无言，从不发表什么政见。国君吴王很奇怪，就对他说："先生如果有高明的见解而不谈出来，就是不忠；如果谈出来我不采纳，那就是我不明。先生什么看法也不谈，难道是我不明吗？"非有先生只是连连作揖，还是不开口。吴王又说："先生谈谈吧，我一定诚心听取。"

非有先生叹了一口气说："可以了吗？可以了吗？臣下向君主进言很不容易啊！"接着，他举例说明自己为什么有这想法，"夏朝的贤臣关龙逢再三向夏桀直言进谏，却被杀害；商朝忠臣比干屡次劝谏纣王，却被剖腹挖心而死。这样看来，臣下向君主进言真是不容易啊！"接着，非有先生又举了一些奸臣靠阿谀逢迎而飞黄腾达，贤臣因主上昏庸而避世的例子，以此劝谏汉武帝。

◎ 经典例句

黄胖姑道："能够叫他老人家相信，谈何容易！像你厚翁这样的老成练达，爱惜声名，真正难得！"

——清·李宝嘉《官场现形记》

# 叹为观止

释义：赞叹所见事物已好到极点。

tàn wéi guān zhǐ

见舞《招箭》者，曰："德至矣哉，大矣！如天之无不帱也，如地之无不载也，虽甚盛德，其蔑以加于此矣，观止矣！若有他乐，吾不敢请已！"

——《左传·襄公二十九年》

吴国君主寿梦病危时，把四个儿子诸樊、余祭、余昧、季札召集到病床前，安排后事。寿梦认为幼子季札最贤能，想让他作君主，可是季札拒绝了。于是，寿梦立下遗规，由四个儿子依次传位，最终由季札为君。

寿梦死后，诸樊继位，诸樊在位十三年，死后余祭继位，余祭在位十七年，死后余昧继位，余昧拜季札为相。季札主张罢兵安民，结交齐、晋等中原诸侯，余昧同意季札主张，派他出使鲁、齐、郑、卫、晋等国。公元前544年，吴公子季札来到鲁国，表示愿与鲁国世代友好相处。鲁国国君对季札的来访非常重视，于是在宫廷之上演奏周天子的乐舞，以此招待季札。季札精通乐律，因此一边观赏，一边品评，所发评论无不恰到好处。最先演奏的是《周南》《召南》，其后演奏各国国风，然后演奏三代以及上古的乐曲。最后欣赏帝舜的《韶箭(xiāo)》时，季札不由得感慨万千，叹为观止，对鲁国国君说："这曲舞乐实在太美妙了，真可以说是尽善尽美啊。如果还有其他乐曲，我也不敢再欣赏了！"

◎ 经典例句

那个视听间令他叹为观止。整套最高档的视听器材，光是放音设备就有很多种。

——刘心武《栖凤楼》

熙载，北海将家子也，初与李穀相善。明宗时，熙载南奔吴，穀送至正阳，酒酣临诀，熙载谓穀曰："江左用吾为相，当长驱以定中原。"穀曰："中国用吾为相，取江南如探囊中物尔！"

——《新五代史·南唐世家》

五代时，后唐的名士韩熙载因父亲被明宗李嗣源所杀，准备离开中原，投奔江南的南唐。

韩熙载有个名叫李穀（gǔ）的好朋友为他送行。道别时，韩熙载对李穀说："江南的国家如果任用我为宰相，我定能率军北上，迅速平定中原。"

李穀听后说："中原国家如果任用我为宰相，那夺取江南各国好比把手伸到口袋里取东西那样容易。"

韩熙载投奔南唐不久，吴国就被南唐攻灭。但是，南唐也国事多变，奸臣当道，他未能得到重用。于是，他借酒消愁，与歌妓厮混在一起，因此一直未能当上宰相。他原先的誓言，自然没有得到实现。

李穀的情况与韩熙载不同。他做北方后周的将领，奉命征伐南唐。他在南征过程中打了不少胜仗，屡建战功。只是他当宰相的誓言也没有实现。

◎ 经典例句

我来当媒人，探囊取物，不费吹灰之力。

——刘绍棠《绿杨堤》

○ 品画鉴宝
临韩熙载夜宴图局部（明）唐寅／绘 此图用色鲜明，人物神态生动。缠绵之情，宛在眼前。

# 探囊取物

tàn náng qǔ wù

释义：比喻一件事非常容易办好。探囊：手伸进口袋。

# 螳臂当车

tóng bì dǎng chē

释义：比喻势力单薄，不自量力。臂：螳螂的前腿。当：阻挡。

"汝不知夫螳螂乎？怒其臂以当车辙，不知其不胜任也。"

——《庄子·人世间》

鲁国的名士颜阖来到卫国游历，卫灵公听说他很有才学，便打算聘请他当自己长子蒯聩（kuǎi guì）的老师。

颜阖风闻蒯聩非常凶暴，任意杀人，卫国的人对他十分惧怕。对这样的人是否可以教导，他吃不太准，因此去请教卫国的贤人蘧伯玉。

颜阖把自己对蒯聩的了解告诉了蘧伯玉，然后问道："如今大王要我当他的老师，要是我同意了，会很难办的。如果放任他而不引导他走正路，他一定会继续残害国人，给国家带来危难；如果对他严加管束，制止他胡作非为，他就会来害我。我该怎么办呢？"

蘧伯玉回答说："你想用自己的才能去教育蒯聩，是很困难的。如真的当他老师，应该处处谨慎，不能轻易地去触犯他，否则会惹出杀身之祸。就像有个人太爱自己的马了，见有虫咬马，便赶紧猛力拍打。结果惊了马，自己也被马踢死。"

蘧伯玉见颜阖不住地点头，便又举了一个例子："你知道螳螂吗？一次我乘马车外出，看到路上有只螳螂，不顾车轮正在朝它滚去，却奋力举起两条前腿走来，想挡住车轮行进。它不知道自己的力量根本不能胜此重任，结果当然被车轮辗得粉身碎骨。螳螂之所以被辗死，是因为它不自量力。如果你也不自量力，想去触犯蒯聩，恐怕也要落得个与螳螂挡车一样的下场。"

颜阖听了，决定不去触犯蒯聩，尽快离开卫国。后来，蒯聩因闹事而被人杀死。

◎ 经典例句

谁知腹中虽离渊博尚远，那目空一切，旁若无人光景，却处处摆在脸上。可谓"螳臂当车，自不量力。"

——清·李汝珍《镜花缘》

○ 品画鉴宝 秋林聚禽图 （明）林良／绘 此图为林良写意花鸟画中的佳作。构图周密严谨，用笔粗细有致，墨色浓淡相宜，细节处宏观处均有独到特色。

## 螳螂捕蝉

蝉高居悲鸣饮露，不知螳螂在其后也。螳螂委身曲附欲取蝉，而不知黄雀在其傍也。

—— 《说苑·正谏》

tāng láng bǔ chán

释义：螳螂捕捉知了，却不知道黄雀在它后边。比喻为了眼前利益损害别人，而不知道有人跟着算计他。蝉：知了。

吴王寿梦准备攻打楚国，怕臣子反对，下了一道命令：谁敢劝阻出兵，就砍下谁的脑袋。一些大臣认为，攻打楚国即使取胜，但后防空虚，别的诸侯国可能乘虚而入，结果仍然不妙。因吴王已下了死命令，谁也不敢再去进谏。

在侍候吴王的人中有个少年，也认为攻楚会造成后患，应该劝吴王别这样做。他当然不能直接劝阻，于是采取了另一种办法。

一天，他拿了一只弹弓，在王宫后园寻找目标打鸟。到第三天，他的行动被吴王发现了，问他是否打着鸟，他说没有打着，但见到了件有趣的事。吴王很有兴趣地要他说出来，于是他说道："我在打鸟的时候，看到园子里一棵树上有只知了。知了高高地停在树上，悲哀地鸣叫着，同时饮喝露水。这知了不知道螳螂正在它的背后。那螳螂弯着身子，屈着前肢，将要去捕捉知了，却不知道黄雀正在它的身后呢？"

"那黄雀要干些什么呢？"吴王插话说。

少年接着说："那黄雀伸长脖子，正想把螳螂吃掉，却不知道我的弹弓已对准了它，即将把它弹死。知了、螳螂和黄雀这三只小动物，都一心想得到眼前的利益，却没有顾到它们的后面有祸患啊！"

吴王这时才理解到，原来这少年是在规劝自己不要贸然出兵攻打楚国，以免造成祸患。这个道理讲得对，于是，他下令停止出兵。

◎ 经典例句

胡定坤说的并非全是实话，但也并非全是假话，用"螳螂捕蝉、黄雀在后"这句谚语来形容他们的关系，是再确切不过了。

—— 黎汝清《叶秋红》

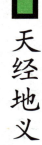

# 天经地义

tiān jīng dì yì

释义：比喻正确的、不可改变的因而也不容置疑的道理。经：指常规、原则。义：指正理、准则。

> 夫礼，天之经也，地之义也，民之行也。
>
> ——《左传·昭公二十五年》

公元前520年周景王姬贵死后，按习俗由正夫人所生的世子姬猛继位。但是，景王生前曾与大夫宾孟商讨过，打算立非正夫人所生的长子姬朝为世子。这样，姬朝也有资格继位。于是，周王室发生了激烈的王位之争。

在这种情况下，晋顷公召集各诸侯国的代表在黑壤会盟，商讨如何使周王室安宁。参加商讨的有晋国的赵鞅、郑国的游吉、宋国的乐大心等。

会上，晋国的赵鞅向郑国的游吉请教什么叫"礼"。

游吉回答说："我国的子产大夫在世时曾经说过，礼就是天之经，地之义，也就是上天规定的原则，大地施行的正理。它是百姓行动的依据，不能改变，也不容怀疑。"

赵鞅对游吉的回答很满意，表示一定要牢记这个道理。其他诸侯国的代表听了，也大都表示有理。

接着，赵鞅提出各诸侯国应全力支持敬王，为他提供兵卒、粮草，并且帮助他把王室迁回王城。

后来，晋国的大夫率领各诸侯国的军队，帮助敬王恢复王位，结束了周王室的王位之争。

◎ 经典例句

> 上司的行动不必征求下属的同意，这是天经地义。
>
> ——鲁迅《准风月谈·同意和解释》

# 天之骄子

tiān zhī jiāo zǐ

释义：一般用来指边疆地区强盛的少数民族。骄子是宠儿的意思。

单于遣使遗汉书云："南有大汉，北有强胡。胡者，天之骄子也，不为小礼而自烦。"

——《汉书·匈奴传》

匈奴，是我国北部的游牧民族。从秦朝末年到汉朝初年这半个世纪中，匈奴贵族征服了中国北部、西部和东北部许多少数民族，并且屡次侵犯汉族地区。公元前200年，汉朝开国皇帝刘邦曾经亲自带领三十万大军和匈奴人作战，结果被围困七天七夜，好不容易才脱险。此后，汉朝几代皇帝都不敢与匈奴碰硬。雄才大略的汉武帝即位后，下决心解除这一威胁。

武帝在位的几十年间，先后派韩安国、卫青、霍去病等大将征伐匈奴，屡次取得重大胜利。公元前90年，匈奴单于狐鹿姑又入侵汉族地区，抢掠百姓财物，杀死汉朝官员，武帝非常愤怒，派贰师将军李广利领兵七万，御史大夫商丘成领兵三万，重合侯莽通领兵四万，前去反击匈奴。

狐鹿姑得知大批汉军反击，马上丢弃笨重的军事设备，威逼民众迁居。汉军三支队伍进入匈奴控制区后，商丘成的人马与匈奴兵交战九天，互有死伤；莽通的人马因匈奴兵自行退去，未曾交战；李广利的人马则大败匈奴兵，并乘胜向北追赶。

就在这时候，京城里传来了李广利的家属犯罪而被捕入狱的消息。李广利非常担忧，不知如何是好。部下有人建议，索性深入匈奴的腹地，建立更大的功勋，用来为家属抵罪。李广利采取这一方法，继续北进，结果大获全胜，杀了匈奴的左大将。

狐鹿姑虽然丢弃笨重的军事设备后退，但他的实力没有受到多大损耗。等到李广利消耗了相当的实力后，他亲自率领五万骑兵，袭击李广利的队伍。结果，汉军大败，李广利投降，狐鹿姑把女儿嫁给他为妻。但一年后，因遭到已投降匈奴的原汉使卫律的妒忌而被害。

就这样，武帝派出的三支军队遭到了严重损失，并未达到反击匈奴的目的。为此，单于派出使者，致书武帝说：

"南方有大汉，北方有强胡。你们知道我们胡是什么吗？胡，是上天的宠儿啊！"

单于要求武帝开放关口，让匈奴人方便出入；允许他们娶汉族女子为妻，并每年给匈奴若干美酒、粟米、绸缎布帛。这样，他们就不再在边境骚扰。

武帝经过这次较量，知道这"上天的宠儿"一时难以攻灭，于是有了和谈的意思。不久武帝病死，此后汉和匈奴时和时战了许多年。

◎ 经典例句

你听见没有，说他们周家兄弟好话的人，的确不少呢。尤其是这个周炳，他在罢工工人里面，简直成了天之骄子！

——欧阳山《三家巷》

# 同心同德

tóng xīn tóng dé

释义：是指为了同一个目标，同一个心愿，同一个行动去奋斗。

受（纣）有亿兆夷人，离心离德，予有乱臣十人，同心同德。
——《尚书·泰誓》

商朝末年，由于殷纣王的荒淫无道，暴虐成性，百姓对他恨之入骨。许多诸侯也纷纷起兵讨伐纣王。

诸侯国周的首领周武王联合了西部八个小诸侯，集结了兵车三百辆，敢死队勇士三千人，兵士四万五千人，亲自带队征讨。

出发前，全军召开了誓师大会，周武王巡视全军发表演说："纣王虽然统治着千千万万的人，还有人数众多的军队和将领。可是由于纣王的暴虐无道，杀人成性，所以这些人不会与他有一致的思想和共同的目标。我虽然只有十个协助我治理国家的臣子，但是我们都希望臣民们过上丰衣足食的好日子，所以我们的思想，我们的目标都是一致的。"

周武王停了停，看看广场上众多的将士，接着说："我们这次联合起来讨伐纣王，每个将士都应该服从一个目标，具有同一思想，那就是消灭纣王。希望每个人都能在这次讨伐战争中立下功劳。这就是我们这次战争的誓言。"

"我们一定同心同德，不消灭纣王誓不罢休！"

广场上震耳欲聋的宣誓声，响彻云霄。

部队出发到了牧野（今河南汲县）。纣王有奴隶兵十几万人，奴隶们都不愿为商王朝打仗卖命，所以周军刚一摆开阵势，奴隶们就不击而溃，四处逃散。

许多人倒戈起义，加入周军。由于这些倒戈的奴隶兵熟悉地形，他们带着周军很快攻进了商朝的都城朝歌（今河南淇县）。

纣王见败局已定，只得跑上鹿台，放火烧死了自己。这样，商朝便灭亡了。

周武王（？—公元前1043年）周武王姬发是中国历史上的一位明君，他具有卓越的军事、政治才能。著名的神话小说《封神演义》就是依据『武王伐纣』的历史事件编写而成。

◎ 经典例句

自己人同心同德，无论如何总会听自己人的话，顾盼自己人的。
——李劼人《大波》

274

余虽与晋出入，余唯利是视，不穀恶其无成德，是用宣之以惩不一；诸侯备闻此言，斯是用痛心疾首，昵就寡人。

——《左传·成公十三年》

春秋时代，周天子的地位很不稳固，天下分为许多国家，势力比较大、领土比较广的国家总想占有更多的土地，取得霸主的地位。秦国和晋国就是两个想争霸的国家。

其实，秦国和晋国本来关系是很好的，经常彼此用联姻来表示友好，比如秦穆公的夫人就是晋献公的女儿，秦穆公曾三次帮晋国安定君位。当初晋公子重耳，即晋文公被迫流亡在外时，也是得到秦国的大力帮助，才回国继承王位的。

但是，由于两国的国境相接，彼此都想扩展自己的领土，所以两国虽然有良好的关系，但仍然时常为了争夺势力范围而发生冲突。从秦穆公到秦桓公三代中，秦晋两国就曾连年用兵。

在晋厉公即位以后，秦、晋两国又为边界问题发生了纠纷，于是两国国君就约好在令狐（在今山西临猗西）会面，订立了盟约，解决了边界纠纷。可是秦桓公回国后，马上就背叛了盟约。他邀晋国一起攻打自己边界上的一个小国白狄。白狄是秦国的敌国，却和秦国有着姻亲关系。晋国畏惧秦国，无可奈何地答应了。

可是这时候秦国派人去向白狄国说："晋国要出兵攻打你们！你们应该归附我们秦国！和我们一起对付晋国。"

晋国国君知道这件事后，对秦国这种背信弃义的行为十分痛恨，于是派吕相去和秦国绝交，并对秦桓公说："现在每个诸侯国都知道你们秦国是一个唯利是图、背信弃义的国家，所以，大家都愿意和晋国维持友好关系，而对秦国痛心疾首。现在，我们和各诸侯国都作好了和秦国交战的准备，你们秦国如果愿意遵守盟约的话，我国便负责劝诸侯国退兵，否则，我们只有在战场上见了。"

秦桓公根本不把晋国放在眼里，于是后来晋国率领各诸侯国在麻隧和秦国大战，秦军大败。

◎ 经典例句

嬴官对此痛心疾首，但处在当时的情势下，也只能叹叹气、摇摇头、骂骂娘而已。

——刘玉民《骚动之秋》

痛心疾首

tòng xīn jí shǒu

释义：形容伤心痛恨到极点。痛心：伤心、悲伤。疾首：头痛。

275

投鼠忌器

# 投鼠忌器

里谚曰:"欲投鼠而忌器。"此善谕也。鼠近于器,尚惮不投,恐伤其器,况于贵臣之近主乎。

——《汉书·贾谊传》

贾谊,是西汉初期著名的辞赋家和政论家。贾谊写的政论文,都能切中时弊,提出不少重要的见解。其中的《陈政事疏》(又名《汉安策》)指出,当时诸侯王割据一方、竞相扩充实力的局面,隐藏着分裂中央政权的危机,建议削弱诸侯王的势力,巩固中央集权。

贾谊在《陈政事疏》中还提出,应该坚决实行严格的等级制度。他认为,皇帝是至高无上的。皇帝管辖的大小官吏,好比一级一级的台阶,应该界限分明,不可混淆,做到尊卑有序。百姓犯了法,可用在脸上刺字、割鼻子、砍脚、鞭打等手段去惩治;但王侯大臣犯了法,不能采用这些刑罚,而应用"廉耻节礼"等封建道德来约束。王侯大臣即使犯了天大的罪,也只能赐他们死,因为他们是皇帝身边的达官贵人。

为了说明自己主张的正确,贾谊引用一个谚语说:本来想用东西投掷老鼠,但顾忌会打坏它旁边的器物。这是一个很好的比喻。老鼠靠近器物尚有所顾忌,不用东西去投掷它,唯恐损伤器物,何况对贵臣的处置呢!他们是皇帝身边的人,对他们施用惩治老百姓的刑罚,就会损害皇帝的尊严。

◎ 经典例句

他也知道吴七背后有极复杂的角头势力,也知道公安局对吴七这帮子一向是"投鼠忌器"。

——高云览《小城春秋》

tóu shǔ jì qì

释义:比喻采取行动有所顾忌,想干而不敢放手去干。

# 推心置腹

tuī xīn zhì fù

释义：推出自己的赤心，放置在人家的腹中。比喻赤诚对人。推：推移。置：安放。

降者犹不自安，光武知其意，敕令各归营勒兵，乃自乘轻骑按行部阵。降者更相语曰："萧王推赤心置人腹中，安得不投死乎！"由是皆服。

——《后汉书·光武帝纪》

西汉末年，政权被王莽所篡夺，建立了新朝。可是王莽对于处理政事，却十分无能。他怕别人以他篡汉的方式来夺取他的政权，所以对手下的人一个也不信任，事情无论大小都要亲自处理，而政令的下达则全凭他当时的兴致，因此常有朝令夕改的情况发生。

在这种情况下，老百姓纷纷举行起义。当时声势最大的一支起义军叫绿林军，他们拥立汉宗室刘玄为皇帝，而同为汉宗室的刘秀也乘机起兵，投奔刘玄。

后来，刘秀率军在昆阳大败王莽的新军，被刘玄封为破虏大将军。接着，绿林军攻占了长安，杀死了王莽。刘秀受命攻打邯郸，很快又攻下邯郸，杀掉了自称天子的王郎。刘玄见刘秀屡立大功，封他为萧王。

这时，北方尚未全部平定，于是刘秀又带兵北上。公元24年，刘秀率大军来到邬地，围攻另一支农民起义军——铜马军。经过鏖战，铜马军被刘秀打败，有

漢光武

克復舊物保全功臣

褒旌忠節崇重儒仲

好几十万人投降了刘秀。刘秀把这些投降的军队一一整编，编入自己所属的队伍中。而铜马军中那些原来的将领，仍一一派给他们官职，让他们仍带领原来的人马。

但铜马军的将领却忧心忡忡，他们感到自己原来是刘秀的敌人，将来一定不会有好日子过，甚至担心将来刘秀会杀死他们。

刘秀知道他们的疑虑后，便只带了两个随从，到新投顺的各营去巡察。这些投降的官兵们看到刘秀这种完全信任他们、没有丝毫戒心的作法，便高兴地在私底下说："萧王这个人很诚恳，他跟我们推心置腹，我们怎能不为他效劳呢？"

这样一来，刘秀实力大增，后来他终于重新统一了中国，建立了东汉王朝，成为历史上赫赫有名的光武帝。

◎ 经典例句

在艰难险厄的境地中，突然遇见了一个同情自己、而且救了自己生命的人，好像他乡遇故知，年轻的林道静便率直地推心置腹地把自己的身世、遭遇完全告诉了余永泽。

——杨沫《青春之歌》

279

# 图穷匕见

tú qióng bǐ xiàn

释义：将图展开，展到尽处匕首露现。比喻事情发展到了最后关头，真相或本意终于完全显露出来。图：地图。穷：尽。匕：匕首。见：通"现"，显露。

轲既取图奉之，发图，图穷而匕见。

——《战国策·燕策三》

战国末期，燕国的太子丹曾在秦国作人质。秦王嬴政（即后来的秦始皇）很瞧不起他，也不放他回国，后来让他回国，又在途中设计害他。因未得逞，他才得以回到燕国。这时，秦国实力强盛，不久攻灭了韩、赵两国，接着又向燕国进军。为此，太子丹决定派人去行刺秦王，以期扭转局势。

太子丹物色到一位勇士，名叫荆轲。他擅长剑术，是行刺秦王的最好人选。为了使荆轲能接近秦王，太子丹特地为他准备了两样秦王急于想得到的东西：一是从秦国叛逃到燕国的将领樊於期的头颅；二是燕国督亢地区（今河北涿县东）的地图，表示燕国愿将这块地方献给秦国。

这两样东西分别放在匣子里。行刺秦王的匕首，就放在卷着的地图的最里面。此外，还为荆轲配了一名助手，此人叫秦舞阳。临行时，太子丹等身穿丧服，将荆轲送到易水边。

秦王得知燕国派人来奉献两样他最需要的东西，非常高兴。在都城咸阳宫内隆重接见。荆轲捧着装有樊於期头颅的匣子走在前面，秦舞阳捧着装有地图的匣子跟在后面。

秦舞阳在上台阶时，紧张得双手颤抖，脸色变白。荆轲赶紧作了解释，并按秦王的要求，接过秦舞阳手里装有地图的匣子，当场打开，取出地图，双手捧给秦王。秦王慢慢展开卷着的地图，细细观看。快展到尽头时，突然露出一把匕首。荆轲见匕首露现，左手抓住秦王衣袖，右手举起匕首便刺。

但是，荆轲并未刺中秦王。秦王急忙拔剑自卫，却又一时拔不出来。于是两人绕着柱子转。卫兵因没有秦王的命令，也不敢擅自上前。

○ 品画鉴宝　彩绘车马驭手（秦）秦始皇陵一号车上的御车俑。双臂平举，手握马辔，神态严肃恭谨。

就在这紧张的时刻，秦王的侍臣突然用医袋抽打荆轲，并向秦王喊叫把剑推到背后拔出。秦王顿时醒悟过来，迅速拔出剑来，一剑砍断了荆轲的左腿。荆轲倒地后，将匕首投向秦王。结果未中，被拥上来的卫兵杀死。

◎ 经典例句

自弟有革命演说之后，彼之诈伪已无地可藏，图穷匕见矣。

——孙中山《敬告同乡书》

# 退避三舍

tuì bì sān shě

释义：意思是退师九十里。比喻退让和回避，避免冲突。舍：春秋时行军三十里为一舍。

子犯曰："师直为壮，曲为老，岂在久乎！微楚之惠不及此，退三舍避之，所以报也。背惠食言，以亢其仇，吾曲楚直，其众素饱，不可谓老。我退而楚还，我将何求？若其不还，君退臣犯，曲在彼矣。"退三舍。

——《左传·僖公二十八年》

春秋时，晋献公因为宠爱骊姬，便立骊姬所生的儿子奚齐为世子，公子重耳和夷吾被迫流亡国外。

起先，重耳仓皇逃到翟国，在那一住就是十二年。晋献公去世以后，奚齐和卓子先后继位，但都被臣子里克所杀。后来，夷吾自梁国回去即位，史称晋惠公。晋惠公怕重耳回国来夺他的宝座，便派人去行刺重耳。在这种险恶的形势下，重耳只得到处逃窜。他曾先后逃到齐、曹、卫等国家，但是那些国家的国君没有一个瞧得起他。后来他到了楚国，楚成王对他很赏识，很器重，不但用接待诸侯的礼仪对待他，而且对他的随从如赵衰、介之推等也十分优待和尊重。有一天，楚成王准备了丰盛的酒菜，来款待这位落难的晋公子。成王和重耳紧邻而坐，彼此谈得很投机。酒酣耳热之时，成王突然笑着问："今天我以如此隆重的礼节接待你，将来你要是回国，做了晋国国君，打算怎样报答我呢？"

"男女奴隶、宝玉和丝绸您多的是。至于装饰用的羽毛、兽齿和皮革等，又是贵国的名产，我实在不知道应该怎样报答你才好！"重耳很为难地说。

成王听了重耳的回答，觉得很不满意，说："话虽然这样说，但我想，你将来如做了晋国国君，总可以报答我的吧！"

这时，重耳突然灵机一动，说："假如托您的福真能回到晋国，将来万不得已和你在战场上见面，那我就退避三舍，来报答你对我的恩情。"

后来，重耳果真回到了晋国，并做了国君（即晋文公），而且为了援助宋国，他不得不和楚国交战。当两军接近时，他为了实现当初对楚成王的承诺，便下令全军后退了九十里。

◎ 经典例句

岳鹏程想像得出老爷子会气成什么模样。因此只好退避三舍，想等老爷子气消了或回城里去之后，慢慢再说。

——刘玉民《骚动之秋》

相如曰："王必无人，臣愿奉璧往使。城入赵而璧留秦；城不入，臣请完璧归赵。"
——《史记·廉颇蔺相如列传》

秦昭王听说赵惠文王得到一块稀世宝玉——和氏璧，便派人送信给赵王，说愿意以十五座城池来换取这块玉璧。

赵王怕秦王有诈，不想将璧送去，但又怕秦王借口派兵来犯。就是连可以派到秦国去答复的人，一时也物色不到。

就在这时，有人向赵王推荐了蔺相如。赵王召见了他，听他分析了这件事的性质，并认为还是答应秦国的要求为好。赵王很满意他的分析，问他谁可以出使秦国。蔺相如回答说："想必大王还未找到可以出使的人。我愿意捧着璧出使秦国，并向大王保证：秦国将城池给赵国，我就把璧留给秦王；如若秦国不将城池给赵国，我就一定将完整的璧送归赵国。"

于是，赵王派蔺相如出使秦国。

他向秦王献上和氏璧后，秦王满心欢喜，给左右大臣和姬妾们传看玉璧而无意交出城池。蔺相如借口玉璧上有小白斑点要指给秦王看，取回和氏璧，随即愤怒地指责秦王不提交城之事，显然不是诚心交换。如强行逼迫他，他将让玉璧与自己脑袋一起在柱上撞个粉碎。

秦王怕他真的这样做，马上表示道歉，并当场叫人拿出地图，划出十五座城池。但蔺相如料到他这是做样子，不会真的交城，因此表示秦王必须斋戒五天，在朝廷上举行最隆重的仪式，方能献璧。秦王被迫同意。

蔺相如估计到，秦王虽然答应斋戒五天再受璧，但肯定不肯给赵十五座城池。因此让一个随从人员换上普通百姓穿的粗布衣服，藏着和氏璧，从

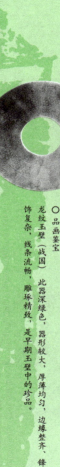

○品画鉴宝

龙纹玉璧（战国）　此器深绿色，器形较大，厚薄均匀，雕琢精致，边缘整齐、锋利。纹饰复杂，线条流畅，是早期玉璧中的珍品。

283

驷马图（秦）　高86.7厘米，宽106厘米，1978年出土于咸阳市东15公里的窖乡秦咸阳城遗址，是秦宫三号殿遗址内的秦代代表壁画。秦咸阳作为秦国和秦王朝的首都，自秦孝公十二年（公元前350年）到秦完成统一和最后灭亡，达144年之久，是当时全国的政治、经济和文化中心。

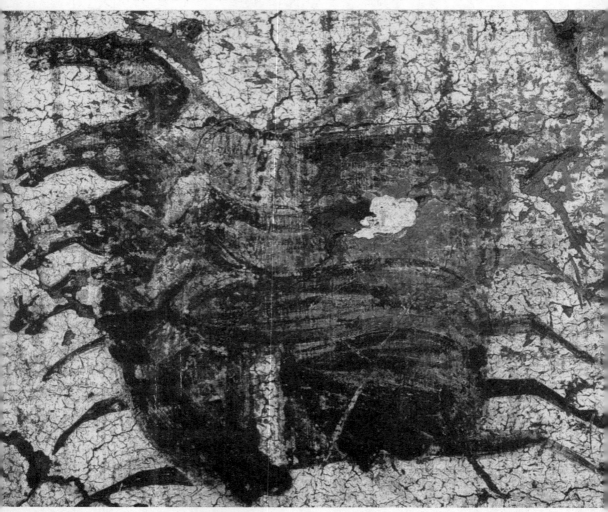

小路逃回赵国，从而实现了自己完璧归赵的诺言。

　　等到秦王发觉受骗，已经来不及了，他虽然很恼火，但认为就是杀了蔺相如，也不能得到这块璧。于是就此作罢，只好将蔺相如送了回去。

◎ 经典例句

　　请放心，不要多久，这两件东西定会完璧归赵。

——姚雪垠《李自成》

# 玩物丧志

wán wù sàng zhì

释义：表示人如果沉湎于所爱的事物就会丧失进取向上的志向。

玩人丧德，玩物丧志。

——《尚书·旅獒》

姬发攻灭商朝后，建立了周期，历史上称他为周武王。武王把占领的土地分封给有功的大臣和诸侯，并且派出大批使者到各边远地区，去宣扬自己的武功文治，号召远方各国和部族都来臣服。

不少远方的国家和部族慑于武王的威名，派使者来到周朝称臣，同时带来了许多贡物。在这些贡物中，有一只被称为獒（áo）的狗。这獒身体大，尾巴长，四肢比较短，毛呈黄褐色，凶猛善斗，可做猎犬。这畜生很有灵性，见到武王后就匍伏在地，似乎在行拜礼。武王很高兴，吩咐侍从好好喂养它，并重赏了献獒的使者。接着，就乐滋滋地与它逗玩起来。

太保召公奭觉得，作为一个君王，对此要有所节制，于是作了一篇名叫《旅獒》的文章呈给武王。文中写道：沉湎于侮辱和捉弄别人，会丧失自己崇高的德行；沉湎于所喜爱的事物，会丧失自己进取的志向。创业不易，不能让它毁于一旦啊！武王读了这篇文章，想到纣王荒淫无度导致商朝灭亡的教训，觉得如公奭的文章有道理，于是下令将贡物分赐给各功臣和诸侯。

◎ 经典例句

他明白玩物丧志，却想望收集点小东小西，因此增加一点家庭安定幸福。

——沈从文《主妇》

# 万事俱备，只欠东风

wàn shì jù bèi zhǐ qiàn dōng fēng

释义：是比喻一切都已齐备，只差最后一个重要条件。

孔明索纸笔，屏退左右，密书十六字曰："欲破曹公，宜用火攻；万事俱备，只欠东风。"写毕，递与周瑜曰："此都督病源也。"

——《三国演义》四十九回

公元208年，曹操率领八十万大军驻扎在长江中游的赤壁，企图打败刘备以后，再攻打孙权。刘备采用联吴抗曹的策略，与吴军共同抵御曹操。

当时，孙权和刘备兵力都很少，而曹操兵多将广，处于压倒优势。刘备的军师诸葛亮和孙权的大将周瑜，商讨破敌良策，二人不谋而合，都主张只有用火攻，才能打败曹操。

可等一切都准备好后，周瑜却发现曹操的船只都停在大江的西北，而自己的船只靠在南岸。这时正是冬季，只有西北风，如果用火攻，不但烧不着曹操，反而会烧到自己的头上，只有刮东南风才能对曹军发起火攻。周瑜眼看火攻不能实现，急得口吐鲜血，病倒在床上，名医、良药都治不好他的病。这时诸葛亮去探望周瑜，问他为何得病。周瑜不愿说出实情，就说："人有旦夕祸福，怎能保住不得病呢？"

诸葛亮早猜透了他的心事，就笑着说："天有不测风云，人怎能预料到呢？"周瑜听到诸葛亮话中有话，非常惊讶，就问有没有治病的良药。诸葛亮说："我有个药方，保证治好您的病。"说完，写了十六个字，递给周瑜。这十六个字是：

"欲破曹公，宜用火攻；万事俱备，只欠东风。"

周瑜一看，大吃一惊，心想："诸葛亮真是神人啊！"他的心思既然已被诸葛亮猜中，便请教破敌之策。诸葛亮有丰富的天文气象知识，他预测到近期肯定会刮几天东南风，就对周瑜说："我有呼风唤雨的法术，借给你三天三夜的东南大风，你看怎样？"周瑜高兴地说："不要说三天三夜，只一夜东南大风，大事便成功了！"

諸葛亮喬裝哭周瑜

談書機

用奇谋孔明借箭

读画楼主

周瑜命令部下做好一切火攻的准备，等候诸葛亮借来东风，马上进兵。诸葛亮让周瑜在南屏山修筑七星坛，然后登坛烧香，口中念念有词，装做呼风唤雨的样子。

　　半夜三更，忽听风响旗动，周瑜急忙走出军帐观看，真的刮起了东南大风，他连忙下令发起火攻。

　　周瑜部将黄盖，率领火船向曹操水寨急驶，当火船靠近曹军水寨时，一声令下，士兵们顺风放火。风助火势，火借风威，把曹营的战船烧个一干二净，岸上的营寨也被烧着，兵马损失不计其数。在烟火弥漫中，曹操仓皇逃命，从小道退回许昌。

◎ 经典例句

　　对了，正是万事俱备，只欠东风。什么都有了，可是土地还缺着呢。

——欧阳山《三家巷》

○ 品画鉴宝

赤壁赋图（清）杨晋／绘　纸本，设色。以东坡夜游赤壁故事作画题。画面清丽，气势浩然，浑成天地。

# 亡羊补牢

wáng yáng bǔ láo

释义：意思是羊丢失后，才修补羊圈。比喻出了差错，设法补救，免得再受损失；也含犹未为晚之意。亡：丢失。牢：关牲口的圈栏。

臣闻鄙语曰："见兔而顾犬，未为晚也；亡羊而补牢，未为迟也。"
　　　　　　　　　　　　　　　——《战国策·楚策四》

战国时期，楚国的楚襄王即位后，重用奸臣，政治腐败，国家一天天衰亡下去。大臣庄辛看到这种情况，非常着急，劝襄王不要成天吃喝玩乐，不顾国家大事。这样长此以往，楚国就要亡国了。

楚襄王听了大怒，骂道："你老糊涂了吧，竟敢这样诅咒楚国！"

庄辛见楚襄王不纳忠言，只好躲到了赵国。结果庄辛到赵国才五个月，秦国果然派兵攻打楚国，并长驱直入，攻陷了楚国的都城郢城。楚襄王惶惶如丧家之犬，逃到城阳。这时，他想起了庄辛的忠告，又悔又恨，便派人把庄辛迎请回来，说："过去因为我没听从你的话，所以才会弄到这种地步，现在，你看还有办法挽救吗？"

庄辛看到楚襄王有悔过之心，便借机给他讲了个故事。

从前，有人养了一圈羊。一天早晨，他发现少了一只羊，仔细一查，原来羊圈破了个窟窿，夜间狼钻进来，把羊叼走了一只。邻居劝他说："赶快把羊圈修一修，堵上窟窿吧！"

那个人不肯接受劝告，回答说："羊已经丢了，还修羊圈干什么？"

第二天早上，他发现羊又少了一只。原来，狼又从窟窿中钻进来，叼走了一只羊。他很后悔自己没有听从邻居的劝告，便赶快堵上窟窿，修好了羊圈。从此，狼再也不能钻进羊圈叼羊了。

除此之外，庄辛又给楚襄王分析了当时的形势，认为楚国都城虽被攻陷，但还有几千里国土，只要振作起来，改正过去的过错，秦国是灭不了楚国的。楚襄王听了，便遵照庄辛的话去做，果真渡过了危机，振兴了楚国。

◎ 经典例句

当少年人肩膀渐渐展宽，嗓音渐渐变粗，胆量也渐渐变大，开始公然当着大人们"撒野"时，老师和家长才慌了神儿，可是到那时候再来扭转，分明已属"亡羊补牢"。

　　　　　　　　　　　　　　　——刘心武《钟鼓楼》

wàng chén mò jí

释义：意思是望着远去的人马行走时扬起的阵阵尘土，却不能追上他们。比喻远远地落在了别人的后面，相差甚远，无法追上。

（赵咨）复拜东海相，之官，道经荥阳。令敦煌曹皓，咨之故孝廉也，迎路谒候。咨不为留，皓送至亭次，望尘不及，谓主簿曰："赵君名重，今过界不见，必为天下笑。"即弃印绶，追至东海。

——《后汉书·赵咨传》

赵咨，字文楚。东汉东郡燕人。汉灵帝时，曾几度出任敦煌太守，后因病辞官回家，躬率子孙以耕农为养。后又复出做官，任东海相。

去东海赴任的路上，要经过荥阳。当时的敦煌县令曹皓，得知赵咨要经过荥阳，特地专程在路口等候，想与赵咨好好地叙叙旧情。因为他俩相识，而且曹皓曾经受到赵咨的推荐，去参加选拔官吏的考试。所以曹皓自然是十分高兴，想请他在荥阳稍事停留，彼此谈谈。想不到，赵咨到达荥阳后，见了曹皓，连车也没下就走了，曹皓想送他到十里外的长亭，但只看见车马行路扬起的尘土滚滚，他们早已走远了。曹皓对一旁的主簿（文书事务官员）说："赵咨很有名望，今天路过这里而不作停留，我这当县令的必然被天下人所耻笑。"说着丢下他当官的印绶，追至东海去了。

现在，人们习惯上把"望尘不及"的成语，说成"望尘莫及"。

◎ 经典例句

所获得的现款红利，为全世界的银行所望尘莫及。

——邹韬奋《萍踪忆语·梅隆怎样成了富豪？》

○ 品画鉴宝

官吏图（东汉）　此图绘东汉官吏数名，表现了墓主人生前的社交情况，具有一定的历史参考价值。

# 望梅止渴

wàng méi zhǐ kě

释义：眼望梅林，流出口水而解渴。比喻从不切实际的空想中得到安慰。

魏武行役，失汲道，军皆渴，乃令曰："前有大梅林，饶子，甘酸可以解渴。"士卒闻之，口皆出水，乘此得及前源。

——《世说新语·假谲》

三国时著名的政治家、军事家曹操，足智多谋，善于解决用兵中的各种复杂问题。

有一年夏天，他率领一支大军，经过一个没有水的地方。当时已经到了中午，烈日当空，天气十分炎热。将士们携带着沉重的武器，全身都被汗水浸湿，又热又渴，非常难受，给行军带来了严重的影响。

曹操见将士们一个个舔着干燥的嘴唇，勉强行走，心里非常焦急。他把向导叫来，问他附近有没有水源，向导作了否定的回答。曹操不甘心，下令队伍原地休息，派人分头到各处去找水。

过了好一会，派去的人全都提着空桶回来。原来，这里是一片荒原，没有河流，也没有山泉，根本找不到水。

曹操又下令就地挖井。士兵们挥汗挖土，但过了好长时间，也挖不出一滴水。

曹操心想，情况很严重，如果在这里久留，会有更多的人无法坚持下去。他灵机一动，站到一个高处，大声说道："有水啦！有水啦！"

将士们听说有水，全都从地上爬起来，兴高采烈地问道："水在哪里？水在哪里？"

曹操指着前面说："这条路我过去曾走过，前面不远的地方有一大片梅林，那里结的梅子又大又多，它那甘美的酸汁可以解渴，赶快到那里去吧！"

将士们一听说梅子及梅子的酸汁，就自然而然地想像起酸味，从而流出口水，顿时不觉得那么渴了。

○ 品画鉴宝
青瓷洗（三国） 此器直口，宽沿，以三只猛兽作足。

曹操立即指挥队伍行进。经过一段时间，终于把队伍带出这个没有水的地方，来到有水源的地方。大家痛痛快快地喝足了水，精神焕发地继续行军。

◎ 经典例句

望梅止渴，画饼充饥的年代早已过去，人们要听的是真话。

——巴金《随想录》

# 围魏救赵

wéi wèi jiù zhào

释义：意思是借一件事情，解救另一件事情。

田忌欲引兵之赵，孙子曰："夫解杂乱纠纷者不控拳，救斗者不搏撠，批亢捣虚，形格势禁，则自为解耳。今梁赵相攻，轻兵锐卒必竭于外，老弱罢于内。君不若引兵疾走大梁，据其街路，冲其方虚，彼必释赵而自救。是我一举解赵之围而收弊魏也。"田忌从之，魏果去邯郸，与齐战于桂陵，大破梁军。

——《史记·孙子吴起列传》

战国时期，魏惠王任用庞涓为大将，大举进攻赵国，并围住了邯郸。赵成侯知道国力难以抵挡魏军，就把中山之地献给了齐国，求齐国派兵解围。齐王随即拜田忌为大将，孙膑为军师，兴兵救赵。孙膑献计说："我们把兵埋伏在路上，扬言攻打襄陵，魏军一定会撤下邯郸外围的兵力，回头援救襄陵，我们在中途袭击魏兵，一定可大获全胜。"

田忌采用了孙膑的计策，庞涓听到齐国进攻襄陵的消息后，马上撤下包围邯郸的兵去救襄陵，谁知魏军在途中遭到了齐军的截击，又陷入了孙膑的阵法，结果冲到阵中的魏军被杀得片甲不留，庞涓拼命逃走，当夜就撤回大梁。

## ◎ 经典例句

文爷料他有围魏救赵之计，也是不错的。前日有军士探报，说胶州各岛都修船练兵籴买粮食，不是这个缘故吗？

——清·夏敬渠《野叟曝言》

294

## 惟命是从

wéi mìng shì cóng

释义：表示叫做什么就做什么，完全服从命令。惟：唯独。也称『唯命是从』。

孤不天，不能事君，使君怀怒以及敝邑，孤之罪也，敢不惟命是从。

——《左传·宣公十二年》

公元前597年，楚庄王亲自率领大军讨伐郑国。楚国兵强马壮，郑国根本不是对手，三个月后，便攻破了郑国的都城。郑襄公出于无奈，只好脱光上衣，裸露上身，牵着一只羊到大路上迎接楚庄王，向他求饶说："我没有承受天命，不能很好的事奉君王，使大王面带怒气来到我们这个破败的地方，这都是我的罪过。今后，大王命我做什么我就做什么。您把我俘虏到江南，流放到海边，我也听从您的命令。您要灭亡郑国，把郑国的土地分割给诸侯，叫郑国的男人做仆役，女人做婢妾，我也听从您的命令。如果承蒙大王顾念两国从前的友好，不灭掉郑国，让郑国像您的许多属国一样服侍您，这就是您的恩惠，也是我的心愿，但这不是我奢望的。我大胆地说出心里的话，请君王决定吧。"

楚王看到郑伯的可怜相，说："一个国家的君王能够自己表示顺服，一定可以取得百姓的信任。我们还是开发自己的国家，不去占有别的国家。"于是，楚庄王命楚军撤出郑国都城，退兵三十里，允许郑国求和，并且订立了盟约。

◎ 经典例句

老公方面，大概也自惭形秽，自知非分，只好俯首帖耳，惟命是从了。

——聂绀弩《论怕老婆》

# 为虎作伥

wéi hǔ zuò chāng

释义：意思是旧时迷信，认为被老虎咬死的人，他的鬼魂又帮助老虎伤人，称为伥鬼。比喻帮助恶人作恶，干坏事。

相传虎啮人死。死者不敢他适，辄隶事虎，名为伥鬼。伥为虎前导，途遇暗机伏陷，则迂道往。人遇虎，衣带自解，皆伥所为。虎见人伥而后食之。

——《正字通·听雨记谈》

从前，在某一个地方的一个山洞里，住着一只凶猛无比的老虎。有一天，它因为没有食物充饥，觉得非常难过。于是，它走出山洞，到附近的山野里去猎取食物。

山野里各种各样的动物很多，但是，当它们一闻到老虎身上那股特殊难闻的味道时，全都敏感地逃开了。

老虎眼见这些大好的食物都无法到口，心中有说不出的懊恼。正在这时候，它看到山腰的不远处有一个人正蹒跚地走来，便猛扑过去，把那个人咬死，把他的肉吃光。

但是老虎还不满足，它抓住那个人的鬼魂不放，非让它再找一个人供它享用不可，不然，它就不让那人的鬼魂获得自由。

那个被老虎捉住的鬼魂居然同意了。于是，他就给老虎当向导，找呀找的，终于遇到了第二个人。

这时，那个鬼魂为了自己早日得到解脱，竟然帮助老虎行凶。他先过去迷惑新遇到的人，然后把那人的带子解开，衣服脱掉，好让老虎吃起来更方便。

这个帮助老虎吃人的鬼魂，便叫做伥鬼。后人根据这一传说，把帮助坏人做伤天害理的事情，称为"为虎作伥"。

◎ 经典例句

我为民国政府一介县长，既然无力回天，只好为虎作伥。想来无颜见诸位仁人贤达，更愧对滋水父老啊！

——陈忠实《白鹿原》

未雨绸缪

wèi yǔ chóu móu

释义：比喻事先作好准备，防患于未然。绸缪：是缠缚的意思，引申为修补。

周武王攻灭商朝后，没有杀掉商纣王的儿子武庚，而继续封他为殷君，让他留在商的旧都，但对他又不放心，所以把自己的三个弟弟管叔、蔡叔和霍叔，分封在商旧都的东面、西面和北面，以便监视武庚和商朝的遗民，称为"三监"。

武王的弟弟周公旦以及太公、召公等，帮助武王灭商，立了大功，武王把他们留在京城镐辅政，其中周公旦最受武王的宠信。

过了两年，武王患了重病，大臣们都非常忧愁。忠于武王的周公旦特地祭告周朝祖先，表示愿意代替哥哥去死，只希望武王病愈。祝罢，命人将祝辞封存在石室里，不准任何人泄密。

说来奇怪，周公旦祝祷后，武王的病情一度有了好转。但是，不久又发病去世。年幼的太子姬诵被拥立为国王，周公旦受武王遗命摄政。

周公旦的摄政，引起了管叔等三个叔叔的妒忌。他们说，周公旦企图夺取成王的王位。这些流言蜚语很快传到成王耳朵里，从而引起了成王的疑虑。周公旦知道后，对太公、召公说："如果我不讨伐他们，就无法告慰于先王！"

但是，周公旦考虑到一时很难向成王说清楚，又为了解除他对自己的疑虑，就离开镐京，前往东都洛邑。

武庚不甘心商朝的灭亡。他见周氏兄弟之间发生了矛盾，就派人和管叔等"三监"联络，挑拨他们与周公旦的关系。与此同时，他积极准备起兵反叛。

周公旦在洛邑住了两年，其间他调查清楚了武庚暗中与管叔等勾结的情况，便写了一首诗送给成王。这首诗的诗名叫《鸱鸮（猫头鹰）》。它的前两节是这样的："猫头鹰啊猫头鹰！你已抢走了我的儿，不要再毁我的家。我多么辛苦殷勤哟，为哺育儿女已经全累垮！趁着天还没有下雨，我就忙着把桑根剥下，加紧修补好门窗。因为下面的人呀，有时还会把我欺吓！"

这首诗以母鸟的口吻哀鸣，反映了周公旦对国事的关切和忧虑。诗中的猫头鹰是指武庚，哀鸣的母鸟则是周公旦自己。

不料，年轻的成王没有看懂这首诗的含义，因此没有理解周公

297

旦的苦衷。后来，他无意之中在石室里发现了周公旦的祝辞，深受感动，立即派人把周公旦请回镐京。这时，成王才知道武庚与三叔相互勾结的内情，派周公旦出兵讨伐。最后，杀了武庚、管叔和霍叔，蔡叔在流放中死去，周王朝得到了巩固和发展。

◎ 经典例句

他不便隔着街门告诉李四爷："我已经都预备好了！"可是心中十分满意自己的未雨绸缪，料事如神。

——老舍《四世同堂》

吴既赦越，越王勾践反国，乃苦身焦思，置胆于坐，坐卧即仰胆，饮食亦尝胆也。

——《史记·越王勾践世家》

公元前493年，吴王夫差为报父仇，领兵攻打越国，越王勾践兵败投降。夫差大获全胜，得意洋洋地把勾践及其妻子押往吴国。为了在诸侯国中表现自己宽宏大量，他决定不杀勾践夫妇，而让他们住在父亲墓前的石屋里，一边看墓赎罪，一边养马。夫差外出，勾践就得拿着马鞭子，走在马车前面。

过了三年，夫差认为对勾践的惩罚已经够了，今后他不会再反对自己了，便将他夫妇释放回国。

勾践回国后，立志报仇雪恨。为了锻炼自己的意志，他睡觉不用被褥，就躺在柴草中。又在自己起居处悬挂一个苦胆，坐卧时都能看到，每次吃饭前，都要去尝一尝胆的苦味，还经常哭着问自己："勾践，勾践，你忘记会稽战败的耻辱吗？"

勾践还采取各种措施，努力发展生产，并亲自扶犁种田，让妻子纺织。食不加肉，衣不重彩，与百姓同甘共苦。同时奖励生育，增加人口，加强国力。就这样，勾践经过"十年生聚，十年教训"，终于使越国强大起来。

过了四年，勾践举兵进攻吴国。夫差不敌，派人求和，但被勾践拒绝，夫差被逼自杀，吴国灭亡。

○ 品画鉴宝
几何纹簋（春秋） 此簋耳垂珥是中原铜器的风格，腹部纹饰又是南方几何印纹硬陶器纹饰的风格，南北合璧别致生动。

◎ 经典例句
自成用鼻哼了一下：说：如今是我们卧薪尝胆的时候，哪能多睡！

——姚雪垠《李自成》

闻鸡起舞

秦桥

300

# 闻鸡起舞

wén jī qǐ wǔ

释义：意思是半夜听到鸡叫，便起床舞剑练身。比喻有志之士抓紧时间锻炼，奋发有为。闻：听到。舞：舞剑。

祖逖，字士稚……与司空刘琨俱为司州主簿，情好绸缪，共被同寝。中夜闻荒鸡鸣，蹴琨觉曰："此非恶声也。"因起舞。

——《晋书·祖逖传》

祖逖和刘琨都是晋代著名的将领，两人少年时代就是好朋友，青年时一起去司州（今河南洛阳东北）任主簿（主管文书簿籍的官吏）。两人志同道合，气意相投，都希望为国家出力，干出一番事业。他们白天一起在衙门里供职，晚上合盖一床被子睡觉。

当时，西晋皇族内部互相倾轧，争权夺利，各少数民族首领乘机起兵作乱，国家安全受到严重威胁。祖逖和刘琨对此都很为焦虑。

一天半夜，祖逖被远处传来的鸡叫声惊醒，便把刘琨踢醒，说："你听到鸡叫声了吗？"

刘琨侧耳细听了一会，说："是啊，是鸡在啼叫。不过，半夜的鸡叫声是恶声啊！"

祖逖一边起身，一面反对说："这不是恶声，而是催促我们快起床锻炼的叫声。还是起床吧！"

刘琨接受了祖逖的观点，跟着穿衣起床。两人来到院子里，只见满天星斗，月光皎洁，于是拔出剑来对舞。直到曙光初露，他们才汗流涔涔地收剑回房。

后来，祖逖和刘琨都为收复北方竭尽全力，作出了自己的贡献。

◎ 经典例句

当时，由北而南的士族官吏，一部分如闻鸡起舞、中流击楫的祖逖等是主张抗战恢复中原的，但多数只想偏安江南苟延残喘。

——王火《战争和人》

# 物以类聚

释义：表示同类的东西总聚集在一起。比喻坏人互相勾结。

wù yǐ lèi jù

淳于髡曰："不然，夫鸟同翼者而聚居，兽同足者而俱行。……夫物各有畴，今髡贤者之畴也。"

——《战国策·齐策三》

战国时，齐国有个很聪明的人，名叫淳于髡（kūn）。他身材比较矮小，为人滑稽，屡次出使诸侯国，从未受过屈辱。齐威王死后，齐宣王继位。宣王欲招纳贤士，让淳于髡推举人才。淳于髡在一天之内，就向宣王推举了七位贤能之士。宣王感到惊讶，向淳于髡招招手说："你过来，我有话对你说。我听说人才是很难得的，方圆千里之内能选出一位贤士，那就好像贤士多得肩并肩站着一样了；百年之中出现一位圣人，那就好像圣人多得一个跟着一个来了。现在，你一天之内就推荐了七位贤士，不是太多了吗？"

淳于髡回答说："不能这么说。要知道，同类的鸟儿总是在一起聚居，同类的野兽总是在一起行走。到水泽洼地里去寻找柴胡、桔梗这类药材，永远也找不到一点；而到睪（gāo）黍山、梁父山的背面去寻找，就可以成车地装载回来。这是因为，同类事物相聚在一起。我淳于髡也可以算是贤士吧，您到我这儿来寻找贤士，就好比到河里去汲水、用火石去打火那样容易。我还可以给您再推荐一些贤士呢，何止这七个！"

◎ 经典例句

胡适之的诗载于《礼拜六》，他们的像见于《红玫瑰》，时光老人的力量，真能逐渐的显出"物以类聚"的真实。

——鲁迅《两地书》

## 先发制人

xiān fā zhì rén

释义：原指在战争中的双方，先采取行动的往往处于主动地位，可以制伏对方。后来泛指先下手采取主动。发：发动。制：控制。

秦二世元年，陈胜起。九月，会稽假守通素贤梁，乃召与计事。梁曰："方今江西皆反秦，此亦天亡秦时也。先发制人，后发制于人。"

——《汉书·项籍传》

公元前 209 年，陈胜、吴广在大泽乡起义后，得到四方的响应。

当时项梁和侄子项羽为躲避仇人的报复，跑到吴中（今江苏吴县）。会稽郡郡守殷通，素来敬重项梁。为商讨当时的政治形势和自己的出路，派人找来了项梁。

项梁见了殷通，谈了自己对时局的看法："现在江西一带都已起义反对秦朝的暴政，这是老天爷要灭亡秦朝的时候了。先发动的可以制服人，后发动的就要被别人所制服啊！"

殷通听了，叹口气说："听说您是楚国大将的后代，是能干大事的。我想发兵响应起义军，请你和桓楚一起来率领军队，只是不知道桓楚现在什么地方？"

项梁听了，心想，我可不愿做你的部属。于是他灵机一动，连忙说："桓楚因触犯了秦朝刑律流亡在江湖上，只有我的侄子项羽知道他在什么地方。我去叫项羽进来问问。"

说完，项梁走到门外，轻声地叫项羽准备好宝剑，伺机杀死殷通。

叔侄俩一前一后进入厅堂。殷通见项羽

304

进来，刚站起身，想要接见项羽。说时迟，那时快，项羽拔出宝剑直刺殷通，随即砍下他的脑袋。

项羽提着殷通的人头，佩带着郡守的大印，走到门外，高声宣布起义。

当时百姓本身就痛恨秦朝官吏，见项梁杀了郡守，都纷纷表示愿意跟从他，拥护他做会稽郡守，项羽为偏将。

项羽又去乡里亲友中招募了八千个青年，称为"八千子弟兵"，这支队伍生气勃勃，富有战斗力，成了项羽成就霸业的骨干力量。

◎ 经典例句

康顺风来这一手，原来是怕众人提出桦林霸，追出他们的老根子，问题更难解决，所以来了个先发制人。

——马烽、西戎《吕梁英雄传》

○ 品画宝鉴　斧车（东汉）这是车队的前导车。据《后汉书·舆服志》，千石秩别以上官吏，导从置斧车，象征权力。

# 相敬如宾

xiāng jìng rú bīn

释义：是指夫妻互相尊敬，如同对待宾客一样。

> 臼季使过冀，见冀缺耨，其妻馌之，敬，相待如宾。与之归，言诸文公曰："敬，德之聚也。能敬必有德。德以治民，君请用之。臣闻之：出门如宾，承事如祭，仁之则也。"
>
> ——《左传·僖公三十三年》

春秋时代，晋国大夫胥臣（又名"臼季"）奉命出使，路过冀地（今山西河津东北），遇见一人正在田间锄草，他妻子把午饭送到田头，恭恭敬敬双手捧献给丈夫，丈夫庄重地接住，祝祷后进食，妇人侍立一旁等他吃完，收拾餐具辞别丈夫而去。胥臣十分赞赏，认为夫妻之间尚能如此互相尊敬，如同对待宾客一样，何况对待别人。他深信此人必是有德之士，上前请教姓名，才知原来是前朝旧臣郤芮（xì ruì）的儿子郤缺。郤芮原先因功封在冀地，被人称作冀芮，后犯谋逆罪被杀，他的儿子郤缺也被废为平民，耕种为生，但人们仍习惯称他为冀缺。

胥臣完成使命回国，这时晋国两位贤臣狐偃、狐毛相继去世，晋文公好似失去了左右手，闷闷不乐。胥臣便向文公推荐郤缺，担保他才德兼备，如能起用，一定不比狐毛、狐偃差。文公却认为，罪臣的儿子不能重用。胥臣进言道："古代尧、舜是贤君，可是尧的儿子丹朱、舜的儿子商均都是不肖。大禹的父亲鲧治水九年不成，被舜处死。可是禹却把洪水治平，舜便传位给禹，使他成为一代圣君。可见贤与不肖并不是父子相传，主公何必计旧恶而抛弃有用之才呢？"

晋文公被说服了，拜胥臣为下军元帅，任命郤缺做他的助手，为下军大夫。不久文公去世，襄公继位，晋国在国丧期间遭外族侵犯，郤缺迎战有勇有谋，立下退敌头功。晋襄公嘉奖郤缺，升任他为卿大夫，重新把冀地封赏给他。

◎ 经典例句

他们两口子不吵架，外人看来，和和睦睦，两口子自己也觉得没有必要在不幸福之外，再制造些痛苦。客客气气，相敬如宾。

——李国文《幸福》

306

# 项庄舞剑，意在沛公

于是张良至军门，见，樊哙。樊哙曰："今日之事何如？"
良曰："甚急。今者项庄拔剑舞，其意常在沛公也。"哙曰："此
迫矣，臣请入，与之同命！"

——《史记·项羽本纪》

xiǎng zhuāng wǔ jiàn yì zǎi pèi gōng

释义：意思是鸿门宴上项庄以舞剑为名，企图刺杀刘邦。比喻某人的言行表面上有名目，实际上另有所图。

项羽的大军进驻鸿门（在今陕西临潼东北）后，有人暗中向项羽报告说，刘邦要在关中称王。刘邦为了消除误会，在谋士张良的陪同下，到鸿门当面向项羽谢罪。项羽听他说得真诚坦率，表示不再怀疑，并设宴款待刘邦。项羽的谋士范增、项伯等也一起参加。

范增早就主张杀掉刘邦，免得留下后患。席间，他屡次向项羽示意杀死刘邦，但项羽不予答理。于是他离席，把项羽的堂兄项庄叫来说："大王心慈手软，你进去敬酒，请求舞剑助兴，趁机杀了沛公。"

项庄入内敬酒，完毕后对项羽说："大王与沛公饮酒，军中没有什么娱乐，请让我舞剑助兴。"

项羽表示同意，于是项庄拔出剑在席前起舞，项羽的族叔项伯是张良的故友，他看出苗头不对，便拔剑与项庄对舞，并在对舞中以身体掩护刘邦，使项庄无从下手。

刘邦的谋士张良见情势危急，离席到军营门口，找到了刘邦的部将樊哙。樊哙一见张良，就问他现在情况如何。张良说："现在情况非常危急。此刻项庄表面上是舞剑助兴，其实真正的用意是要杀掉沛公！"

刘邦（公元前256－前195年）
沛郡丰邑人（公元现在江苏丰县）中阳里人，字季，有的说小名刘季，秦时曾做过泗水亭长。他在兄弟四人中排行第三。在秦末农民战争中因为被项羽立为汉王，所以在战胜项羽后建国时，国号定为"汉"，定都洛阳，后迁都长安。

　　樊哙激动地说，既然如此，让他进去与他们拼命。他强行进入营帐，怒视项羽，头发直竖，眼眶睁得像绽开似的。项羽赐酒肉，他大口地喝，大口地吃。吃喝后，面不改色地指责项羽听信谗言，企图杀掉有功之臣。项羽听后，叫他坐下。

　　过了一会儿，刘邦上厕所，招呼樊哙出去，乘机逃回了自己的军营。

◎ 经典例句

　　要之边氏著书虽数十种，其宗旨无一不归于乐利主义，如项庄舞剑，意在沛公。

——梁启超《乐利主义泰斗边沁之学说·边沁之政法论》

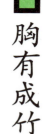

胸有成竹

xiōng yǒu chéng zhú

释义：比喻人们作事之前已经有了主意，或有了成功的把握。有时也写成「成竹在胸」。成竹：现成的、完整的竹子。

故画竹，必先得成竹于胸中，执笔熟视，乃见其所欲画者，急起从之，振笔直遂，以追其所见，如兔起鹘落，少纵则逝矣。

——苏轼《文与可画篔筜谷偃竹记》

北宋仁宗时期有一位著名的画家姓文，名同，字与可，四川省梓潼县人。他的诗、文、书法都写得很好。他喜爱画花鸟虫鱼写生画，特别擅长画竹子，他画的竹子栩栩如生，清秀逼真，很受人们的赞扬，故有"墨竹大师"之称。

文与可学画非常认真、细致。为了画好竹子，文与可在房屋周围和窗前种了许多青竹，一年四季，不管风吹雨打或烈日当空，他每天都仔细观察竹子的枝叶在晴天或雨后，在茂盛或落叶等不同时期的状态和生长情况，了解竹子在不同季节和不同天气里的形态变化。

文与可经过长期种植竹子的实践和细心的观察、揣摩，不仅对竹子的特性了如指掌，而且在胸中形成、积累了各种各样竹子的形象。正因为这样，在他动笔作画之前，怎样构图，着墨，在他的心中早就有了轮廓，不必费尽心思，反复琢磨，因而能一挥而就，挥洒自如，出色地画出各式各样的竹子。

苏轼被贬以后，也很喜欢画墨竹画，文与可画竹的经验使苏轼受到很多启示，所以他说画竹子，须预先详细观察竹子，在胸中形成了竹子的形态，认清想要画的东西，一经发现，便振笔急书，心手合一，以画表现出自己所观察到的，这种感受到的东西，如果不立刻扑捉住，稍一疏忽，便很快消逝过去。

文与可的一位好朋友晁补之在《赠文潜甥杨克一学文与可画竹求诗》中说："与可画竹时，胸中有成竹。"意思是说文与可在画竹子时，完美的竹子形象，早就在他的心里构思好了。

◎ 经典例句

巧珠奶奶依旧不动声色，胸有成竹地微微一笑。

——周而复《上海的早晨》

309

# 掩耳盗铃

yǎn ěr dào líng

释义：捂住耳朵偷铃。形容自己欺骗自己。掩：捂住。盗：盗窃。

范氏之亡也，百姓有得钟者。欲负而走，则钟大不可负，以椎毁之，钟况然有音，恐人闻之而夺己也，遽掩其耳。恶人闻之可也，恶己自闻之，悖矣。

——《吕氏春秋·自知》

春秋末，晋国的智伯灭了范吉射，范逃离晋国。

一天，有个人到范家去，发现有一口钟，便心怀歹念，想把它偷走。但是，钟太重了，他无法背走它。

他思索了一会，终于想出一个办法：把钟敲碎，然后一块一块地取走。于是，他找了一个铁锤，竭尽全力向钟砸去。

然而，这钟是铜浇铸而成的。

"当——"，钟发出洪亮的响声，几乎把他的耳朵也震聋了，却一点也没碎。他又猛力砸了一下，钟仍然发出洪亮的响声，一点不碎。

钟声使他猛省过来：如果再继续砸下去，不断发出当当的声响就会被别人听到，他就偷不成钟了。

他自以为聪明，想了个办法：把自己的耳朵捂住再砸。心想，这样一来，钟声再响也听不见了。既然我听不见，别人也听不见，钟就可以偷走了。

其实，这个人是非常愚蠢的，自己在欺骗自己。他捂住了自己的耳朵，自然听不见钟声，但别人的耳朵并未捂住，仍然可以听到钟声。

在我国古代，钟和铃都是乐器，所以"掩耳盗钟"也称"掩耳盗铃"。

○ 品画鉴宝

金刚铃（明）　铜质。握柄较长，柄端为四股金刚杆造型。

◎ 经典例句

睡到五更鸡叫，睁开眼睛刘二皇叔又把张团圆背回村口，看她沿着篱墙阴影回家。两人掩耳盗铃，还以为神不知鬼不觉。

——刘绍棠《村妇》

310

叶公子高好龙，钩以写龙，凿以写龙，屋室雕文以写龙。于是天龙闻而下之，窥头于牖，施尾于堂。叶公见之，弃而还走，失其魂魄，五色无主。是叶公非好龙也，好夫似龙而非龙者也。

——汉·刘向《新序·杂事》

春秋时楚国人沈诸梁，字子高，在叶地当县尹，自称"叶公"，别人都叫他"叶公子高"。

这位叶公爱龙成癖，他身上佩带的钩剑、凿刀等武器上都饰有龙纹，家里的梁柱门窗上都雕着龙，墙上也画着龙。叶公爱好龙的名声传扬四方。

上界的天龙听说人间有这么一位叶公对它如此喜爱，决定到人间走一遭向叶公致谢。

这天叶公正在午睡，一时风雨大作，雷声隆隆，把他惊醒。叶公忙着起来关闭窗户。不料天龙从窗口伸进头来，叶公吓得魂飞魄散，夺门而逃。他逃进堂屋，又看见一条硕大无比的龙尾巴横在面前，挡住了去路。叶公面如土色，顿时倒在地上，不省人事。天龙瞧着半死不活的叶公，感到莫名其妙，只能扫兴地飞回上界。其实，叶公并不真的爱好龙，他爱的不过是似龙非龙的东西而已。

这是一个含有讽刺意味的寓言，嘲笑那些表面上喜爱某事物、实际上却对它怕得要死的人。

◎ 经典例句

物莫不聚于所好，故叶公好龙，则真龙入室。

——清·蒲松龄《聊斋志异》

# 夜郎自大

yè láng zì dà

滇王与汉使言："汉孰与我大？"及夜郎侯亦然。以道不通。故各自一州王，不知汉广大。

——《汉书·西南夷传》

汉武帝时，为了加强同南方各部族的联系和寻求打通到身毒（yuān dú）国（今印度）的道路，曾派使臣王然于、柏始昌等人，抄小路往西南寻求通往身毒之路。到了滇（云南）地，滇王当羌问使者："汉朝和我们相比，哪个大？"到了夜郎国，夜郎王也是这样问。原来他们对汉朝的情况很不了解，一直认为自己的地盘非常广大，谁也比不了。使者听了，不禁哑然失笑，便向他们作了介绍，他们仍然不相信。

汉武帝初期，北方匈奴和南方巴蜀不断侵犯边界和背叛朝廷，汉武帝在镇抚北方的同时，也派兵去征讨南方。此时唐蒙应召出征，他在向汉武帝的上书中建议要征服南方，必须首先结交并镇抚夜郎国，然后再由夜郎的牂牁（zāng gē）江南下，作为进取南方之路。汉武帝采纳了唐蒙的建议，并由他率领一万多人和运送大批礼物由长安到夜郎，以便安抚夜郎国，并将夜郎国改为汉的郡县。

夜郎国的故址在贵州西部地区，娄山关东北二十里地方，在西南六十多个部族中还算是较大的一个。国内四面环山，交通不便。

史称夜郎的国王姓竹名多同，相传有一个女子在遯（dūn）水河边洗衣服，忽然看见水面上飘过来三节大竹子，并听到竹子里还有小孩子的哭声，赶紧把竹子捞起剖开，果然是一个男婴，于是便抱回去抚养。他长大以后，既有才学，又有武艺，后来做了夜郎国王，就姓竹。

唐蒙见了夜郎国王后，便向他转达了朝廷意愿，以封侯和把他儿子作为郡守为条件，并赠送了华丽的绸缎等礼物，提出改夜郎为郡县。由于国王从来未离开过自己的国土，也不知外界的情形，所以一直称王称霸。当使者告诉他说汉朝有十三个州府，每个州府又有许多县，夜郎的国土只有汉朝一个县那么大，夜郎国王才同意改为汉朝的郡。

◎ 经典例句

常说夜郎自大，那夜郎踞在川贵山地，自大，恐怕有几何上的道理。

——阿城《树王》

# 一鼓作气

yī gǔ zuò qì

释义：指战斗刚开始时士气最旺盛，现比喻做事要趁大家情绪高涨、劲头十足时，一下子做完。含有鼓励的意思。鼓：敲战鼓。作：振作。

○ 品画鉴宝

节符图（春秋） 此图描绘春秋时期许国使者手持节符的情景。春秋时的"节"现在还未发现实物，这幅图已是非常珍贵了。

公与之（曹刿）乘，战于长勺。公将鼓之，刿曰："未可。"齐人三鼓，刿曰："可矣！"齐师败绩。公将驰之，刿曰："未可。"下视其辙，登轼而望之，曰："可矣！"遂逐齐师。既克，公问其故。对曰："夫战，勇气也。一鼓作气，再而衰，三而竭。彼竭我盈，故克之。"

——《左传·庄公十年》

春秋时代，群雄争霸，战争不断。

公元前684年的春天，强大的齐国出兵攻打弱小的鲁国。鲁庄公亲自带领军队前往长勺应战。

到了长勺，双方摆开阵势，准备大战一场。

齐军先声夺人，首先擂响战鼓向鲁军发动进攻。鲁庄公正准备出兵迎战，谁知被主动请战、陪同而来的曹刿劝住了，说："大王，时机未到，等会儿再说。"

齐军见鲁军毫无动静，不出来应战，便再一次擂响战鼓，摇旗呐喊起来。

鲁庄公又想应战，但曹刿仍然要他按兵不动。齐军见鲁军还不出阵，便又一次擂起战鼓，向鲁军挑战。但曹刿还是叫鲁庄公命令军队坚守不战。

齐军三次准备进攻，都不见鲁军应战，士气大减，十分疲惫，情绪顿时低落下去，认为鲁军不会再打了，大家纷纷坐下来歇息，队伍也开始松散开来。

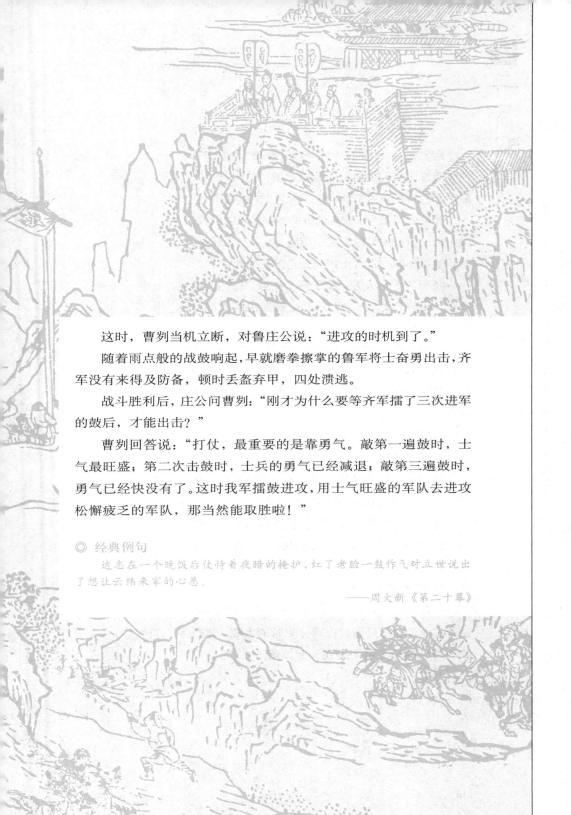

这时，曹刿当机立断，对鲁庄公说："进攻的时机到了。"

随着雨点般的战鼓响起，早就磨拳擦掌的鲁军将士奋勇出击，齐军没有来得及防备，顿时丢盔弃甲，四处溃逃。

战斗胜利后，庄公问曹刿："刚才为什么要等齐军擂了三次进军的鼓后，才能出击？"

曹刿回答说："打仗，最重要的是靠勇气。敲第一遍鼓时，士气最旺盛；第二次击鼓时，士兵的勇气已经减退；敲第三遍鼓时，勇气已经快没有了。这时我军擂鼓进攻，用士气旺盛的军队去进攻松懈疲乏的军队，那当然能取胜啦！"

◎ 经典例句

达志在一个晚饭后仗恃着夜暗的掩护，红了老脸一鼓作气对立世说出了想让云纬来家的心愿。

——周大新《第二十幕》

# 一箭双雕

yī jiàn shuāng diāo

释义：发一枝箭就射中两只大鸟。比喻做一件事达到两个目的。雕：一种凶猛的大鸟。

尝有二雕飞而争肉，因以箭两只与晟，请射取之。晟驰往，遇雕相攫，遂一发双贯焉。

——《北史·长孙晟传》

南北朝时，北周有个武将叫长孙晟（shēng）。他聪明好学，武艺高强，十八般兵器，样样拿得起，放得下。特别是射箭的功夫，无人敢与他相比。

北周的国王为了安定北方的少数民族突厥人，决定把一位公主嫁给突厥王摄图。为了安全起见，派长孙晟率领一批将士护送公主前往突厥。

经历了千辛万苦，终于到了突厥。摄图大摆酒宴，宴请长孙晟。酒过三巡，按照突厥人的习惯要比武助兴。

突厥王命人拿来一张硬弓，要长孙晟射百步以外的铜钱。只听得"格勒勒"一声，硬弓被拉成弯月，一枝利箭"嗖"地一声射进了铜钱的小方孔。

"好！"

大家齐声喝彩。

从此摄图对长孙晟非常敬重，留他在突厥住了一年，并经常让他陪着自己一块儿去打猎。

有一次，他俩正在打猎，摄图猛抬起头，看见天空中有两只大雕在争夺一块肉，他连忙递给长孙晟两枝箭说："能把这两只雕射下来吗？"

"一枝箭就够了！"

长孙晟边说边接过箭，策马驰去。他搭上箭，拉开弓，对准两只厮打得难分难解的大雕，"嗖"的一声，两只大雕便串在一起掉落下来了。

◎ 经典例句

一箭双雕的事，何乐不为，横竖历年规矩，也是该给麻皮阿六这支别动队开销两个钱的，趁此又收拾了那个不可小看的于二龙。

——李国文《冬天里的春天》

316

# 一毛不拔

yī máo bù bá

释义：一根汗毛也不肯拔。比喻非常吝啬自私。

杨子取为我，拔一毛而利天下，不为也。墨子兼爱，摩顶放踵，利天下，为之。

——《孟子·尽心上》

墨子，名翟，是战国时期的大思想家，是墨家学派的创始人。他主张"兼爱"，反对战争。

差不多与墨子同一时期，有一位叫杨朱的哲学家，反对墨子的"兼爱"，主张"贵生""重己"，重视个人生命的保存，反对他人对自己的侵夺，也反对自己对他人的侵夺。

有一次，墨子的学生禽滑厘问杨朱道："如果拔你身上一根汗毛，能使天下人得到好处，你干不干？"

"天下人的问题，决不是拔一根汗毛所能解决得了的！"

禽滑厘又说：

"假使能的话，你愿意吗？"

杨朱默不作答。

当时的另一位大思想家、儒学家派代表孟子就此对杨朱和墨子作了评论："杨子主张的是'为我'，即使拔他身上一根汗毛，能使天下人得利，他也是不干的；而墨子主张'兼爱'，只要对天下人有利，即使自己磨光了头顶，走破了脚板，他也是甘心情愿的。"

◎ 经典例句

可话说回来，我也不是要儿女把钱都给我，也不是让咱们一家人在外都是铁公鸡一毛不拔，那样了，即便是万贯家财，又能怎样？

——贾平凹《腊月·正月》

# 一鸣惊人

此鸟不飞则已，一飞冲天；不鸣则已，一鸣惊人。

——《史记·滑稽列传》

yǐ míng jīng rén

释义：意思是一叫就使人震惊。原意是以鸟喻人，表示奋发图强。现比喻平时默默无闻，一下子作出惊人之举。鸣：鸟叫。

战国中期，齐国的国君威王还不到三十岁就继承了王位，他一连三年，整天在宫中饮酒作乐，不理朝政，把国家搞得乱七八糟。

韩、赵、魏等诸侯国见有机可乘，便纷纷出兵，向齐国发动进攻，侵吞了齐国的不少土地。眼看齐国面临着灭亡的危险，但齐威王却漫不经心，依然故我。大臣们虽然很着急，却又没一个人敢当面去向威王劝谏。

这时，朝中有个名叫淳于髡的大夫，他是个善于说隐语的辩士，他知道齐威王爱听隐言，就进宫去对齐威王说：

"国中有只大鸟，栖息在大王的王宫里已经三年了，可是它从来没有飞过一次，也没有叫过一声，您知道这是为什么吗？"

齐威王知道淳于髡是用大鸟来暗喻自己，笑了笑说："这可不是一只平凡的鸟呀！它不飞也就罢了，一旦飞起来，就会直冲云天；它不叫也就算了，一旦大叫一声，天下的人都会大吃一惊。"

从此以后，齐威王果然像换了个人似的，他不再沉湎酒色，勤勤恳恳地治理起国家来。他召见了全国七十二个县的长官，对有功的给予奖励，对无能的给予惩罚。同时，采取一系列措施，发展生产，整顿军队，没过多久，便把齐国治理得国富民强了。

接着，齐威王又出兵讨伐并打败了魏国，逼魏国归还从前侵占的土地。其他诸侯国听到这个消息，十分震惊，便都主动地把从前侵占的土地归还给了齐国。

从此，齐国又强盛起来。在齐威王执政的三十七年中，齐国一直是一个强国。

◎ 经典例句

他发表的这个意见显然没有"一鸣惊人"，人群里暂时停止的嬉笑声浪又响了起来。

——浩然《一担水》

319

# 一叶障目

yī yè zhàng mù

释义：比喻被眼前细小的事物所蒙蔽，而看不到事物的真实情况以及主流和本质。障：遮蔽。

楚人居贫，读《淮南方》得"螳螂伺蝉自障叶，可以隐形"，遂于树下仰取叶。螳螂执叶伺蝉，以摘之，叶落树下；树下先有落叶，不能复分别，扫取数斗归。——以叶自障，问其妻曰："汝见我不？"妻始时恒答言："见。"经日乃厌倦不堪，绐云："不见。"嘿然大喜，赍叶入市，对面取人物，吏遂缚诣县。县官受辞，自说本末。官大笑，放而不治。

——三国·魏·邯郸淳《笑林》

从前，楚国有个书呆子，家里很穷。他和他的妻子过着十分贫穷的日子。

一天，他正在看书，忽然看到书上写着："如果得到螳螂捕捉知了时用来遮身的那片叶子，就可以把自己的身体隐蔽起来，谁也看不见。"

于是他想："如果我能得到那片叶子，那该多好呀！"

从这天起，他整天在树林里转来转去，寻找螳螂捉知了时藏身的叶子。终于有一天，他看到一只螳螂隐身在一片树叶下捕捉知了，他兴奋极了，猛一下扑上去摘下那片叶子，可是，他太激动了，一不小心那叶子掉在地上，与满地的落叶混在一起。

他呆了一会，拿来一只畚箕，把地上的落叶全都收拾起来，带回家去。

回到家里他想："怎样从这么多叶子中拣出可以隐身的叶子呢？"

他决心一片一片试验。于是，他举起一片树叶，问他的妻子说："你能看得见我吗？"

"看得见。"他妻子回答。

"你能看得见吗？"他又举起一片树叶说。

"看得见。"他妻子耐心地回答。

他一次次地问，妻子一次次地回答。到后来，他妻子厌烦了，随口答道："看不见了！"

书呆子一听乐坏了。他拿了树叶，来到街上，用树叶挡住自己，当着店主的面，伸手取了店里东西就走。

店主惊奇极了，把他抓住，送到官府去。县官觉得很奇怪，居然有人敢在光天化日之下偷东西，便问他究竟是怎么回事，书呆子说了原委，县官不由哈哈大笑，把他放回了家。

◎ 经典例句

这个孩子，胸怀大志，你们一叶障目，慢待了他。

——刘绍棠《草莽》

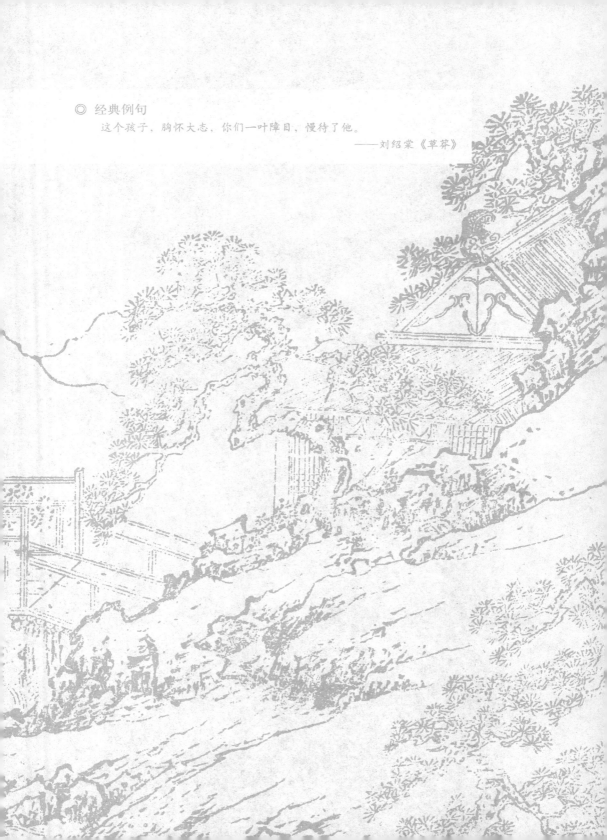

隋文帝（公元541—604年）
即杨坚，小字那罗延。隋朝的开国皇帝，弘农华阴（今陕西省华阴县）人。唐人魏征赞叹杨坚说：『皇帝载诞之初，神光满室，具兴王之表，韫大圣之能。或气或云，荫映于廊庙；如天如日，临照于轩冕。』

# 一衣带水

yī yī dài shuǐ

释义：像一条衣带那样狭窄的水域。原指窄小的水面间隔。后泛指地域相近，仅隔一水。

隋文帝谓仆射高颎曰："我为百姓父母，岂可限一衣带水不拯之乎？"

——《南史·陈后主纪》

东晋以后，我国曾出现过近一百七十年之久的南北对峙的分裂局面，历史上称为南北朝。

公元581年，隋文帝杨坚取代北周称帝，建立了隋朝。隋文帝有志于统一中国，在北方实行了一系列富国强兵的政策，国力大增。而当时长江南岸的陈朝皇帝陈叔宝（史称陈后主）却十分荒淫，不理朝政。他虽然知道隋文帝有意征伐，却依恃长江天险，并不把这件事放在心上。

一次，隋文帝向仆射（官名）高颎(jiǒng)询问灭陈的计策，高颎回答说："江南的庄稼比江北成熟得早，我们在他们的收获季节，扬言出兵，他们一定会放弃农时，屯兵防守。他们作好了准备，我们便不再出兵。这样来几次，他们便不会相信。等他们不作准备，我们突然真的出兵渡江，便可打得他们措手不及。"

"另外，江南的粮食不像我们北方屯积在地窖中，而屯积在茅、竹修建的仓库中，我们可暗地差人前去放火烧毁它，如果连烧几年，陈朝的财力就大大削弱了，灭掉它也就容易得多了。"

隋文帝采取了高颎的计策，经过七年的准备，在公元588年冬下令伐陈。出发前，他对高颎说："我是天下老百姓的父母，难道能够因为一条像衣服带子一样狭窄的长江的阻隔，而不去拯救那里的老百姓吗？"隋文帝志在必得，派晋王杨广为元帅，率领五十万大军渡江南下，向陈朝的都城建康（今江苏南京）发动猛烈的进攻，并很快就攻下建康，俘获了陈后主，灭掉了陈朝。

从此，中国又重新成为一个统一的国家。

◎ 经典例句

两人虽在两个国家，一衣带水，相隔几千里，但不断的钟声，使两人心心相通，情谊永存。

——王火《战争和人》

323

# 一字千金

yī zì qiān jīn

释义：称赞文辞精妙，形容文章价值极高。

吕不韦乃使其客人人著所闻，集论以为八览、六论、十二纪，二十余万言。以为备天地万物古今之事，号曰《吕氏春秋》。布咸阳市门，悬千金其上，延诸侯游士宾客，有能增损一字者予千金。

——《史记·吕不韦列传》

秦始皇嬴政年幼继位，任用大商人出身的原相国吕不韦辅政。当时东方六国的宗室贵族，为了笼络人心、增强实力，各自广泛招揽天下人才，最著名的有魏国的信陵君、楚国的春申君、赵国的平原君、齐国的孟尝君，号称"四公子"，他们的家里都养着上千名有学问的门客，名声很大。吕不韦认为，像秦国这样的强国，应该招纳更多的学者名士，给他们更高的待遇，这才相称。他门下拥有宾客三千，家僮万人。这些文人在他的组织下共同编写了一部二十六卷二十多万字的巨著，内容包罗万象，通贯古今，题名为《吕氏春秋》。他下令把全书张挂在京城咸阳的市门上，一旁放着千金重赏，公开宣布说："谁能指出书中不足、增加或删去一字者，赏给千金。"

吕不韦这样大张旗鼓地宣传，也是为自己扩大影响，张扬权势。那时人们慑于吕不韦的位高威重，谁也不愿出面指摘《吕氏春秋》的缺失，著作公布一个多月，前来观看的人成千上万，却始终没有一个人出来改动一字、领取千金之赏。于是，吕不韦下令集中人力抄录全文传送各地，他的名声因此远扬天下。

及至秦始皇成年亲自掌握政权对吕不韦产生疑忌，终于免去他的相国职务，逼他服毒自杀。《史记·吕不韦列传》记有咸阳市门千金悬赏的故事，成语"一字千金"从此流传至今。

○ 品画鉴宝
云兽纹璜（战国）青白玉质，体扁平。整体为七块玉组成，通体饰变龙纹。

◎ 经典例句
有一种人把自己的文字润格订得极高，颇有一字千金之概，轻易是不肯写信的。
——梁实秋《雅舍小品·信》

齐己作《早梅》诗，有"前村深雪里，昨夜数枝开"之句，郑谷改"数枝"为"一枝"，齐己下拜。时人称谷为"一字师"。

——宋·陶岳《五代史补》

唐朝时，有个法名叫齐己的和尚，住在江陵龙兴寺，学识渊博，能诗善文，自号衡岳沙门。

冬天的一个早晨，他刚做完早课，一个小和尚喜形于色地跑进佛堂连声喊道："师父，后园的梅花开了，快去观赏！"

齐己一听，立即起身到后园去。进入后园，远远望去，确有几枝梅花已傲然怒放。

"嗬！真是太美了，简直就是一首诗！"

齐己赞叹着，观赏着，一首咏梅诗便在他脑海里酝酿而成，脱口而出："万木冻欲折，孤根暖独回。前村深雪里，昨夜数枝开。……"

《早梅》诗写好后，齐己和尚照例又拿去请他的文友们品评。文友们看了后，都觉得写得不错，其中有个人说："袁州（江西宜春）的郑谷，善写《鹧鸪诗》，人称郑鹧鸪。这人诗文的特点就是用词准确、生动，师父不妨去请他看看。"

齐己听了，立即带了自己的《早梅》诗，动身去郑谷家。

郑谷读了《早梅》一诗后，沉思片刻，说："……既为《早梅》，'昨夜数枝开'这句，不足以点明'早'字，不如把"数枝"改为'一枝'的好。"

齐己听了郑谷的话，觉得十分有道理，佩服极了，便口称老师，跪下来虔诚地向郑谷行礼。

其他一些文人，觉得郑谷只替齐己的诗改换了一个字，全诗就显得确切、生动多了，便都说郑谷是齐己的"一字之师"。

◎ 经典例句

杨诚斋与同舍谈及于宝。一吏进曰："乃干宝，非于也。"问何以知之？吏取韵书以呈，"干"字下注云："晋有干宝。"诚斋大喜曰："汝乃一字之师。"

——宋·罗大经《鹤林玉露》

325

# 以强凌弱

自是以后，以强凌弱，以众暴寡。汤武以来，皆乱人之徒也。
　　　　　　　　　　　　　　——《庄子·盗跖》

孔子有位朋友，名叫柳下季。柳下季的弟弟名叫盗跖（zhí），是春秋末、战国初时奴隶起义的领袖。"盗"，是士大夫对起义奴隶的蔑称。盗跖部下有九千人，横行天下，以武力侵犯诸侯。凡是跖经过的地方，大国严守城池，小国闭城自保，百姓叫苦。为此，有一次孔子对柳下季说："做父亲的一定能教诲他的儿子，做兄长的一定能教育他的弟弟。否则，父子兄弟的关系也就不可贵了。如今，先生是当世才子，弟弟是强盗，却又不能教育他，我真为你感到羞愧。我请求替先生去劝说他。"

柳下季为难地说："如果弟弟不听兄长的教育，即使有先生这样的辩才，又有什么办法呢？况且跖的为人，思想像泉涌一样恣肆横流，意气如暴风一样变化突然，顺从他心意就高兴，不顺从他心意就发怒，容易用言语侮辱别人。我看先生不要去。"

孔子不听柳下季的劝告，让弟子颜回驾车，另一个弟子子贡当侍，前去会见盗跖。

盗跖听说孔子来见他，勃然大怒，对通报人说："这个人，就是鲁国的伪人孔丘吗？替我告诉他：'你不种地却吃得很好，不纺织却穿得很好，整日里摇唇鼓舌，惹事生非，迷惑天下君主，虚假地做出孝敬父母、友爱兄弟的样子，以求得封侯，得到富贵。你罪大恶极，赶快滚回去！不然，我将用你的肝来加餐添菜。"

孔子一再请求拜见，于是盗跖让他进来。孔子向盗跖行礼后，盗跖瞪大眼睛说："孔丘，你所说的话，顺从我心意的可以活命，违逆我心意的就让你死。"

孔子说："将军身躯魁梧，智慧能包罗天下，又勇猛、强悍，足可以南面称王，而名字却叫做强盗，我很为将军羞耻。将军如果能听从我的意见，我可以为您南面出使到吴国和越国，北面出使到齐国和鲁国，东面出使到宋国和卫国，西面出使到晋国和楚国，使他们为将军建造数百里大的城池，尊将军为诸侯王。从此，再也不必弄刀舞枪、侵扰万民。这是贤人才士的行为，也是天下所有人的愿望啊！"

盗跖听了十分愤怒，大声斥责孔子说："即使人不夸奖我，我也

知道自己的许多长处。你是想以利禄规劝我，从而把我当作愚昧的人来收买。城再大，还有天下大吗？尧和舜拥有天下，他们的子孙却没有立锥之地，商汤和周武王贵为天子，他们的后代却被灭绝。远古时人少而禽兽多，人只好住在树上。后来人们耕种取食，纺织取衣，互相之间没有相害之心。"

说到这里，盗跖话锋一转道："然而，黄帝以后争斗不止，血战不停。尧和舜兴起后，设立了百臣。商汤流放了他的国君，周武王杀死了商纣。从此以后，社会上都凭借强大欺凌弱小，以多数侵暴少数。所以自从商汤、周武王开始，都属于作乱一类的人了。现在，你却把文武那一套东西教给后世，蒙蔽天下之主，借以求得富贵。所以我认为，天下的盗贼没有比你更大的了。天下人为啥不叫你盗丘，而偏叫我盗跖？"

最后，盗跖下结论说："孔丘，你所说的那些，都是我所抛弃的。你赶快离开这里回去，不要再说了！你的那些道理，都是奔走钻营、虚伪巧诈的东西，不能用来保全人的本性，哪里值得一谈呢！"

孔子碰了一鼻子灰，赶紧辞别盗跖。他一出门就跳上车，眼光失神，脸色如土。回到鲁国东门外，恰好碰见柳下季。柳下季说："许多天不见，看车马的样子你好像出远门了，莫不是到盗跖那里去了？"

孔子仰天叹口气，说："是呀，我这叫做没病扎针，自讨苦吃。还去撩弄虎头，编老虎的胡须，险些被老虎吃掉。"

◎ 经典例句

哼哼，他倒敢以强凌弱吗？

————清·李宝嘉《文明小史》

327

# 以身试法

释义：表示明知法律禁止，还亲身去做犯法的事。

yǐ shēn shì fǎ

（王尊）到官，出教告属县曰："令长丞尉奉法守城，为民父母，抑强扶弱，宣恩广泽，甚劳苦矣。太守以今日至府，愿诸君卿勉力正身以率下。故行贪鄙，能变更者与为治。明慎所职，毋以身试法。"

——《汉书·王尊传》

○品画鉴宝　双系弦纹陶壶（西汉）此器为祭祀用礼器。侈口，长颈，圈足较高，腹部饰弦纹四组。整个造型简单朴素，给人以稳重感。

西汉时，高阳出了一位廉洁奉公的官员，叫王尊。王尊从小失去父亲，由他的伯父抚养长大。伯父家里比较贫穷，王尊每天要赶着羊群到野外去放牧。

这孩子最爱读书，放牧时总要带些书阅读。渐渐地，他对书上提到的那些秉公执法的官吏十分崇敬，希望自己将来也成为这样的人物。一天他向伯父央求，为他在郡的监狱里谋一份差使。

这时王尊才十三岁，伯父听后惊讶地说："你还是个孩子啊，又不懂刑律，怎么能到监狱去做事呢？"

王尊说："孩儿已从书中见到过很多，以后再跟狱长多学学，不就行了吗？"

伯父经不住王尊一再央求，便备了礼托人找狱长说情。狱长便把王尊当听差在身旁使唤。王尊当了几年听差，经常接触到刑狱方面的事务，长进很快。一次他随狱长去太守府办事，被太守看中，便把他留在府中做文书方面的事。又过了几年，王尊辞去职务，攻读儒家经典，之后再被任用。由于他执法严正，逐步提升，当上了县令，后来又升为安定郡太守。

当时，安定郡官场非常混乱，一些官员利用权势作威作福，鱼肉百姓。王尊一到那里，立即整顿吏治，并晓示属县所有官吏忠于职守，以身作则，为下属作

出榜样。法律无情，不要用自己的身体去试探法律。

郡里有个属官心狠手辣，搜刮大量民脂民膏，民愤极大，告示贴出后不见悔改，于是王尊把他捉拿归案。这贪官入狱后，没几天就一病身亡。接着，王尊又惩办了一批罪行严重而又没有悔改的豪强。这样一来，安定郡开始太平起来。

王尊由于敢于严格执法，多次招来祸殃，也多次遭到降职贬官。但他始终如一地忠于职守。后来在黄河泛滥时，他以祭河的举动牺牲自己，希望河患平息。这虽然是迷信的举动，但也反映了他关心百姓疾苦的赤诚之心。

◎ 经典例句

　　今天下并为七国，是秦、齐、燕、赵、韩、楚和俺魏国，各据疆土，以身试法，不肯相下。

——元·无名氏《诌范叔》

# 以小人之心，度君子之腹

释义：拿卑劣的想法，去推测正派人的心思。小人：是指道德品质不好的人。度：表示推测。君子：指品行高尚的人。

○品画鉴宝

炉盘（春秋） 整体厚重，形制巨大，分盘体和底座两部分。

> 或赐二小人酒，不夕食。馈之始至，恐其不足，是以叹。中置，自咎曰："岂将军食之而有不足？"是以再叹。及馈之毕，愿以小人之腹为君子之心，属厌而已。
>
> ——《左传·昭公二十八年》

公元前514年，晋国的执政大臣韩宣子死去，由魏舒继任执政大臣。魏舒把两个旧贵族的田地分割为十个县，分别派一些贤能有功的人去担任这些县的长官。其中有个和他同姓同宗的魏戊，被派到梗（gěng）阳县去当长官。

就在这一年，梗阳有人打一桩官司。魏戊觉得这桩官司很难断定，便上报给魏舒处理。

这时候，诉讼的一方暗中把女乐人送给魏舒，魏舒打算收下来。魏戊知道这件事后，就对大臣阎没和女宽说："魏舒以不受贿赂而扬名各国，如果收下女乐人，就没有比这更大的贿赂了。您二位一定要劝谏他。"

阎没和女宽答应了。退朝后，他们等在庭院里。送饭菜的来了，魏舒就招呼他俩一起来吃。吃饭过程之中，阎没和女宽接连三次叹气。吃完饭后，魏舒问他们说："我听我的伯父、叔父说过，吃饭的时候要忘记忧愁，您两位刚才为什么接连三次叹气呀？"

阎没和女宽异口同声地说："昨晚有人把酒赐给我们两个小人，所以没有吃晚饭，现在肚子饿得慌，见刚上来的饭菜，恐怕不够吃，

330

所以叹气。菜上了一半的时候，我们责备自己：'难道将军请我们吃饭会不够吃？'因此再次叹息。等到饭菜上光，我们愿意把小人的肚子当作君子的心，刚刚满足就行了！"

魏舒听到最后一句，才明白阎没、女宽是借吃饭来劝谏他。他非常羞愧，马上下令把梗阳那个女乐人辞退掉。

◎ 经典例句

仲书记打算把你安排在民政局当局级调研员，人家不忘老交情，你反倒以小人之心，度君子之腹。

——刘绍棠《村妇》

# 因势利导

孙子谓田忌曰："彼三晋之兵，素悍勇而轻齐，齐号为怯，善战者因其势而利导之。兵法：百里而趋利者蹶上将，五十里而趋利者军半至。使齐军入魏地为十万灶，明日为五万灶，又明日为三万灶。"

——《史记·孙子吴起列传》

yīn shì lì dǎo

释义：顺着事物发展的趋势，很好地加以引导。因：顺着，根据。势：趋势。利导：引导。

战国时，齐人孙膑和魏人庞涓一起在鬼谷子门下学习兵法。后来，庞涓先下山到魏国做了大将，他知道孙膑的才能超过自己，就设计把孙膑召来，砍断了他的两只脚，并在他脸上刺了字，涂了墨，使他见不得人。

后来，齐国的使者来到魏国，孙膑私下去见他。使者认为孙膑是个奇才，就悄悄把他带回齐国，齐威王很赏识孙膑的才能，任命孙膑做了齐国的军师。

公元前341年，魏国联合赵国进攻韩国，韩国向齐国告急求救。齐威王派田忌为大将，孙膑为军师，率兵五万去救韩国。田忌采纳了孙膑的建议，挥师去进攻魏国的都城大梁，逼使魏将庞涓从韩国退兵。

○ 品画鉴宝

金银错铜丝网套壶（战国） 该壶制作工艺极为高超，其错金银和镶嵌装饰，使全器更显富丽。

庞涓听到齐军攻魏，急忙从韩国撤军。这时齐军已越过国界进入魏国。孙膑又对田忌说："魏国的军队一向以凶悍勇猛著称，不把我们齐国的军队放在眼里。会用兵的人，要因势利导，也就是说要顺着对方思想发展的趋势，加以引导，引诱他们中计。"

于是，孙膑下令齐军进入魏境后，第一天造十万人吃的灶，第二天造五万人吃的灶，第三天造三万人吃的灶，以此来制造齐军大量逃亡的假象，迷惑庞涓，诱使他只率领少数精锐部队追击。

庞涓带兵追踪齐军，发现齐军锅灶天天减少，果然中了孙膑之计，以为齐军逃亡过半，因而滋生出轻敌之心，他留下步兵，只带精锐的骑兵，加速追赶。

孙膑判断庞涓夜里将赶到马陵，便在那里作了埋伏，并削去道旁一棵大树的皮，在上面写了"庞涓死于此树之下"八个大字。命令埋伏的军士看到火光一起放箭。

这天夜里，庞涓果然赶到马陵，他看到树上似乎有字，下令点起火把照看。顿时，齐军万箭齐发，魏军死伤无数。庞涓身中六箭，智穷兵败，拔剑自杀。

◎ 经典例句

话说大清朝应天承运，奄有万方，一直照着中国向来的旧制，因势利导，果然风调雨顺、国泰民安。

——清·曾朴《孽海花》

# 庸人自扰

yōng rén zì rǎo

小吏有罪，诚遣之，大吏白争，以为可杖，象先曰："人情大抵不相远，谓彼不晓吾言邪？必责者，当以汝为始。"大吏惭而退。尝曰："天下本无事，庸人扰之为烦耳。第澄其源，何忧不简邪？"故所至民吏怀之。

——《新唐书·陆象先传》

唐睿宗时，朝廷中有个监察御史叫陆象先。他为人宽容，才学很高，办事干练，敢于直言，唐睿宗很器重他。可是，有一次他触怒了唐睿宗，被贬到益州任大都督府长史兼剑南道按察使。

陆象先到任以后，对老百姓十分宽厚仁慈，即使对犯罪的人，也不轻易动刑。他的助手韦抱真劝他说："这地方的百姓十分愚顽，很难管教。你应该用严厉的刑罚来建立自己的威望，不然的话，以后就没人怕你了！"陆象先听了，摇摇头说："我的看法和你完全不同。老百姓的事情在于治理。你治理得好，社会安定，老百姓安居乐业，他们便会服从你，为什么一定要用严刑来树立自己的威望呢？"

于是，陆象先用自己的一套办法治理益州。有一次，一个小官吏犯了罪，陆象先只是训戒了他一顿，劝他以后不要重犯，而他的一个属下认为这样处理太轻，应该用棍子重重责打一顿。陆象先严肃地对他们说："人都是有感情的，而且每个人的感情都相差不远。我责备了他，他难道会不理解我的话吗？他是你的手下，他犯了罪，难道你就没有责任吗？如果一定要用刑的话，一定从你开始。"

那个属下听了，满脸羞惭地退了下去。

后来，陆象先曾多次对他所管辖的官吏们说："天下本来没有什么了不起的大事，只是有一些见识浅陋的人，平庸无能之辈，自己骚扰自己，结果把一些很容易解决的事情也办糟了。我为的是要从根本上来解决问题，以后就可以减少许多麻烦。"

陆象先果然把益州治理得很好，百姓生活安定，官吏也十分佩服他。

◎ 经典例句

她天性中的伉爽，果敢，和自信，立刻挥去了这些非徒无益的庸人自扰。

——茅盾《虹》

良庖岁更刀，割也；族庖月更刀，折也。今臣之刀十九年矣，所解数千牛矣，而刀刃若新发于硎。彼节者有间，而刀刃者无厚；以无厚入有间，恢恢乎其于游刃必有余地矣，是以十九年而刀刃若新发于硎。

——《庄子·养生主》

庖丁是梁惠王的一个厨师。有一次梁惠王去看庖丁宰牛，只见他毫不费力地把牛的骨头和肉分割下来，手起刀落，干净利索。梁惠王看后十分惊叹、佩服，便问他："你的手艺怎么这样高啊？"

庖丁答道："其实这没有什么奇怪的，因为我对牛的肉和骨头的结构已经很熟悉了，所以能够毫不费力。"梁惠王又问道："你使的这把刀子一定磨得很快吧？"

庖丁笑笑说："一般宰牛人用的刀，一个月就要换一把，因为他们的刀刃经常碰到骨头。宰牛的能手可以一年换一把刀，因为他们只用刀来割肉。可是我这把刀，已经用了九年，解剖了几千头牛，还像新刀一样锋利。其实，刀刃非常薄，而肉和骨头中间有一条缝，要比刀刃宽得多，把这样薄的刀刃插进去还绰绰有余呢。"

◎ 经典例句

张如屏毕竟是老政治工作者，有经验，办这种事，也是游刃有余的。

——邓一光《我是太阳》

○ 品画鉴宝　庖丁刮鱼俑（三国）　俑一手持鱼、一手按鱼俎上，生动写实。

# 鱼目混珠

yú mù hùn zhū

释义：鱼的眼珠，形状很像珍珠。因此，以假充真、以贱充贵或以劣充优，就叫「鱼目混珠」。

白骨类象，鱼目混珠。

——《韩诗外传》

从前，在街市上，住着一个名叫满意的人。

有一次，他到一个很远的地方办事，那地方在未经开发的荒蛮的南方。在一家绝不起眼的铺子里，他用身上所有的钱和带着的所有值钱的物品，买到一颗径长一寸的闻所未闻的大珍珠。

回到家，满意用最好的材料做了一个盒子，上面镶嵌了金银和其它宝物，然后把那大珍珠放在里面，严密地收藏着。只在大的年节，他才拿出来给二三知己看。

满意有个邻居名叫寿量，也听到满意获得一颗大珍珠的事，看到别人谈论时脸上那种企羡之色，有好几次他都想把家里密藏的祖传大珍珠，拿出来同满意比一比。只是碍于祖宗"不可轻易示人"的遗训，这才作罢。

事有凑巧，不久两人都得了一种奇怪的病，卧床不起。

四处问卜求医，古怪稀奇的东西也吃了若干，只是病不见有任何起色。两家人家上上下下的人都急的像热锅上的蚂蚁，但还是一筹莫展。

一日街上走来一个游方郎中，说能医治各种疑难杂症。也是病急乱投医，请到家里，郎中看了看病人，说这种病需用珍珠粉来合药，才能药到病除。匆匆写下一个方子，就走了出去。

可是满意说什么也不肯残损那颗稀世之珍，所以就只吃了方子上的药。寿量则忍痛吃了用家传珍珠粉合的药。

几天以后，游方郎中来到满意家问病况如何，满意如实以告。郎中说："我能否看看你的珍宝？"满意打开盒。"果然是不世之珍！"郎中道，"你为什么不拿着它到外面更大的世界去展示它的风采呢？"

寿量告诉郎中，吃了药却没什么作用。"那么你把所用的珍珠给我看。"郎中说。不得已，寿量挣扎着拿了出来。郎中一看，大笑着说："这哪是什么珍珠，这是海洋中一种大鱼的眼睛，真是鱼目混珠，哪能治好你的病啊！"

◎ 经典例句

　　莫看芙蓉镇地方小，人口不多，但圩场集市，水路旱路，过往人等鱼目混珠，龙蛇混杂。

——古华《芙蓉镇》

# 愚公移山

yú gōng yí shān

释义：比喻不怕困难，有宏大的志愿和坚强的毅力。愚公：《列子》寓言中的一个人物。

太形、王屋二山，方七百里，高万仞。本在冀州之南，河阳之北。北山愚公者，年且九十，面山而居，惩山北之塞，出入之迂也，聚室而谋曰："吾与汝毕力平险，指通豫南，达于汉阴，可乎？"杂然相许。

——《列子·汤问》

传说古时候有两座大山，一座叫太行山，一座叫王屋山。北山住着一位老人名叫愚公，快九十岁了。他每次出门，都因为被这两座大山阻隔，要绕很大的圈子，才能到南方去。

一天，他把全家人召集起来，说："我准备与你们一起，用毕生的精力来搬掉太行山和王屋山，修一条通向南方的大道。你们说好吗？"

大家都表示赞成，但愚公的老伴提出了一个问题："你们大家的力量加起来，还不能搬移一座小山，又怎能把太行、王屋两座大山搬掉呢？再说，把那些挖出来的泥土和石块放到哪里去呢？"

讨论下来大家认为，可以把挖出来的泥土和石块扔到东方的海边和北方最远的地方。

第二天一早，愚公带着儿孙们开始挖山。虽然一家人每天挖不了多少，但他们还是坚持挖。直到换季节的时候，才回家一次。

有个名叫智叟的老人得知这件事后，特地来劝愚公说："你这样做太不聪明了，凭你这有限的精力，又怎能把这两座山挖平呢？"

愚公回答说："你这个人太顽固了，简直无法开导。即使我死了，还有我的儿子在这里；儿子死了，还有孙子；孙子又生孩子，孩子又生儿子，子子孙孙是没有穷尽的，而山却不会再增高，为什么挖不平呢？"

当时山神见愚公他们挖山不止，便向上帝报告了这件事。上帝被愚公的精神感动，派了两个大力神下凡，把两座山背走。从此，这里不再有高山阻隔了。

◎ 经典例句

这帐就给儿子。儿子可以再给孙子，愚公移山，那就是世代挖山不止。

——贾平凹《龙卷风》

# 欲加之罪，何患无辞

yù jiā zhī zuì hé huàn wú cí

释义：比喻随心所欲地诬陷他人。欲：要。患：担心。辞：借口。

> 周公忌父、王子党会齐隰朋，立晋侯。晋侯杀里克以说。将杀里克，公使谓之曰："微子则不及此。虽然，子弑二君与一大夫，为子君者，不亦难乎？"对曰："不有废也，君何以兴？欲加之罪，其无辞乎！臣闻命矣。"伏剑而死。
>
> ——《左传·僖公十年》

春秋初，晋国吞并了附近一些小国，成为一个大国。晋献公当了二十多年国君，年老时宠爱妃子骊姬。骊姬是个很有心机的女人，她一心想让自己的儿子奚齐当太子，将来好继任国君。但是，献公已有申生、夷吾、重耳等八个儿子，其中申生早就被立为太子。于是骊姬设计陷害申生。

一次，她假传献公的意思，叫申生去祭祀亡母。祭祀结束后，太子将祭肉拿回来献给父亲。献公刚好出去打猎，于是将祭肉放在宫中。骊姬事先私下派人在供品中下毒。当献公打猎回来，准备食用祭肉的时候，骊姬在旁边劝阻献公。让狗先吃。狗吃了后马上死去，又让小臣吃，小臣也死了。献公大怒，下令把申生抓起来。

申生知道这是骊姬故意陷害他，心想如果向父亲辩白，因骊姬受到宠爱，父亲不会怀疑她，即使骊姬获罪，也伤了父亲的心；如果出逃，则等于承认自己犯了谋杀君父之罪。于是他只得自杀。

339

骊姬害死了申生后，又诬陷重耳、夷吾与申生同谋。结果，逼得这两位公子逃亡国外。后来献公病重，终于立奚齐为太子，将他托付给大夫荀息。不久献公去世，年仅十五岁的奚齐当了国君。

大夫里克和丕郑对骊姬的所作所为十分不满，打算改立重耳为国君，但是荀息不同意，于是他们派人刺死了奚齐。骊姬并不就此罢休，又让荀息辅佐她妹妹的儿子卓子当国君，这时卓子还不足三岁。

里克和丕郑一不做，二不休，又带兵冲上朝堂，将卓子、荀息当场杀死，并将骊姬押到市场上鞭打至死。

接着，他们派出七人去迎接重耳回国当政。但重耳认为自己背着君父出逃，父亡时自己又没有尽到孝心，有失国人期望，所以希望立其他公子为国君。

在这种情况下，有位大夫提出请夷吾公子回国为国君。

逃亡在梁国的夷吾得知后大喜，但他的随臣郤芮提醒他说，要回国得借助秦国的军队帮助不可。于是夷吾派郤芮出使秦国，以割让晋国五座城池为代价，换取秦穆公出兵支持，然后在秦国的护送下回晋国继位，他就是晋惠公。为了稳住里克，夷吾在回国前就捎信给里克，表示继位后赐给他封地。但是夷吾一继位，马上就自食其言，并夺了里克的权，怕他日后反叛自己、拥立重耳，夷吾决定杀了他。

不久，夷吾派郤芮去向里克传达他的话："没有你，我不能当国君。但是，你杀了两位国君，一位大夫，我再当你的国君，不是太难了吗？"

郤芮传达了夷吾的话，里克一听就明白，意思是要他自杀。他悲愤地说："不把他们废了，主人怎么能当上国君？要对人加上罪名，还担心没有借口吗？好，我听从国君的命令吧。"

说罢，里克拔剑自杀而死。

◎ 经典例句

后来所揭露出的所谓的真相，其实都是当事人被逼不过做的假供，以及旁人欲加之罪，何患无辞的杜撰。

——王安忆《叔叔的故事》

# 鹬蚌相争

蚌方出曝，而鹬啄其肉，蚌合而钳其喙。鹬曰："今日不雨，明日不雨，即有死蚌。"蚌亦谓鹬曰："今日不出，明日不出，即有死鹬。"两者不肯相舍，渔者得而并禽之。

——《战国策·燕第二》

战国末期，七个诸侯大国相互攻伐，战争连年不断。有一年，赵国准备攻打燕国。有个名叫苏代的说客去拜见赵惠王，劝说他不要去攻燕。他先向赵惠王说了个寓言故事。一天，蚌趁着天晴，张开两片硬壳，在河滩上晒太阳。有只鹬鸟见了，快速地把嘴伸进蚌壳里去啄肉。蚌急忙把硬壳合上，钳住鹬的嘴不放。

鹬鸟啄肉不成，嘴反被钳住，便威胁蚌说："好吧，你不松开壳就等着。今天不下雨，明天不下雨，把你干死！"蚌毫不示弱地回敬说："好吧，你的嘴已被我钳住。今天拔不出，明天拔不出，把你饿死！"就这样，蚌和鹬鸟在河滩上互相争持，谁也不让谁。时间一长，它们都精疲力竭。正好有个渔翁经过这里，见到它们死死缠在一起，谁也不能动弹，便轻易地把它们一起捉住了。苏代讲完这个故事后，又对赵惠王说："如果赵国去攻伐燕国，燕国竭力抵抗，双方必然长久相持不下。这样，强大的秦国就会像渔翁那样坐收其利。请大王认真考虑再作决定。赵惠王觉得苏代说得很有道理，表示不再去攻伐燕国了。后来，人们从这个寓言故事中引申出成语"鹬蚌相争"，并常和"渔翁得利"一起连用。"鹬蚌相争，渔人得利"往往用来比喻双方相争，结果两败俱伤，使第三者从中获利。

◎ 经典例句

驻扎通州的官军出了面，鹬蚌相争，渔人得利，通州东关码头收归河防局所有。

——刘绍棠《花街》

释义：鹬和蚌相互争斗。比喻双方相争不下，结果两败俱伤。鹬：一种长嘴的水鸟。蚌：一种硬壳的水生动物。

yù bàng xiāng zhēng

# 缘木求鱼

yuán mù qiú yú

释义：爬上树去抓鱼，比喻方向或方法不对，做事达不到目的。缘：沿着，顺着。木：树。

（孟子）曰："然则王之所以大欲可知已。欲辟土地，朝秦、楚，莅中国而抚四夷也。以若所为，求若所欲，犹缘木而求鱼也。"王曰："若是其甚与？"曰："殆有甚焉。缘木求鱼，虽不得鱼，无后灾。以若所为，求若所欲，尽心力而为之，后必有灾。"

——《孟子·梁惠王上》

孟子，名轲，他是战国时的思想家、政治家、教育家。当时，七雄纷争，战事不断，孟子周游列国，推行仁政，最后来到齐国，被齐宣王拜为客卿。

一次，齐宣王和孟子闲谈。孟子问齐宣王说："大王动员全国的军队，让将士们冒着生命危险去攻打别的国家，难道只有打败了别的国家，大王的心里才痛快吗？"

"不！不是打败了别的国家我才感到痛快。我这样做，不过是为了满足我最大的欲望罢了。"齐宣王说。

"那大王最大的欲望是什么呢？"孟子问。

齐宣王笑了一笑，没有回答。孟子便又说："是因为好东西不够吃，还是好衣服不够穿呢？是因为宫中的艺术品太差呢，还是宫中的音乐不动听呢？是因为侍候大王的人太少呢，还是……"

齐宣王听了，摇头说："不，都不是！"

"噢，那我明白了，大王的最大欲望是想征服天下，称霸诸侯。但是，如果用大王的办法去满足欲望，就好像爬到树上去抓鱼一样，那肯定是徒劳的。"

"事情真有这样严重吗？"齐宣王问。

"恐怕比这还要严重呢！爬到树上去捉鱼，最多就是抓不到鱼，

○ 品画鉴宝

错银双翼神兽（战国）　神兽昂首侧扭，圆颈直竖，前胸宽阔，两肋生翼，上饰羽纹。全身错银，勾勒出卷云纹为主题的装饰。翼兽集威武勇猛、矫健敏捷于一身，极具魅力。

还不至于有什么祸害。如果想用武力来满足自己称霸天下的欲望，不但达不到目的，相反会招致祸害。"

接着，孟子又举了一些例子，说明小国和大国不能为敌，弱国和强国不能为敌，齐国不能同天下为敌的道理，要想称霸天下，必须实行仁政。

齐宣王听了，最后说："您的主张不错，我不妨试它一试。希望您能辅佐我达到目的。"

◎ 经典例句

不打，跟国民党讲和平，想握手言欢，那叫缘木求鱼。

——韦君宜《露沙的路》

入咸陽高
祖約法

與民
約法

# 约法三章

yuē fǎ sān zhāng

释义：临时议定三条法令。比喻以语言或文字规定出几条共同遵守的条款。约：协商、议定。章：条目。

公元前 206 年，刘邦率领大军攻入关中（指函谷关以西地区），到达离秦都咸阳（今属陕西）只有几十里路的霸上（今陕西西安东）。当时，即位不久的秦二世胡亥已被权臣赵高逼迫自杀，胡亥的侄儿子婴被立为秦王。子婴又很快设计杀死了赵高，但是仅当了四十六天的秦王，便向刘邦投降了。

子婴投降后，将领们都建议刘邦把他杀了，免得留下后患。但刘邦认为，这样做会不得人心，而现在最重要的正是要得人心。

刘邦进咸阳后，本想住在豪华的王宫里，但他的心腹樊哙和张良告诫他别这样做，免得失掉人心。刘邦接受他们的意见，下令封闭王宫，并留下少数士兵保护王宫和藏有大量财宝的库房，随即还军霸上。

为了取得民心，刘邦把关中各县父老、豪杰都召集起来，郑重地向他们宣布道："秦朝的严刑苛法，把众位害苦了，应该全部废除。现在我和众位约定，不论是谁，都要遵守三条法律。这三条是："杀人者要处死，伤人者要抵罪，盗窃者也要判罪！ "

父老、豪杰们都表示拥护约法三章。接着，刘邦又派出大批人员，到各县各乡去宣传约法三章。百姓们听了，都热烈拥护，纷纷取出牛羊酒食来慰劳刘邦的军队。

由于坚决执行约法三章，刘邦得到了百姓的信任、拥护和支持，最后取得天下，建立了西汉王朝。

◎ 经典例句

我跟那八个人曾约法三章，谁事先透露了风声，大家就把罪过全往他一个人身上推！

——蒋子龙《收审记》

# 越俎代庖

yuè zǔ dài páo

□□ 释义：厨师虽不在厨房做饭，司祭也不能放下祭品去替他下厨房。比喻越权办事或包办代替。

尧让天下于许由……许由曰："子治天下，天下既已治也。而我犹代子，吾将为名乎？名者，实之宾也，吾将为宾乎？鹪鹩巢于深林，不过一枝；偃鼠饮河，不过满腹。归休乎君！予无所用天下为。庖人虽不治庖，尸祝不越樽俎而代之矣。"
　　　　　　　——《庄子·逍遥游》

　　尧让位给舜之前，曾找许由，想把帝位让给他，但许由坚辞不受。他对尧说："您已经把天下治理得很好了，我再来代替您，这不是让我享受您的名声吗？鹪鹩（jiāo liáo）在森林里筑巢，占一根树枝的地方就行了；偃鼠在河边饮水，顶多喝满一肚子也就够了。算了吧，我的君主！我要天下干什么用呢？厨师在祭祀的时候，又做菜，又备酒，忙得不可开交，可是掌管祭祀的人，并不能因为厨师很忙，忘记自己的本职工作，丢下手中的祭祀用具，去代替厨师做菜、备酒啊！您就是丢开天下不管，我也决不会代替您的职务。"

◎ 经典例句
　　对于我越俎代庖出头说的话，他们却都没有表示态度。
　　　　　　　——韦君宜《月夜清歌》

346

# 运筹帷幄

yùn chóu wéi wò

释义：在军中谋划军机，拟订作战计划。比喻高超卓越的军事指挥才能。筹，出谋划策。帷幄，古代军队的帐幕。

夫运筹帷幄之中，决胜千里之外，吾不如子房；填国家，抚百姓，给饷馈，不绝粮道，吾不如萧何；连百万之众，战必胜，攻必取，吾不如韩信。三者皆人杰，吾能用之，此吾所以取天下者也。项羽有一范增而不能用，此所以为我禽也。

——《汉书·高祖本纪》

　　刘邦当皇帝后，在都城洛阳南宫摆设酒宴，招待文武官员。

　　在酒宴上，刘邦对文武百官说："诸位不要瞒我，都要说真心话。我为什么能取得天下？项羽又是为什么会失去天下的呢？"

　　有两位将领马上回答说："项羽待人轻慢而且好侮辱人，陛下仁厚而且爱护别人。陛下派人攻打城池，夺取土地，所攻下和降服的地方就分封给大家，跟天下人同享利益。而项羽妒贤嫉能，有功的忌妒，有才能的怀疑，打了胜仗不给人家授功，夺得了土地不给人家好处。这就是他失去天下的原因。"

　　"你们只知其一，不知其二。"

　　刘邦摇摇头说："如果说在军帐之中出谋划策，决定胜负在千里之外，我比不上张良；镇守国家，安抚百姓，供给粮饷，保证运粮道路不被阻断，我比不上萧何；

○品画鉴宝

《其山高隐图》（明）戴进／绘　图绘脚着草鞋，置杖于旁，欹怀休憩于石崖上的隐士许由。画中山石峭拔，轮廓线鲜明，画法宗南宋马远、夏珪。

347

统率百万大军，战则必胜，攻则必取，我比不上韩信。这三个人都是人中的俊杰，我却能够使用他们，这就是我能够取得天下的原因。项羽虽然有一位重要的谋士范增，但他却不信任，这就是他被我攻灭的原因。”

◎ 经典例句

他像运筹帷幄的将军似的调兵遣将。

——张贤亮《绿化树》

zhāo sān mù sì

释义：早上三个，晚上四个。原指善于使用手段愚弄人。后用来比喻变换手法、欺骗别人，或主意不定，反复无常。朝：早上。暮：晚上。

宋有狙公者，爱狙，养之成群，能解狙之意，狙亦得公之心。损其家口，充狙之欲。俄而匮焉，将限其食。恐众狙之不驯己也，先诳之曰："与若芧，朝三而暮四，足乎？"众狙皆起而怒。俄而曰："朝四而暮三，足乎？"众狙皆伏而喜。

——《列子·黄帝》

○ 品画鉴宝

猿图（南宋）毛松／绘　此图以极为精细的手法描绘了猿双唇紧闭，专注的神态。

战国时，宋国有个老人养了一群猴子，人们称他为"狙公"。他家境并不好，但非常喜爱猴子，宁可省吃俭用，腾出钱来给猴子买吃的，从不让它们饿肚子。

狙公和猴子们朝夕相处，双方极为融洽。猴子们想什么狙公一看就知道；他说什么，猴子也能理解。

但是时间长了，狙公不胜负担。猴子很贪食，没完没了地吃，狙公实在供应不起。他准备减少它们的食物，又怕它们不顺从自己，因此想了一个办法。

一天，狙公对猴子们说："以后给你们橡栗，早上三个，晚上四个，够了吗？"

猴子们听了，又跳又叫地发起怒来。

过了一会，狙公改口说："好吧，那就早上给四个，晚上给三个，这样够吃了吗？"

猴子们听了，都高兴得趴在地上。

◎ 经典例句

为了什么来由？为了那么一个朝三暮四，喜怒无常的女子？

——欧阳山《三家巷》

349

# 只许州官放火，不许百姓点灯

zhǐ xǔ zhōu guān fàng huǒ bù xǔ bǎi xìng diǎn dēng

释义：允许当官的放火胡作非为，不允许老百姓点灯照明。比喻反动统治者能够胡作非为，老百姓的正当言行却受到种种限制。

田登作郡，自讳其名，触者必怒，吏卒多被鞭笞，于是举州皆谓灯为火。值上元放灯，许人入州治游观，吏人遂书榜揭于市曰："本州依例放火三日。"
——陆游《老学庵笔记》

北宋时，有个州的太守名田登，为人专制蛮横，因为他名"登"，所以不许州内的百姓在谈话时说到任何一个与"登"字同音的字。

于是，只要是与"登"字同音的，都要其它字来代替。谁要是触犯了他这个忌讳，便要被加上"侮辱地方长官"的罪名，重则判刑，轻则挨板子。不少吏卒因为说到与"登"同音的字，都遭到鞭打。

一年一度的元宵佳节即将到来。依照以往的惯例，州城里都要放三天焰火，点三天花灯表示庆祝。州府衙门要提前贴出告示，让老百姓到时候前来观灯。

可是这次，却让出告示的官员感到左右为难。

怎么写呢？用上"灯"字，要触犯太守；不用"灯"字，意思又表达不明白。想了好久，写告示的小官员只能把"灯"字改成"火"字。这样，告示上就写成了"本州照例放火三日"。告示贴出后，老百姓看了都惊吵喧闹起来。尤其是一些外地来的客人，更是丈二和尚摸不着头脑，还真的以为官府要在城里放三天火呢！大家纷纷收拾行李，争着离开这是非之地。

当地的老百姓，平时对于田登的专制蛮横无理已经是非常不满，这次看了官府贴出的这张告示，更是气愤万分，忿忿地说："只许州官放火，不许百姓点灯，这是什么世道！"

## ◎ 经典例句

况且文坛上本来就"只许州官放火，不许百姓点灯"，既不幸而为庸人，则给天才做一点牺牲，也正是应尽的义务。

——鲁迅《华盖集·碎话》

350

# 纸上谈兵

zhǐ shàng tán bīng

释义：在纸面上谈论用兵。后比喻不切实际的空谈。

赵括自少时学兵法，言兵事，以天下莫能当。尝与其父奢言兵事，奢不能难，然不谓善。括母问奢其故，奢曰："兵，死地也，而括易言之。使赵不将括则已，若必将之，破赵军者必括也。"

——《史记·廉颇蔺相如列传》

战国时，赵国大将赵奢的儿子赵括，从小便熟读兵书，因此只要一谈到怎样用兵，他便会引经据典，说得头头是道。所以，不少人都觉得他是个大将之才。但是，他的父亲却始终不承认儿子精通兵法，善于用兵。他甚至说："我的儿子将来要是不做赵国的将军，那倒是赵国的福气，万一不幸让他当上赵国的将军，那他一定是个败军之将。因为他从没上过战场，只会'纸上谈兵'，一旦真的领兵打仗，绝对会出问题！"

知子莫若父，赵奢对儿子的看法十分正确。秦昭王四十七年，秦王派大将王龁（hé）攻打赵国的上党，赵国大将廉颇奉赵王之命率兵二十万救援上党。他采取固守政策，坚守长平，和秦军相持了四个多月，秦军没能攻下长平。

于是，秦王采用宰相范雎的离间计，到赵国去传布谣言说："秦兵所惧怕的，只有赵括一个人。廉颇是个无能之辈，再过些日子，他就要投降了。"

赵王听信了谣言，便派赵括去代替廉颇领兵。赵王召来赵括，问他说："你能击败秦军，为国争光吗？"

赵括大言不惭地说："要是碰上秦国名将白起，那我还得考虑一下对付的办法，现在是王龁领兵，我一定把他打得落花流水。"

于是，赵括在接掌廉颇兵权以后，立即改变固守的策略，不久就被秦兵围困。这时，秦王悄悄改派白起为主将，而以王龁为副将。结果，白起大败赵恬，赵军四十万人马被俘后全被活埋，而善于"纸上谈兵"的赵括也在突围时中箭身亡。

这次战役，就是历史上有名的"长平之战"，赵国不仅在这次战役中损失了四十万军马，更重要的是从此国力一蹶不振，再也无法和秦国抗衡了。

◎ 经典例句

书生都喜欢纸上谈兵，只说而不去实行。

——老舍《四世同堂》

352

赵高欲为乱，恐群臣不听，乃先设验。持鹿献于二世，曰："马也。"二世笑曰："丞相误邪？谓鹿为马。"问左右，左右或默，或言马以阿顺赵高。或言鹿者，高因阴中诸言鹿者以法。后群臣皆畏高。

——《史记·秦始皇本纪》

　　秦始皇死后，担任中车府令（掌管皇帝车马）的宦官赵高，和秦始皇的小儿子胡亥串通起来，并且威胁丞相李斯，伪造遗诏，由胡亥继位，称为秦二世。

　　赵高立了大功，被秦二世封为郎中令，成为二世最亲近的高级官员，但他的职位仍在李斯之下。后来他设计害死李斯，当了丞相。然而他的野心很大，想当皇帝。为了试探大臣们对自己是否服气，他玩了一个花招。一天，他把一只梅花鹿牵到朝堂上，指着它对秦二世说："这是臣刚寻找到的一匹骏马，特献给陛下。"

　　秦二世见赵高把鹿说成是马，不禁笑出声来说："丞相怎么说错了话？这明明是鹿，却说它是马。"

　　赵高脸不改色地说："陛下，这是马不是鹿，不信可问问大臣们，它究竟是马还是鹿？"

　　说罢，他用威吓的眼光扫视了一下大臣，想迫使大家承认。

　　秦二世让大臣都来瞧瞧，并问他们它是什么。大臣们看后，有的默不出声，有的为了讨好赵高，顺着他说它是马；也有的人不愿说假话，不承认赵高说法，指出它是鹿。

　　事后，赵高暗中对不承认是马的大臣加以迫害，将他们投入监狱。此后，大臣们对他更畏惧了。

◎ 经典例句

　　我确实见过一些人大言不惭地颠倒是非、指鹿为马。

——巴金《随想录》

# 中流击楫

zhōng liú jī jí

释义：比喻收复失地，报效国家的决心。

西晋末年，王朝内部发生"八王之乱"，皇族之间为了争夺政权，进行你死我活的争斗。

内乱期间，北方一些少数民族的贵族乘机称王称帝，攻掠中原。西晋的官吏百姓纷纷逃向江南躲避战乱。当时有个名叫祖逖的小吏，也带着几百户族人渡过黄河，南迁淮河流域。

南迁途中，祖逖与族人同甘共苦，赢得了大家的信任。加上他有指挥才能，大家一致推他当首领。几经辗转，最后他率领大众来到京口。

当时，晋朝在北方已经失去势力，但驻守在建业的琅玡王司马睿，还保存着一些兵力，掌握着江南地区的军政大权。他任命祖逖为军咨祭酒。祖逖几次请兵北伐，司马睿都没有答复。

公元311年，匈奴贵族刘曜率军攻陷晋朝都城洛阳，怀帝仓皇西逃，准备前往长安。结果半路上被刘曜的骑兵抓住，当了俘虏。消息传到南方，引起了人们的严重不安。

富有爱国热情的祖逖忍无可忍，特地来到建业，激动地对司马睿说："中原的老百姓现在正在受煎熬，人们都有奋击戎狄的志向。大王应当发兵北伐，把饱受苦难的百姓解救出来！"

司马睿一心想保持自己的地盘和实力，无意收复失地，恢复中原。听了祖逖的话，低着头不响。祖逖慷慨请命道："大王如果能下令出兵，并派我去收复中部，那里的百姓一定会闻风响应！"

祖逖的请求很具体，司马睿不能不作出反应。他思忖了一会，说："既然你有这么大的决心，我就任命你为奋威将军、豫州刺史，再拨给你一千人的粮饷和三千匹布，其余的由你自己设法筹集。"祖逖听了，知道司马睿并不是真的要让自己去北伐。任命自己为将军，却不给一兵一卒，也不发一刀一枪，只给一些极有限的粮饷给养。豫州还被匈奴兵占领着，当那里的刺史，连一寸土地也没有。尽管如此，祖逖还是接受了任命。他明知司马睿是象征性地支持他北伐，但只要同意自己出兵，也就够了。于是他马上返

354

回京口，率领自己一百多家部属，横渡长江到北岸去。

　　船行进到中流时，祖逖望着滚滚东去的江水和原野茫茫的江北，心潮澎湃，热血沸腾。他猛地站起来，举起手中的船楫，叩着船舷，激昂地起誓道："我祖逖这回要是不能收复中原，就像这大江之水，有去无回！"

　　祖逖中流击楫，对天发誓，这豪迈壮烈的气概，使部属们深受感动。大家决心跟着他出生入死，收复中原。在这种精神的激励下，他的队伍越来越发展壮大，没有多久，黄河以南的地方差不多都被他的队伍收复。

◎ **经典例句**

　　长江不限天南北，中流击楫看誓师。

　　　　　　　　　　　　　　　　　——清·孔尚任《桃花扇·争位》

释义：表示忠告的话往往不合自己的思想，听不进耳。

沛公入秦宫，宫室帷帐狗马重宝妇女以千数，意欲留居之。樊哙谏沛公出舍，沛公不听。良曰："夫秦为无道，故沛公得至此。夫为天下除残贼，宜缟素为资。今始入秦即安其乐，此所谓'助桀为虐'。且'忠言逆耳利于行，毒药苦口利于病'，愿沛公听樊哙言。"沛公乃还军霸上。

——《史记·留侯世家》

公元前 207 年，刘邦率大军到咸阳后，进入秦宫探看。但见宫室华丽，各处宝物不计其数，都是他从未见到过的。每到一处，许多美丽的宫人便向他跪拜。他越看越感到新奇，兴趣也越来越浓。于是，打算就住在宫内享受一番。

刘邦的部将樊哙发现刘邦要住在宫中，问他说："沛公（指刘邦）是想拥有天下呢，还是只想当一个富家翁呢？"

刘邦回答说："我当然想拥有天下。"

樊哙真诚地说："臣进入秦宫里，见到里面的珍奇财宝不可胜数，后宫中美人数以千计，这些都是导致秦朝灭亡的东西啊。望沛公迅速返回霸上，千万不要留在宫中。"

刘邦对樊哙的劝谏不以为然，还是准备住在宫中，谋士张良知道这件事后，对刘邦说："秦王无道，百姓造反，打败了秦军，沛公才能来到这里。您为天下除掉害民的暴君，理应克勤克俭。如今刚入秦地，就想享乐。俗语说：'忠诚正直的劝告往往不顺耳，但有利于行为；含毒的药吃的时候很苦，但有利于疾病。'望沛公听从樊哙的忠告。"刘邦听了，终于醒悟过来，马上下令将府库封起来，关掉宫门，随即率军返回霸上。

○品画鉴宝
汉宫图（宋）赵伯驹／绘 此图画出了古代宫殿的庄严雄伟及其富丽之姿。

◎ 经典例句
当然是要听真话，逆耳怕啥？"忠言逆耳利于行"嘛！
——王火《战争和人》

众叛亲离

zhòng pàn qīn lí

释义：大众反对，亲信背离。形容处境极其孤立。贬义。众：大众。叛：背叛。亲：亲信。

臣闻以德和民，不闻以乱。以乱，犹治丝而棼之也。夫州吁阻兵而安忍，阻兵无众，安忍无亲，众叛亲离，难以济矣。夫兵犹火也，弗戢，将自焚也。夫州吁弑其君而虐其民，于是乎不务令德，而欲以乱成，必不免矣。

——《左传·隐公四年》

春秋时期，卫国第十三代君主卫桓公有两个兄弟，一个是公子晋，一个是公子州吁。州吁有些武艺，喜欢打仗。他见哥哥桓公是个老实人，便阴谋篡位。

公元前719年，卫桓公动身上洛阳去参加周天子平王的丧礼，州吁在西门外摆下酒席，给他送行。他端着一杯酒，对桓公说："今天哥哥出门，兄弟敬您一杯。"

"我很快就会回来，兄弟太费心了。"卫桓公说。

接着，卫桓公也斟了一杯酒回敬。州吁趁桓公不备，突然拔出匕首，把卫桓公杀了。

州吁杀了卫桓公，做了卫国国君。他害怕国内人民反对，便借对外打仗的办法转移国内人民的视线。他拉拢陈国、宋国、蔡国，一起去攻打郑国。但由于郑国严密防守，进攻以失败告终。

鲁国的国君隐公听到这些情况后，问大夫众仲说："州吁这样干，能长久得了吗？"

众仲回答说："州吁只知道依仗武力，到处兴风作乱，老百姓是不会拥护他的。他为人十分残忍，杀戮无辜，谁还敢去亲近他呢？这样，老百姓反对他，亲信的人也会逐渐离开他，他的政权怎么会长久呢？"

众仲接着又说："兵，就像火一样。一味地用兵，而不知道加以收敛和节制，其结果必定是玩火自焚。依我看，失败的命运正等着他呢！"

果然，不到一年，卫国的老臣石碏（quē），借助陈国的力量，把州吁杀了。

◎ 经典例句

早也曾估计到有众叛亲离的一天。水到清则无鱼，人至察则无徒。

——李国文《临街的窗》

357

# 重于泰山，轻于鸿毛

zhòng yú tài shān qīng yú hóng máo

释义：比喻人生价值的轻重悬殊。

人固有一死，或重于泰山，或轻于鸿毛，用之所趋异也。太上不辱先，其次不辱身，其次不辱理色，其次不辱辞令；其次诎体受辱，其次易服受辱，其次关木索、被箠楚受辱，其次剔毛发、婴金铁受辱，其次毁肌肤、断肢体受辱，最下腐刑，极矣。

——汉·司马迁《报任少卿书》

司马迁，是西汉时期杰出的史学家和文学家。司马迁从小受到良好的教育，二十岁开始漫游，足迹几乎遍及全国。这次漫游扩大了他的眼界，也使他积累了各地风土人情等丰富的资料。

公元前110年，司马迁回到长安。病危中的父亲向他讲述了想写一部史书的志愿，可惜未能实现，希望司马迁完成这个任务。三年后，司马迁继承父职，任太史令。他广泛阅读宫廷中的藏书和档案，积累和整理了大量的历史资料，开始了《史记》的著述工作。

公元前99年，汉将李陵兵败投降匈奴，司马迁为李陵辩护，获罪下狱。由于家里贫穷，拿不出足够的钱来自赎，结果受到了腐刑（残害生殖器的酷刑）。受刑后，司马迁的心情非常痛苦，一度想死去。但他想到自己的著作还没有完成，强忍痛苦，坚强地活下去。出狱后，他担任中书令，怀着满腔悲愤，坚持写作，终于在公元前91年完成了历史巨著《史记》。

司马迁在给老友任安的一封信中，谈到了自己对死的看法。他认为，人本来都有一死，有的死得比泰山还重，有的死得比鸿雁的毛还轻，这是由于死的原因不一样而造成的。

## ◎ 经典例句

大丈夫流血牺牲，本无所谓，甚么重于泰山，轻于鸿毛的道理，倒不在他心上，他只认为死哩，要死得轰轰烈烈，死得痛痛快快。

——李劼人《暴风雨前》

○品画鉴宝 琴棋书画·棋（元）任仁发／绘 此图描绘古代文人雅士聚会的情景。画中人物神情丰富，沉浸于中国古代文化的乐趣之中。

zhuān xīn zhì zhì
释义：指一心一意，聚精会神，思想高度集中。

> 今夫弈之为数，小数也，不专心致志，则不得也。弈秋，通国之善弈者也。使弈秋诲二人弈，其一人专心致志，惟弈秋之为听。一人虽听之，一心以为有鸿鹄将至，思援弓缴而射之。虽与之俱学，弗若之矣。
>
> ——《孟子·告子上》

从前，有个下棋名手叫秋，由于他棋艺高超，所以别人就叫他弈秋。

有一次，弈秋收了两个学生，为他们两个同时上课。他一心想使这两个学生尽快掌握要诀，把自己的棋艺教给他们，就非常仔细地给他们讲解。

一个学生听讲非常仔细认真，一心一意地注意弈秋的讲解和分析，对旁的事全都不加理会。

而另一个学生呢，看上去他也坐在那里，实际上却是心不在焉。他一会儿看看窗外的田野和树林，一会儿又听听天上的雁鸣，当他发现有好几只天鹅飞过，便想："要是能有一张弓，几支箭，射下一只天鹅煮来吃，那该有多好啊！"

可是，有弓有箭也没用，他正在上课呀。所以，他只好暗暗叹了口气，权且压下了这个念头。

不一会，他禁不住又向窗外看了一眼，发现一只天鹅飞过，便再一次起了射天鹅吃的念头。直到弈秋全讲完了，他也没在意。

这时，弈秋叫两个学生对下一局，看看他们究竟学得怎样。起先，那个开小差的学生凭着以前的基础还能勉强应付，可渐渐地就显出差距来。那个专心致志的学生攻守从容有序，而老是三心二意的学生只有招架之功，却无还手之力了。

弈秋一见，语重心长地对两个学生说："虽然下棋只是一种小小的技艺，算不得什么大本事，但不专心致志地学习，也是学不好的啊！"

◎ 经典例句

石红读得专心致志，没有发觉张老师的到来。

——刘心武《班主任》

# 捉襟见肘

zhuō jīn jiàn zhǒu

释义：意思是一拉衣襟就露出臂肘，表示衣服破烂。比喻事情顾此失彼，穷于应付。襟：衣的前幅。见：露出。肘：臂肘。

曾子居卫……三日不举火，十年不制衣，正冠而缨绝，捉衿而肘见，纳屦而踵决。曳纵而歌《商颂》，声满天地，若出金石。天子不得臣，诸侯不得友。故养志者忘形，养形者忘利，致道者忘心矣。

——《庄子·让王》

孔子的弟子曾参居住在卫国的时候，过着非常艰苦的生活。他穿的是用乱麻絮做的袍子，破烂不堪，分不清表里。由于吃得很差，脸上浮肿，带着病容，手掌脚底都长满了老茧。

曾参经常一连三天不生火做饭，揭不开锅，十年之内没做一件新衣服。他戴的帽子也太破旧了，以致正一正它系帽的绳带就断了；一拉衣襟，就露出了臂肘；一穿鞋，鞋后跟就裂开。虽然如此穷困，但他并不因此而忧愁，时常拖着破鞋高歌《商颂》。他声音洪亮，充满天地，好像是从金石制作的乐器中发出的一样。

就这样，曾参过着自由自在的生活。天子不能使他为臣子，诸侯不能和他交朋友。所以庄子说，注意培养心志的人会忘掉形体，注意养身的人会忘记利禄，而致力于大道的人会忘掉心机。

◎ 经典例句

当代作家愧对当代。享受当代可以，表现当代则显得捉襟见肘，力不从心。

——蒋子龙《"重返工业题材"杂议》

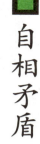

# 自相矛盾

zì xiāng máo dùn

释义：比喻语言、行动前后不一致或互相抵触。矛：古代一种长柄的装有金属枪头的武器，用以刺杀敌人。盾：古代用来保护自己、抵挡敌人刺杀的武器。

> 楚人有鬻盾与矛者，誉之曰："吾盾之坚，莫能陷也。"又誉其矛曰："吾矛之利，于物无不陷也。"或曰："以子之矛陷子之盾，何如？"其人弗能应也。夫不可陷之盾与无不陷之矛，不可同世而立。
>
> ——《韩非子·难一》

很久很久以前，楚国有一个卖兵器的人，到市场上去卖矛和盾。

好多人都来看，他就举起他的盾，向大家夸口说："我的盾，是世界上最最坚固的，无论怎样锋利尖锐的东西也不能刺穿它！"

围观的人都凑上去看他的盾，想研究一下他的盾究竟是用什么做的，居然什么东西都刺不穿。

接着，这个卖兵器的人又拿起一支矛，大言不惭地夸起来："我的矛，是世界上最最尖利的，无论怎样牢固坚实的东西也挡不住它一戳，只要一碰上，嘿嘿，马上就会被它刺穿！"

他一边不住地夸着口，一边还不停地舞动着他的矛，发出"呼呼"的响声，显得十分威武的样子。这一下，果然又吸引来好多好多的行人。

他一见，十分得意，便又大声吆喝起来："快来看呀，快来买呀，世界上最最坚固的盾和最最锋利的矛！"

这时，一个看客上前拿起一支矛，又拿起一面盾牌问道："如果用这矛去戳这盾，会怎样呢？"

"这——"

围观的人先都一楞，随即爆发出一阵大笑，便都散了。那个卖兵器的人，灰溜溜地扛着矛和盾走了。

◎ 经典例句

他们的一切的话，投射在她心上，起了各式各样的反应，但都是些模模胡胡的，自相矛盾的，随起随落的感想。

——茅盾《蚀·动摇》

# 醉翁之意不在酒

zuì wēng zhī yì bù zài jiǔ

释义：意思是本意并不在此，而是另有所图。

太守与客来饮于此，饮少辄醉，而年又最高，故自号曰醉翁也。醉翁之意不在酒，在乎山水之间也。山水之乐，得之心而寓之酒也。

——欧阳修《醉翁亭记》

北宋杰出的文学家欧阳修，别号醉翁，是唐宋八大家之一。他在散文写作上成就颇高，《醉翁亭记》便是其中的名篇之一。

《醉翁亭记》是欧阳修当滁州太守时写的。滁州州署在今安徽滁县，县城西南有风景秀丽的琅玡山。山中有泉，名"酿泉"；泉旁有一座亭子，据说是山里一位和尚修建的，欧阳修给这座亭子取了个名字，叫做"醉翁亭"。为什么取这样的名字呢？他在《醉翁亭记》这篇文章里，道出缘由。原来欧阳修常与朋友相约来此饮酒，欧阳修年岁大了，饮一点酒便酩酊（mǐng dǐng）大醉，他便给自己取了个"醉翁"的别号。

欧阳修酒量不大，很容易醉，那他为什么还爱喝酒呢？文章说：醉翁的本意不在喝酒，而在乎欣赏山水风光。他是借喝酒的兴致，以获得欣赏山水的乐趣。

◎ 经典例句

我看工商界代表这次去北京，醉翁之意不在酒，工商联的组织已经定局了，这方面大家并不重视。

——周而复《上海的早晨》

○ 品画鉴宝
高贤读书图 （明）陈洪绶／绘　图中绘有两位高贤，中年人手握书卷，似乎正在向年长者请教，极富雅趣。